APRENDIZAJE Y SERVICIO

En el sistema educativo y las organizaciones juveniles

Catalogación en fuente

Tapia, María de las Nieves
Aprendizaje y servicio solidario: en el sistema educativo y las organizaciones juveniles / edición literaria a cargo de: Damián Luis García - 1a ed., 2 reimp. - Buenos Aires: Ciudad Nueva, 2014.

256 p. ; 22x15 cm.

ISBN 950-586-209-1

1. Filosofía de la Educación. 2. Teorías Educativas. I. Damián Luis García, ed. lit. II. Título

CDD 370.1

María Nieves Tapia

Aprendizaje y servicio solidario

En el sistema educativo y las organizaciones juveniles

Ciudad Nueva

Primera edición: *Octubre de 2006*
Primera edición, segunda reimpresión: *Junio de 2014*

© 2014, Editorial Ciudad Nueva
Lezica 4358 — C1202AAJ Buenos Aires, Argentina
www.ciudadnueva.org.ar

Corrección: *Flavia Affanni*
Diseño de interiores: *Agustín Chozas*
Fotografías de contratapa: *gentileza Ministerio de Educación,*
Ciencia y Tecnología de la República Argentina
Diseño de tapa: *Matías Blanco*
Coordinador de la edición: *Damián García*

ISBN-10: 950-586-209-1
ISBN-13: 978-950-586-209-2

Queda hecho el depósito que marca la ley 11.723

Impreso en Argentina
Printed in Argentina

ÍNDICE

PRÓLOGO

Escribí *La solidaridad como pedagogía* en 1999 y Ciudad Nueva lo publicó en el año 2000, provocando el inesperado milagro de que una pequeña editorial, sin fines de lucro y sin recursos publicitarios, lograra vender dos ediciones de un libro sobre un desconocido tema educativo, en tiempos de una de las peores crisis que ha conocido la Argentina.

Quisiera agradecer a todos los lectores que provocaron ese pequeño milagro. Pero sobre todo tengo que dar las gracias a los educadores y los chicos que, en distintos rincones de Argentina y América Latina, siembran cotidianamente pequeños y grandes milagros con sus experiencias de aprendizaje-servicio, y que son los inspiradores de aquel y de este nuevo libro.

Debo confesar que mis pacientes editores venían insistiendo desde hace años en que escribiera otro libro, al que nos referíamos habitualmente como *La solidaridad 2*, tal vez influidos por la costumbre cinematográfica de numerar las películas. Sin embargo, a diferencia de *El Señor de los anillos 3*, este libro no es "la continuación" del anterior. Tampoco se trata, como en *Tiburón 4*, del mismo guión con distintos actores. Esta obra comparte con la anterior el tema de fondo, pero tres grandes diferencias separan a ambas.

La primera gran diferencia reside en el nuevo y enorme bagaje de conocimientos sobre la pedagogía del aprendizaje-servicio que se ha desarrollado en los últimos seis años. Las nuevas investigaciones no sólo son más numerosas sino también de mayor rigor científico, y han contribuido a desarrollar un campo académico cada vez más definido. La creación en 2005 de la Asociación Internacional de Investigadores Profesionales en Aprendizaje-servicio es una cabal muestra de ello.

La segunda y fundamental diferencia es el nuevo contexto de expansión de la práctica del aprendizaje-servicio en América Latina: hace seis años, México, Costa Rica, Colombia y Argentina eran prácticamente los únicos países latinoamericanos donde se podía encontrar programas sistemáticos de aprendizaje-servicio a nivel nacional. Hoy esta pedagogía se ha difundido por toda la región, como lo atestigua la recientemente fundada Red Iberoamericana de Aprendizaje-servicio[1].

---

1. www.clayss.org

En 1999, el relevamiento que sirvió de base a *La solidaridad...* contaba con 93 experiencias desarrolladas por escuelas argentinas[2]. Hoy el Programa Nacional Educación Solidaria[3] lleva documentadas casi 15.000 experiencias, desarrolladas tanto por escuelas como por instituciones de Educación Superior. Y a ellas hay que sumar las más de 12.000 escuelas brasileñas acreditadas con el "Sello de Escuelas Solidarias 2005"[4], los centenares de escuelas participantes del Premio Bicentenario de Escuelas Solidarias de Chile[5], y los centenares de universidades, institutos terciarios y escuelas que en los últimos años se han reconocido como protagonistas de la expansión del aprendizaje-servicio en toda América Latina y el Caribe.

La tercera y no menor diferencia es que este libro tiene nuevos destinatarios. En un giro que es fruto de nuevas reflexiones sobre el concepto mismo de aprendizaje-servicio, esta obra se dirige no sólo a docentes y especialistas en educación, sino también a líderes de organizaciones de la sociedad civil y de grupos juveniles, que en un número creciente comienzan a reconocer a sus organizaciones como espacios de aprendizaje articulado con la acción solidaria. Escribí el libro anterior pensando en las escuelas argentinas, pero este último tiene como destinatarios a educadores y líderes comunitarios de América Latina, de España, y también de la comunidad hispanoparlante de los Estados Unidos.

Quisiera concluir subrayando un punto en común entre *La solidaridad* y este nuevo libro: ambos son fruto no tanto de una investigación personal, cuanto de una reflexión y construcción compartida. La diferencia es que en 1999 los agradecimientos me ocuparon un par de páginas, y hoy necesitaría todo un capítulo para mencionar al menos a algunos de los cientos de colegas, amigos y compañeros de aventura que en América Latina, en Barcelona, en San Francisco y en muchos otros rincones del mundo han contribuido con este libro, y comparten cotidianamente esa "pasión adictiva" que es el aprendizaje-servicio.

A riesgo de ser injusta con todos los que no voy a mencionar, quisiera concluir con cinco agradecimientos y dos recuerdos.

Quisiera agradecer especialmente:

– A todos los educadores que inspiraron este libro, que compartieron conmigo sus pequeños y grandes milagros cotidianos, y que me enseñaron casi todo lo que sé sobre aprendizaje-servicio.

---

2. TAPIA, 2000, pp. 310-312
3. www.me.govar/edusol
4. www.facaparte.org.br/
5. www.bicentenario.gov.cl/inicio/escuela_solidaria_2005/index.php

- A Daniel Filmus, Juan Carlos Tedesco, Ignacio Hernaiz, y todos los colegas y compañeros del Ministerio de Educación, Ciencia y Tecnología de la República Argentina, por darme la oportunidad de seguir creyendo en la función pública como un servicio a la patria.
- Al equipo del Programa Nacional Educación Solidaria, porque no sólo es un eficiente motor de políticas educativas innovadoras, sino también una comunidad de aprendizaje y un grupo de entrañables amigos.
- Al equipo de CLAYSS, Centro Latinoamericano de Aprendizaje y Servicio Solidario, por su voluntariado, su militancia y su capacidad de hacer crecer de la nada una organización que hoy está sembrando aprendizaje-servicio también más allá de América Latina.
- A los colegas de la Red Iberoamericana de Aprendizaje-servicio, mis maestros y amigos en esta maravillosa aventura compartida.

En el período de escritura de este libro fallecieron dos mujeres que fueron fundamentales en mi historia personal con el aprendizaje-servicio: Lía Brunet y Cecilia Braslavsky.

Tenía 15 años cuando conocí a Lía, una maestra italiana que a los 20 años se lanzó a la aventura de seguir a Dios y a los 40 cruzó el océano para difundir en América Latina la espiritualidad ecuménica del Movimiento de los Focolares y volverse argentina de corazón. Desde entonces fue una presencia maternal y educadora en mi vida que nunca podré agradecer lo suficiente. Lo poco que aprendí de lo mucho que me enseñó está en la raíz de lo mejor de este libro.

Cecilia Braslavsky, una gran especialista argentina en educación, será recordada por muchos latinoamericanos como una lúcida intelectual cuya obra formó a miles de educadores en la región, y por muchos argentinos por su rol en la reforma educativa de los '90. Su muerte en Ginebra en junio de 2005 nos robó a todos los que creemos en el potencial transformador de la educación, una permanente usina de pensamiento, y a quienes nos considerábamos sus amigos, la posibilidad de despedirnos. Con Cecilia nos unía la pasión por la educación, y nuestros disensos no impidieron que me convocara para colaborar con ella en el que fue mi primer trabajo en el Ministerio de Educación argentino. La primera que entrevió el potencial innovador del Aprendizaje-servicio, y quien hizo posible el primer Seminario Internacional de aprendizaje-servicio en 1997 fue Cecilia, y ninguna de nuestras disputas intelectuales podrá opacar la deuda de gratitud que contraje con ella.

En su recuerdo, quisiera concluir esta introducción citando parte de su discurso de apertura del I Seminario Internacional de aprendizaje-servicio, en agosto de 1997:

"Tenemos una cultura transitada por valores democráticos y por esfuerzos democratizadores, pero también por prácticas que no lo son, entre las cuales quisiera señalar dos.

Una de ellas es la que el investigador Carlos Nino ha llamado la 'anomia boba'. Nos cuesta cumplir con las leyes, generar nuestras propias normas de convivencia, para autorregularnos como una sociedad productiva con una más sólida institucionalidad democrática.

Otra característica es la de las interpretaciones conspirativas: el otro siempre está sentado en algún lugar oscuro y lejano de la vida cotidiana, pergeñando cosas para arruinarle la vida a la gente.

Ustedes dirán: ¿qué tiene que ver esto con el trabajo comunitario? Para mí tiene muchísimo que ver; porque, justamente, la anomia boba y las interpretaciones conspirativas –además de muchas otras características de nuestra cultura– tienden a centrifugar las responsabilidades comunitarias. Mistifican la responsabilidad por todos los problemas en algo difusamente ubicado en alguna institución colectiva, que pareciera no estar conformada por personas que actúan desde su responsabilidad individual, desde su sentido de la solidaridad, del deber, del bien común y de la libertad. Entonces es el Estado en abstracto, es la Sociedad para otros, los medios de comunicación perversos, quienes, aparentemente, al margen de decisiones voluntariamente tomadas y asumidas y de procesos desencadenados por las prácticas de las personas, son responsables de que todo salga mal o de que alguna vez algo salga bien.

Por suerte o por desgracia, las prácticas sociales y políticas son mucho más complejas. Es hora de que asumamos que en ellas hay intereses corporativos, conspiracionistas y ausencias colectivas. Pero también hay responsabilidades personales y comunitarias.

El aprendizaje en servicio ofrece oportunidades formativas sin igual para salir de los problemas de productividad de manera más enfática, consistente y persistente; para consolidar los afanes del sistema político por construirse democrático, para modificar los aspectos de esta cultura transitada por la anomia boba y por las interpretaciones conspirativas, para pasar a un equilibrio donde las diferentes personas, los diferentes grupos –por supuesto con sus intereses, porque siempre van a existir y es legítimo que así sea– puedan asumir responsabilidades, preguntarse no sólo lo que el otro hace mal, sino qué es lo que uno hace mal, y qué es lo que cada uno puede hacer mejor."[6]

Buenos Aires, 10 de junio de 2005.

---

6. BRASLAVSKY, Cecilia. *El servicio comunitario como instancia de aprendizaje y de enseñanza en el contexto de la transformación educativa argentina.* En: EyC, 1998, p. 19.

CAPÍTULO 1:

UNA PRIMERA APROXIMACIÓN A LA PEDAGOGÍA DEL APRENDIZAJE-SERVICIO

"Desde las más altas investiduras hasta el último de los docentes, tenemos que trabajar para generar condiciones de transmisión de una cultura solidaria que nos permita a todos no sólo saber más, sino aplicarlo para el bien de la comunidad".

Daniel Filmus[1]

Plantar árboles donde hacen falta, es un servicio solidario. Estudiar el vasito con la germinación, es aprendizaje. Investigar sobre la flora y las condiciones ambientales de la comunidad y utilizar lo aprendido para contribuir a forestar donde se necesita, eso es aprendizaje-servicio.[2]

1. EDUSOL, 2004, p. 7
2. EDUSOL, 2006b.

1.1 - APRENDIZAJE Y SERVICIO SOLIDARIO: UNA PRIMERA APROXIMACIÓN

Los niños de la Escuela Especial para No Videntes de General Roca, Río Negro, escribieron cuidadosamente muchísimos carteles en Braille. El trabajo no era con nota, pero salió para un 10: diseñaron los carteles para señalizar todas las calles y monumentos de su ciudad en Braille, de manera de facilitar la movilidad de las personas ciegas. Las chapas fueron impresas con la ayuda de los estudiantes de una escuela técnica, e instaladas por las autoridades del municipio, el primero en Argentina en estar completamente señalizado en Braille[3].

El coro de una escuela primaria de Puglia, Italia, está ensayando. No están preparando el habitual espectáculo para padres, abuelos y vecinos, sino la producción de un CD musical que será vendido a beneficio de las adopciones a distancia[4].

En India, estudiantes de escuelas primarias de Bangalore concluyeron un programa de educación cívica contribuyendo a forestar su comunidad.[5]

En St. Mary County (Maryland, USA), los alumnos de 8° grado investigan, en Historia, el pasaje de la esclavitud a la emancipación de los afroamericanos, y al mismo tiempo desarrollan un proyecto de preservación de la antigua plantación esclavista Sotterley, un sitio histórico local en riesgo.[6]

En el taller de la Escuela Técnica "Ingeniero Olmos" de San Francisco, Córdoba, los estudiantes diseñan y producen elementos ortopédicos para personas con discapacidades físicas que no tienen recursos para comprarlos, o que requieren de algún elemento especialmente adecuado a sus necesidades[7].

Los estudiantes de la Universidad de Costa Rica desarrollan como parte de su "Trabajo Comunal Universitario" un Banco de datos de tradiciones orales y artes verbales. Han estructurado, en forma interdisciplinaria, actividades de promoción cultural en torno a las tradiciones costarricenses en colaboración con una decena de organizaciones sociales que atienden a poblaciones vulnerables. El proyecto apunta simultáneamente a la promoción del turismo histórico y ecológico, y a la realización de investigaciones

3. Premio Presidencial Escuelas Solidarias 2003. www.me.gov.ar/edusol
4. www.istruzione.it/argomenti/solidarieta/index.shtml
5. www.janaagraha.org
6. www.nylc.org
7. Premio Presidencial Escuelas Solidarias 2005. www.me.gov.ar/edusol

y tesis por parte de los estudiantes sobre el patrimonio cultural costarricense[8].

En Indonesia, los estudiantes del último año de la Universidad *Gadjah Mada* diseñaron e instalaron un sistema de provisión de agua potable para una pequeña comunidad rural en la isla de Java como parte de las pasantías finales de la carrera (EBERLY-SHERRADEN, 1990).

Un grupo de líderes de las Guías (Movimiento Scout femenino católico) de Francia participó junto con los Scouts en un proyecto de animación de niños y jóvenes refugiados en el África subsahariana. Aplicando los principios pedagógicos del guidismo, dictaron cursos de primeros auxilios y formaron a jóvenes refugiados para que pudieran a su vez ser animadores de actividades que puedan educar a los niños refugiados a través del juego[9].

¿Qué es lo que tienen en común estas experiencias de tan diversos puntos del planeta? Que en todas ellas el conocimiento adquirido en el marco de la educación formal o no formal se vuelca al servicio de necesidades de la comunidad local o de otras comunidades, y este servicio contribuye a profundizar y aplicar lo aprendido.

1.1.1 - ¿QUÉ ES EL APRENDIZAJE-SERVICIO?

"Al describir experiencias de aprendizaje-servicio (ApS), todo lo que se nos cuenta resulta cercano, pero algo en ellas también es nuevo. Cuando un grupo de clase decide limpiar un solar próximo a la escuela y acondicionarlo para jugar, los alumnos y alumnas desempeñan una labor clásica de servicio voluntario de un valor indiscutible para la colectividad. Si además de sanear el terreno, investigan el tipo de residuos que encuentran, el lugar donde convendría depositarlos, la cantidad de desechos que produce el barrio, las posibles formas de reciclarlos, y como consecuencia se ponen en contacto con el ayuntamiento para pedir mejoras e inician una campaña de sensibilización ciudadana, nos encontramos ante una conocida actividad de aprendizaje basada en la experiencia y luego ante un ejemplo típico de participación ciudadana. Se trata de una propuesta conocida en cada una de sus etapas y en cambio original cuando la enlazamos en una sola actividad compleja de aprendizaje y servicio." (PUIG ROVIRA-PALOS RODRÍGUEZ, 2006, p. 61)

La propuesta pedagógica del aprendizaje-servicio parte de una premisa: la solidaridad puede ser más que un contenido a enseñar; las actividades solidarias desarrolladas por niños, adolescentes o jóvenes, si se planifican

---

8. http://www.vas.ucr.ac.cr/tcu/index.htm
9. Experiencia compilada para una publicación en curso de edición CICG-CLAYSS

adecuadamente, pueden ser en sí mismas una fuente de aprendizajes de calidad.

El "aprendizaje-servicio" podría definirse, en primera instancia, como una propuesta pedagógica que permite a niños, adolescentes y jóvenes desarrollar sus conocimientos y competencias a través de una práctica de servicio solidario a la comunidad. Esta pedagogía puede desarrollarse tanto en el ámbito de la educación formal como en los diversos ámbitos de educación no formal que pueden ofrecer las organizaciones juveniles y de la sociedad civil.

En el ámbito de la educación formal, el aprendizaje-servicio ha sido definido como:

"un servicio solidario desarrollado por los estudiantes, destinado a atender necesidades reales y efectivamente sentidas de una comunidad, planificado institucionalmente en forma integrada con el curriculum, en función del aprendizaje de los estudiantes."[10]

En una explicitación más extensa:

"El aprendizaje-servicio (ApS) se identifica con una actividad educativa que plantea la adquisición de conocimientos, conjuntamente con la aplicación de las materias de estudio y con la puesta en juego de actitudes y valores a través de la realización de un servicio pensado para cubrir las necesidades de la ciudadanía.

Se trata de una propuesta educativa compleja e innovadora, que incluye muchos elementos ya conocidos, pero que aporta la novedad de vincular estrechamente el servicio y el aprendizaje en una sola actividad educativa articulada y coherente. Su implementación permite simultáneamente aprender y actuar.

El ApS mejora el aprendizaje y refuerza los valores de la ciudadanía. El aprendizaje experiencial es un método eficaz para que los conocimientos cobren significado a través de su funcionalidad. Al mismo tiempo, su aplicación ayuda a la construcción de la personalidad social trabajando con la visión del desarrollo moral a través de la práctica de actitudes y valores en un marco relacional.

La implantación del ApS promociona el compromiso ciudadano en la transformación del entorno, fomentando una ciudadanía activa, responsable y cohesionada." (PUIG-BATLLE-BOSCH-PALOS, 2006, p. 22 y ss.)

---

10. www.me.gov.ar/edusol/aprenser.htm

Un programa de aprendizaje-servicio bien planificado les permite a los estudiantes aprender y poner en práctica contenidos académicos, y a la vez realizar tareas importantes y de responsabilidad en su comunidad y en su escuela (Halsted, 1998).

Por ejemplo:

– alumnos de 6° grado aplican lo aprendido sobre protección del medio ambiente actuando como "eco-auditores" para controlar el gasto innecesario de agua en las instalaciones de la escuela y en sus hogares. También estudian formas de optimizar el ahorro de agua y electricidad y las proponen a las autoridades escolares;[11]

– estudiantes de una escuela técnica aplican sus conocimientos para instalar paneles solares en escuelas rurales;

– estudiantes de magisterio realizan parte de sus prácticas pedagógicas ofreciendo apoyo escolar a niños y adolescentes en situación de alta vulnerabilidad socio-educativa[12].

Se trata, por lo tanto, de sostener simultáneamente dos intencionalidades: la intencionalidad pedagógica de mejorar la calidad de los aprendizajes, y la intencionalidad solidaria de ofrecer una respuesta participativa a una necesidad social.

Como veremos más adelante, la práctica del "aprendizaje-servicio" no siempre recibe esa denominación. A menudo, los docentes o los estudiantes "inventan" esas prácticas por sí solos, aun cuando no conozcan el término o su sustrato teórico y metodológico.

1.1.2 - No es sólo buenas intenciones

Antes de ahondar en la problemática de la definición del concepto de "aprendizaje-servicio", señalemos que no toda actividad con intencionalidad solidaria puede resultar efectiva ni igualmente educativa, y que no toda experiencia educativa con intención solidaria constituye necesariamente una experiencia de aprendizaje-servicio.

"Cuando los estudiantes se involucran en actividades de servicio a la comunidad, esencialmente pueden pasar tres cosas. Primero, los estudiantes pueden aprender algo acerca de sí mismos, su comunidad, y cuestiones sociales acuciantes. Segundo, puede ser que no aprendan nada: un grupo puede salir y dar de comer a los sin techo y permanecer incólume ante la cuestión. Finalmente, los estudiantes pueden aprender la lección equivocada: prejuicios y estereotipos pueden ser

---

11. Experiencia recogida en una visita al Ayuntamiento de Sant Joan Despí, Cataluña.
12. Aprender enseñando

reforzados o creados a través de actividades de servicio irreflexivas o planeadas pobremente." (COOPER, 1999)

Sabemos que organizar las clásicas –y lamentablemente necesarias– campañas de recolección de alimentos pueden involuntariamente enseñar que basta con donar algo que sobra para haber "cumplido" con las propias responsabilidades sociales, lo cual seguramente constituiría, en los términos de Cooper, *"la lección equivocada".* Para un universitario del norte del planeta, quince días de trabajo comunitario en Centroamérica pueden generar una fuerte toma de conciencia y un compromiso social duradero, o simplemente reforzar una simpatía "políticamente correcta" (a imagen de la de Rousseau hacia los *"buenos salvajes"*) que de poco sirve a los supuestos destinatarios del servicio.

Como afirmaba John Dewey,

"la creencia de que toda educación genuina se produce a través de la experiencia no significa que toda experiencia sea genuina o igualmente educativa". (DEWEY, 1938)

También el pedagogo brasileño Paulo Freire alertaba sobre los límites de una valoración ingenua de la "pura experiencia", afirmando:

"Partir del 'saber de experiencia vivida' para superarlo no es quedarse en él". (FREIRE, 2002, p. 67)

Por ello es importante definir claramente qué entendemos por aprendizaje-servicio, y diferenciar esta propuesta de otro tipo de iniciativas con clara intencionalidad solidaria pero dudoso impacto educativo, así como de experiencias claramente educativas pero con escaso impacto solidario. Por la misma razón, en el próximo capítulo nos detendremos en considerar qué entendemos por "solidaridad".

El aprendizaje-servicio no es cualquier tipo de voluntariado, ni es una experiencia educativa *light*. Integra elementos habituales en el sistema educativo y las organizaciones juveniles, pero genera una síntesis innovadora. Una práctica de aprendizaje-servicio de calidad implica un aprendizaje riguroso, vinculado estrecha y simultáneamente a una acción solidaria planificada.

1.2 - DEFINIENDO "APRENDIZAJE-SERVICIO"

1.2.1 - *LA PROBLEMÁTICA DE LAS DEFINICIONES*

La primera problemática compleja que se presenta al intentar definir al aprendizaje-servicio es que puede ser visto simultánea o alternativamente como:

– *Un "proyecto", "experiencia" o "práctica":* este punto de vista se focaliza en las actividades realizadas por los estudiantes y describe sus características tanto desde la perspectiva del servicio a la comunidad como desde los objetivos intencionales de aprendizaje y la reflexión y análisis crítico. (KENDALL, 1990; JACOBY, 1996)

– *Una "metodología" didáctica o "estrategia pedagógica":* desde este punto de vista, el aprendizaje-servicio es primariamente un modo de enseñar y aprender, una "metodología" que sirve para optimizar el aprendizaje de conocimientos, competencias y actitudes por parte de los estudiantes (HALSTED, 1998). Según las perspectivas, podría ser considerado una "innovación pedagógica", un "método activo de enseñanza" en la tradición de Piaget, y también una estrategia para generar "aprendizajes significativos", es decir puestos en contexto y con el educando como protagonista (ROGERS-FREIBERG, 1993).

– *Una pedagogía:* para un número creciente de autores, más que una "técnica", el aprendizaje-servicio puede verse como una concepción integral de la educación:

"El aprendizaje-servicio es una forma de aprendizaje a través de la experiencia en el que los estudiantes se involucran en actividades que atienden necesidades humanas y comunitarias, junto con oportunidades de aprendizaje estructuradas e intencionalmente diseñadas para promover el aprendizaje de los estudiantes y su desarrollo. Reflexión y reciprocidad son conceptos claves del aprendizaje-servicio." (JACOBY, 1996, p. 5)

Como se verá en el capítulo siguiente, el aprendizaje-servicio puede ser visto como una expresión de la pedagogía de John Dewey (2.2.1), como una expresión de la educación popular inspirada en Freire (2.2.2), o como una propuesta pedagógica original que recoge aportes de diversos autores (2.2.3).

– Un *modelo o programa de desarrollo comunitario*: mientras que los puntos de vista anteriores enfatizan el aspecto pedagógico, el aprendizaje-servicio también puede ser visto como un modelo de desarrollo comunitario que enfatiza el protagonismo social de los jóvenes y la articulación de su trabajo en redes inter-institucionales en función de la resolución de las más diversas problemáticas (NYLC, 2006).

– Una *filosofía*: desde esta perspectiva, el aprendizaje-servicio es visto como:

"una manera de entender el crecimiento humano, una manera de explicar la creación de vínculos sociales y un camino para construir comunidades humanas más justas y con una mejor convivencia" (PUIG-BATLLE-BOSCH-PALOS, 2006, p. 20);

"una expresión de valores (...) que determinan el propósito, la naturaleza y el proceso del intercambio social y educacional entre los educandos y la población a la que sirven, y entre los programas de aprendizaje y las organizaciones a las que sirven" (STANTON, 1998, p. 3);

"una formulación de sentido, una visión social, una aproximación hacia la comunidad y una manera de adquirir conocimiento" (KENDALL, 1990, p. 23).

En este texto definiremos al aprendizaje-servicio como una "práctica" cuando nos refiramos a las experiencias concretas llevadas adelante por una institución o grupo, y como "pedagogía" para englobar los aspectos pedagógicos, filosóficos y sociales que implica como propuesta.

En 1990 Jane Kendall relevó que sólo en el idioma inglés se habían desarrollado más de 140 definiciones distintas de *service-learning* (KENDALL, 1990). En la década siguiente el espectro de definiciones se multiplicó aún más (CAIRIN-KIELSMEIER, 1995; FURCO, 2002, NYLC, 2004), incluyendo las múltiples denominaciones que la práctica fue adquiriendo en diversas lenguas y contextos culturales.

En términos generales podría decirse que las definiciones de aprendizaje-servicio varían según los autores, pero en los últimos años se ha ido convergiendo hacia algunos consensos básicos, que insisten en algunos rasgos fundamentales: la estrecha articulación entre actividades de aprendizaje y de actividad solidaria, y el protagonismo juvenil en ambas (ver 1.4).

Entre las definiciones más difundidas en lengua inglesa podría incluirse la establecida por el programa *Learn and Serve America*:

"El aprendizaje-servicio combina el servicio a la comunidad con estudiantes aprendiendo de un modo que mejora tanto al estudiante como a la comunidad".[13]

---

13. www.learnandserve.org/about/service_learning.html

El prestigioso *Service-learning Research and Development Center* de la Universidad de California-Berkeley define al aprendizaje-servicio:

"Como una estrategia pedagógica enraizada en las teorías de la educación experiencial, el aprendizaje-servicio permite a los educandos no sólo aplicar teorías en situaciones auténticas y prácticas, sino que también ayuda a proveer servicios a la comunidad local. (...) El aprendizaje-servicio es universal en cuanto puede ser parte de cualquier disciplina académica, puede tener lugar en cualquier comunidad, y puede involucrar a cualquier estudiante, sea cual fuera su edad, ambiciones o habilidades."[14]

En Chile, el Programa "Liceo para Todos" lo definió como:

"actividades de aprendizaje comunitario planificadas desde el liceo, con la participación de la comunidad educativa y al servicio tanto de una demanda de la comunidad como del aprendizaje de los estudiantes que la realizan. Es una experiencia que permite a los estudiantes aplicar conceptos, procedimientos y habilidades provenientes de los aprendizajes formales de las diversas asignaturas, en su entorno cotidiano"[15].

En Brasil se utiliza tanto el término *Aprendizagem e Serviço* como otros, pero las definiciones tienden a converger en cuanto al tipo de prácticas a las que aluden. Por ejemplo, *Faça Parte,* una organización que promueve el aprendizaje-servicio a nivel nacional en más de 10.000 escuelas, ha optado por definir este tipo de prácticas como *"voluntariado educativo"*[16]:

"una acción solidaria preocupada por la formación del joven voluntario. Sus principios se fundamentan en la formación integral del joven voluntario, (...). Es un voluntariado de acción y reflexión, un espacio de educación sociopolítica, que ayuda al desarrollo del sentido crítico, a la concientización sobre los derechos humanos y sociales, al respeto de las diferencias culturales y al testimonio y vivencia de la solidaridad. La preocupación central no es tanto el servicio a ser prestado, sino la formación y la calificación del joven en cuanto desempeña su actividad de voluntario" (SBERGA, 2003).

14. http://www-gse.berkeley.edu/research/slc/about.html
15. www.mineduc.cl Programa Liceo para Todos/Dimensión Prácticas de Enseñanza/Aprendizaje servicio
16. Los contenidos y etapas que *Faça Parte* propone para el desarrollo de los proyectos de voluntariado educativo son consistentes con la bibliografía desarrollada en otros países para el desarrollo de proyectos de aprendizaje-servicio. www.facaparte.org.br

Si bien estas definiciones tienen alto grado de consenso en el mundo académico especializado, esto no significa que tengan el mismo arraigo en el vocabulario de educadores y líderes comunitarios.

Como lo han mostrado investigaciones recientes, aun en Estados Unidos donde la práctica del aprendizaje-servicio se viene desarrollando hace casi un siglo, sólo un 37% de la población está familiarizada con el término[17], y no todos los docentes emplean los mismos criterios para definirlo. En diversas encuestas los docentes norteamericanos describen sus prácticas utilizando indistintamente *community service* y *service-learning,* a veces con distintos significados, a veces como sinónimos, y en algunos casos incluso en sentido opuesto al de las definiciones aceptadas académicamente (NYLC, 2004, pp. 12-13).

Más allá de la diversidad de definiciones y denominaciones, y con los diversos énfasis y sustratos teóricos propios de cada organización y contexto cultural, la práctica del aprendizaje-servicio tiene elementos de identidad común en los más diversos puntos del planeta, características fundamentales que analizaremos a continuación en su especificidad en comparación con otras prácticas.

1.2.2 - LOS "CUADRANTES" DEL APRENDIZAJE Y EL SERVICIO

Para profundizar en la definición del aprendizaje-servicio, es necesario considerar sus diferencias y puntos de contacto con otras prácticas educativas y solidarias que pueden desarrollarse en el marco de instituciones educativas u organizaciones de la sociedad civil.

En una primera aproximación podría considerarse al aprendizaje-servicio como la intersección entre dos tipos de experiencias educativas que generalmente se desarrollan en forma paralela o inconexa:

– actividades académicas que se realizan con el objetivo de que los estudiantes apliquen conocimientos y metodologías de investigación en contextos reales en función de un aprendizaje disciplinar determinado (trabajos de campo o "en el terreno", pasantías, *internships,* etc.);

– actividades solidarias protagonizadas por estudiantes (campañas solidarias con la propia comunidad o con otras comunidades, iniciativas de gemelazgos, adopciones a distancia, alfabetización, apoyo escolar, mejoramiento del medio ambiente, y muchas otras), que constituyen frecuentemente instancias de activa participación ciudadana.

17. Roper Opinion Poll (2000). Public Attitudes Toward Educationa and Service-learning. http://learningindeed.org/tools/other/roper.pdf

FIGURA 1: Doble intencionalidad del aprendizaje-servicio

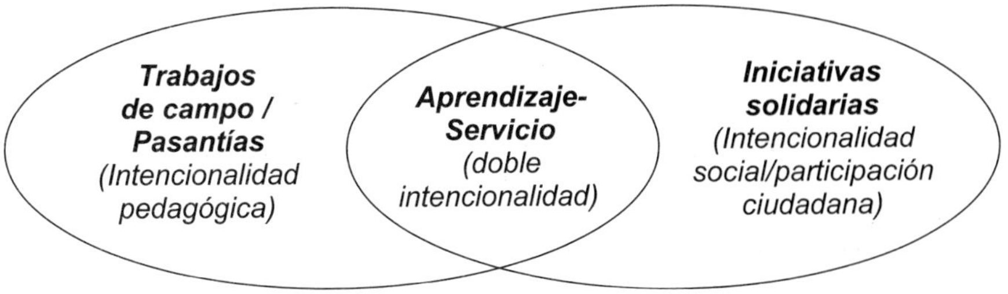

Esta dicotomía tampoco es ajena a numerosas organizaciones de la sociedad civil de las que participan jóvenes: es usual que haya actividades formativas orientadas a compenetrar a los participantes con la "misión" de la propia organización, con sus objetivos y metas, pero no siempre esos contenidos formativos se vinculan explícitamente con las actividades solidarias que normalmente se realizan.

Hablamos de aprendizaje-servicio cuando se da la intersección de dos intencionalidades, es decir cuando en el desarrollo de un proyecto están presentes simultáneamente la intencionalidad pedagógica y la intencionalidad solidaria.

Un buen proyecto de aprendizaje-servicio permite, por un lado, mejorar la calidad de los aprendizajes, y por el otro, abre espacios para el protagonismo juvenil y la participación ciudadana y permite ofrecer aportes a la mejora de la calidad de vida de una comunidad, fortalecer las redes sociales y generar sinergia entre la escuela, las organizaciones de la sociedad civil y los organismos gubernamentales al servicio del bien común.

Si bien el concepto puede ser claro, en la realidad abundan las zonas grises, y no siempre es sencillo diferenciar las prácticas de aprendizaje-servicio en sentido estricto de otras prácticas de intervención comunitaria desarrolladas en ámbitos educativos o sociales. Diversas herramientas han sido propuestas para este fin por diversos autores (TAPIA, 2000, pp. 26-30).

Entre ellas, consideramos que puede ser de utilidad presentar los "Cuadrantes del aprendizaje y el servicio" desarrollados por la Universidad de Stanford (SERVICE-LEARNING 2000 CENTER, 1996; TAPIA, 2000)[18].

18. Una versión de estos cuadrantes adaptada a la realidad de las organizaciones de la sociedad civil, en 5.4.2.

FIGURA 2: Los cuadrantes del aprendizaje y el servicio en las instituciones educativas

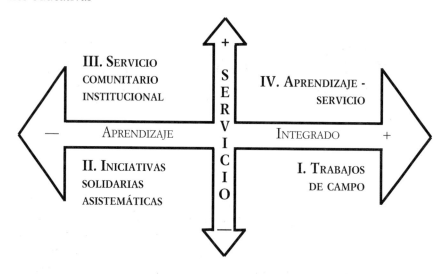

El eje vertical del gráfico hace referencia a la menor o mayor calidad del servicio solidario que se presta a la comunidad, y el eje horizontal indica la menor o mayor integración del aprendizaje sistemático o disciplinar al servicio que se desarrolla.

El "menor" o "mayor" servicio ofrecido puede asociarse con diversas variables, como el tiempo destinado a la actividad, o la potencialidad del proyecto para atender efectivamente una demanda. Para dar un ejemplo extremo, visitar una vez al año un centro comunitario no ofrece la misma calidad de servicio que el acudir semanalmente para sostener un espacio de apoyo educativo o sanitario.

La calidad del servicio solidario ofrecido también está asociada a variables tales como la efectiva satisfacción de los destinatarios, impactos mensurables en la calidad de vida de la comunidad, la posibilidad de alcanzar objetivos de cambio social a mediano y largo plazo, y no sólo de satisfacer necesidades urgentes por única vez, y con la constitución de redes interinstitucionales eficaces con organizaciones de la comunidad, ONGs e instituciones gubernamentales para garantizar la sustentabilidad de las propuestas. (2.2.3).

El eje horizontal, por su parte, se refiere a la mayor o menor integración de los aprendizajes académicos formales con la actividad de servicio desarrollada: en este sentido, las actividades de servicio pueden poner en juego explícitamente los contenidos de aprendizaje de una asignatura, o puede haber escasa o ninguna conexión entre lo estudiado y la actividad de servicio, como habitualmente es el caso en las variadas "campañas solidarias" de recolección de dinero, alimentos o ropa (3.1).

En función de estos ejes quedan delimitados los cuadrantes que permiten diferenciar cuatro tipos de experiencias educativas:

I. *Trabajos de campo:* se incluyen aquí las actividades de investigación y práctica que involucran a los estudiantes con la realidad de su comunidad, pero considerada exclusivamente como objeto de estudio. La finalidad del trabajo de campo o en el terreno es el aprendizaje de contenidos disciplinares: por ejemplo, desde Ciencias Sociales se entrevista a ancianos de la comunidad para una investigación sobre la memoria histórica local, pero la actividad no involucrará ninguna acción solidaria hacia las eventuales necesidades de los ancianos. En la Educación Superior, una pasantía, *internship* o práctica profesional desarrollada en una empresa permitirá aplicar conocimientos en contextos reales, pero no tendrá el componente de intencionalidad solidaria que tendría la misma pasantía desarrollada en el contexto de una organización comunitaria que atienda poblaciones necesitadas.

Este tipo de actividades involucran el conocimiento de la realidad, pero no se proponen necesariamente transformarla, ni establecer vínculos solidarios con la comunidad implicada. El principal destinatario del proyecto es el estudiante, el énfasis está puesto en la adquisición de aprendizajes, y el contacto con la realidad comunitaria es puramente instrumental.

II. *Iniciativas solidarias asistemáticas:* se definen por su intencionalidad solidaria, pero desarrollan poca o ninguna integración con el aprendizaje formal. Son, en general, actividades ocasionales, que tienden a atender una necesidad puntual. Pueden surgir espontáneamente de la iniciativa de uno o más docentes, del centro de estudiantes o de la cooperadora escolar, pero no son planificadas como parte del Proyecto Educativo Institucional.

Algunas de las más típicas iniciativas solidarias asistemáticas incluyen las "campañas de recolección" (de ropa, alimentos, etc.), los festivales y otras actividades "a beneficio", cuando son organizadas en forma ocasional y desarticulada con los aprendizajes. Podrían también incluirse en este cuadrante algunos proyectos un poco más complejos y con mayor articulación con los contenidos curriculares, pero que no son planeados institucionalmente, sino que surgen y desaparecen en función de la buena voluntad o el liderazgo personal de un docente o un grupo particular de estudiantes.

En la Educación Superior es frecuente que sean los centros de estudiantes o las Secretarías de Extensión los que promuevan este tipo de iniciativas sin articulación formal con lo académico.

Las actividades enmarcadas en este cuadrante suelen ser voluntarias, y no se evalúa ni formal ni informalmente el grado de participación de los estudiantes, ni los aprendizajes desarrollados. De hecho, el protagonismo de los y las estudiantes en este tipo de iniciativas es muy disparejo: en algunos casos se comprometen personalmente con la acción (una visita a un geriátrico o un viaje solidario, por ejemplo). En otros, especialmente en la escuela primaria, la participación de los niños puede limitarse a llevar a casa una nota de la escuela solicitando a los padres que envíen dinero o alimentos para distribuir entre poblaciones carenciadas.

El principal destinatario de las iniciativas solidarias asistemáticas es la población asistida, y el énfasis está puesto en atender una necesidad, y no en generar una experiencia educativa.

La calidad del servicio de este tipo de acciones se considera baja por su propia naturaleza ocasional y asistemática, que difícilmente logre exceder lo puramente asistencialista (ver 3.3.3), y porque en general no involucran la participación activa junto a los destinatarios para enfrentar los problemas. Por otra parte, la calidad del aprendizaje se considera baja porque, aunque los alumnos adquieran una cierta conciencia sobre problemáticas como la pobreza, o el impacto de las catástrofes naturales sobre la vida cotidiana, las acciones no se articulan con los aprendizajes disciplinares.

Sin embargo es necesario señalar que las iniciativas solidarias asistemáticas –aun aquellas más efímeras– pueden resultar educativas para los estudiantes cuando:

– estimulan de algún modo la formación de actitudes participativas y solidarias;
– permiten en el nivel inicial o en la escuela primaria una temprana sensibilización hacia ciertas problemáticas sociales y ambientales,
– ofrecen un clima institucional abierto a las problemáticas sociales, y
– ofrecen a los estudiantes la posibilidad de aprender procedimientos básicos de gestión.

Este tipo de iniciativas también pueden presentar ciertos riesgos desde el punto de vista de la formación ciudadana, tal como se considerará en el capítulo 3 (ver 3.3), especialmente cuando las actividades que se pretenden solidarias se realizan en modo muy ocasional, con escaso compromiso personal por parte de los estudiantes y con poco o ningún contacto directo con las personas destinatarias.

III. *Servicio comunitario institucional:*
Este tipo de experiencias se caracteriza por una decisión institucional, y no sólo ocasional, de promover el valor de la solidaridad y desarrollar en los estudiantes actitudes de servicio, de compromiso social y participación ciudadana, o como una expresión de la misión institucional, como en el

caso de las universidades con programas de responsabilidad social univer-sitaria, o de las escuelas confesionales. Ya sea que las actividades de servi-cio propuestas sean voluntarias u obligatorias, son asumidas formalmente por la conducción educativa, y forman parte explícita de la oferta de la institución.

Ejemplos clásicos son los voluntariados estudiantiles promovidos por escuelas y Secretarías de Extensión Universitaria, los "gemelazgos" y "padrinazgos" instituidos entre establecimientos educativos, los "grupos misioneros" en las escuelas y universidades religiosas, etc.

Justamente por consistir en acciones sostenidas institucionalmente en el tiempo, en general este tipo de experiencias puede ofrecer un servicio a la comunidad de mayor continuidad y calidad. En todo el mundo institu-ciones educativas y organizaciones juveniles construyen centros comunita-rios, brindan alimento y educación a miles de personas, atención médica o asistencia técnica gratuita en miles de comunidades carenciadas, sostienen planes masivos de alfabetización, etc.

En lo que se refiere al aprendizaje, si bien el servicio comunitario resulta una estrategia efectiva de formación en valores, de desarrollo de actitudes prosociales y formación para la ciudadanía, no siempre ni nece-sariamente ese aprendizaje se integra con los aprendizajes disciplinares.

En definitiva, hablamos de "servicio comunitario institucional" y no de "aprendizaje-servicio" en los casos en que la institución se propone desarrollar la acción solidaria con una finalidad educativa amplia (ligada en general a la educación en valores y actitudes), pero no se propone articular la actividad solidaria con los contenidos curriculares desarrollados en el aula. El principal destinatario de las iniciativas es la población asistida si bien, en cierto modo, el proyecto se orienta también hacia los estudiantes, en función de un proyecto educativo de formación en valores y ciudadanía.

IV. *Aprendizaje-servicio:*

Definidas como experiencias que ofrecen simultáneamente una alta calidad de servicio y un alto grado de integración con los aprendizajes for-males, este tipo de prácticas implican la misma continuidad en el tiempo y el mismo compromiso institucional del servicio comunitario estudiantil, pero le suman la articulación explícita de las actividades con los objetivos del aprendizaje académico que caracterizan a los trabajos de campo.

"Teniendo en cuenta los criterios con mayor consenso a nivel interna-cional, podemos decir que un servicio a la comunidad es aprendizaje-servicio cuando es planificado:

– en función del proyecto educativo institucional, y no sólo de las demandas de la comunidad;

– *con la participación de toda la comunidad educativa: incluyendo el liderazgo de la conducción institucional, la participación directa o indirecta del cuerpo docente, y la activa participación de los estudiantes desde las etapas de diagnóstico y planificación hasta las de gestión y evaluación;*
– *al servicio de una demanda efectivamente sentida por la comunidad, y a la cual pueden atender los estudiantes en forma eficaz y valorada;*
– *atendiendo con igual énfasis a un alto nivel de respuesta a la demanda de la comunidad y a un aprendizaje de calidad para los estudiantes".*
(Tapia, 2000, p. 26)

Como un aporte complementario a las definiciones ofrecidas a partir de estos cuadrantes, consideramos iluminadoras las distinciones establecidas entre servicio comunitario, aprendizaje-servicio y pasantías (trabajos de campo) por Furco.

FIGURA 3: Diferencias entre tres tipos de programas de servicio (Furco, 2002). (Las modificaciones que hemos introducido están en cursiva).

	Pasantías	**Servicio comunitario**	**Aprendizaje servicio**
Destino primario	Estudiante (Proveedor)	Comunidad (Receptor)	Receptor y Proveedor
Foco principal	Aprendizaje	Servicio	Aprendizaje y Servicio
Objetivos educatvos	Desarrollo profesional Aprendizaje académico	Formación personal *ética* y ciudadana	Aprendizaje académico Formación personal *ética* y ciudadana
Integración curricular	Actividad curricular o complementaria	Periférica o nula	Integrada
Tipo de actividad	Basada en la actividad productiva	Basada en una problemática social	Basada en contenidos académicos *y problemática social*

1.3 - TRANSICIONES ENTRE LOS CUADRANTES DEL APRENDIZAJE-SERVICIO

Algunos proyectos de aprendizaje-servicio surgen en forma intencionada y planificada desde su origen como tales. Sin embargo, la práctica muestra que muchas de las experiencias más exitosas han surgido a través de procesos de transición a partir de la tradición y cultura de la misma institución educativa u organización social.

Escuelas que realizaban habitualmente campañas solidarias asistemáticas, fueron avanzando hacia proyectos de intervención comunitaria más complejos. Una universidad con fuerte tradición de pasantías en empresas, se propuso abarcar con ese sistema a pasantías en organizaciones de la sociedad civil. Instituciones educativas con fuerte tradición en investigación, se plantearon aplicar los estudios a la solución de problemáticas comunitarias....

Veremos a continuación cómo se pueden efectuar estas "transiciones" entre los cuadrantes del aprendizaje y el servicio.

FIGURA 4: Transiciones entre los cuadrantes del aprendizaje y el servicio

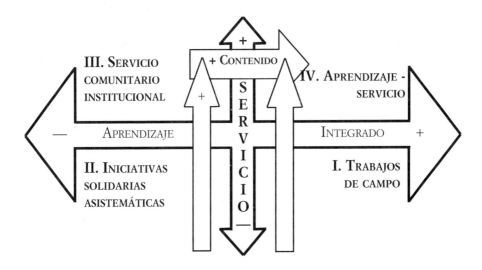

Hay "transiciones" que se dan en el sentido de la calidad, a lo largo del eje del servicio solidario o del eje del aprendizaje integrado al servicio:

– proyectos solidarios con poco valor educativo agregado que comienzan a sistematizar las articulaciones con los contenidos curriculares,

– o proyectos con escaso impacto en cuanto a su servicio solidario que van pasando de actividades excesivamente o exclusivamente asistencialistas a actividades con alguna intencionalidad más promocional y con mayor impacto en la calidad de vida de los destinatarios.

Intentando simplificar las múltiples variantes posibles, podría afirmarse que son tres las grandes transiciones posibles:

– *Del aprendizaje al aprendizaje-servicio*
– *De las iniciativas solidarias asistemáticas u ocasionales a un servicio solidario institucionalizado*
– *Del "servicio" al "aprendizaje-servicio"*

1.3.1 - DEL APRENDIZAJE AL APRENDIZAJE-SERVICIO

La transición del aprendizaje tradicional al aprendizaje-servicio se produce cuando los conocimientos desarrollados en el aula o en una organización se aplican o se enriquecen en el contexto real de un trabajo solidario al servicio de una necesidad social.

En algunos casos, la realidad empuja dramáticamente a pasar del estudio teórico a la acción. Por ejemplo, en la década del '90 la Universidad Penn (Filadelfia, USA) venía estudiando con creciente preocupación el deterioro urbano del área circundante al *campus:* diversas cátedras habían estudiado las crecientes tasas de delincuencia, la disminución de la ocupación comercial, el deterioro de las condiciones habitacionales, y había analizado las políticas públicas para el área. El asesinato de un estudiante de la Universidad a pocas cuadras del *campus* en 1996 desencadenó una fuerte toma de conciencia por parte de todos los miembros de la comunidad universitaria de que *"el tiempo de profundizar las investigaciones había terminado"* (KROMER-KERMAN, p. 8). Como resultado, la Universidad desarrolla desde entonces *West Philadelphia Initiatives*, un ambicioso programa que incluye proyectos de aprendizaje-servicio, trabajo de voluntariado de docentes y estudiantes, programas desarrollados en articulación con las organizaciones locales, e iniciativas institucionales como la creación de una escuela pública financiada y asistida por Penn. El programa ha producido en estos años resultados impresionantes en cuanto a la declinación de las tasas de criminalidad, al mantenimiento urbano, al mejoramiento de los niveles educativos y al fortalecimiento del mercado inmobiliario, el comercio y las oportunidades laborales en la zona.[19]

En el caso de una escuela técnica de la ciudad de Buenos Aires, los estudiantes realizaban sus prácticas constructivas en un espacio cubierto dentro de la escuela, donde por grupos edificaban una pared. Luego de ser evaluados, debían derrumbar lo construido para que hubiera espacio para construir otra pared. Mientras tanto, el municipio había entregado un predio frente a la escuela a una cooperativa de autoconstrucción que buscaba erradicar la "villa miseria" en que vivían sus integrantes. Con grandes esfuerzos la cooperativa intentaba construir sus viviendas definitivas, aunque carecían de los conocimientos técnicos necesarios. Luego de muchas dudas y temores, la escuela técnica comenzó a asesorar a la cooperativa, y las horas de práctica de los estudiantes se mudaron al predio de "los sin techo". Profesores y estudiantes colaboraron con el diseño y construcción del barrio, que hoy ya está edificado. La experiencia fue muy rica, no sólo porque puso a los estudiantes ante la necesidad de enfrentar problemas constructivos reales, con la consecuente necesidad de aprender más, sino que también contribuyó a bajar los niveles de prejuicio y desconfianza entre los estudiantes y los nuevos y antes menospreciados vecinos.

En definitiva, esta transición consiste en poner al servicio de una comunidad los aprendizajes alcanzados o por alcanzar. Este proceso exige interrogarse sobre la relevancia social de los conocimientos adquiridos en un contexto educativo formal o no formal, sobre la posibilidad de aumentar o aplicar esos conocimientos a partir de un trabajo solidario en contextos reales, sobre la pertinencia de esos conocimientos en función de las necesidades o demandas de una comunidad, y sobre la posibilidad de que lo aprendido pueda contribuir a un servicio solidario efectivo para la comunidad destinataria.

1.3.2 - DE LAS INICIATIVAS SOLIDARIAS ASISTEMÁTICAS U OCASIONALES A UN SERVICIO SOLIDARIO INSTITUCIONALIZADO

Una segunda transición posible es la que va del segundo al tercer "cuadrante", es decir desde iniciativas ocasionales y poco sistemáticas o institucionalizadas hacia iniciativas integradas en el proyecto institucional de una escuela (EyC, 2000d) o de una institución de Educación Superior (ANDERSON-CALLAHAM, 2005).

Entendemos por "experiencias institucionalizadas" las que forman parte formalmente del proyecto educativo de una institución, que pueden ser

---

19. http://www.upenn.edu/president/westphilly/

consideradas parte de la "identidad" o cultura institucional, o que cuentan con un grado de sistematicidad, continuidad y legitimidad institucional que les permite ser sustentables en el tiempo.

Las actividades solidarias asistemáticas pueden adquirir continuidad, hasta llegar a convertirse en experiencias de servicio comunitario institucionalizado. El proceso a veces se da espontáneamente con el tiempo: en la década del '70, la Escuela Mariano Acosta de la ciudad de Buenos Aires comenzó a organizar viajes solidarios a una escuela rural en la provincia de San Juan. La actividad, originada por iniciativa de un grupo de docentes y estudiantes, se transformó con los años en parte de la cultura institucional. Pese a los cambios de autoridades y docentes y a las modificaciones que en esas décadas se produjeron en la cultura juvenil, durante más de 30 años el viaje solidario –que no está establecido formalmente en ningún reglamento– ha seguido desarrollándose con el apoyo de autoridades, docentes, estudiantes y familias (Tapia, 2000).

No en todas las instituciones esta transición se da espontáneamente. A menudo es fruto del esfuerzo intencionado de docentes que perseveran en una línea de trabajo frente a las dificultades planteadas desde las autoridades, o se logra gracias a políticas institucionales promovidas por las autoridades educativas frente a la resistencia de algunos docentes. En general, y como señalara Furco, los directivos son los principales actores en cuanto a la continuidad y sustentabilidad de los proyectos:

"Los programas de aprendizaje-servicio más exitosos son aquellos en los que los directivos hacen del aprendizaje-servicio una parte de la vida cotidiana en la cultura escolar. Mientras los docentes juegan un rol esencial en la calidad de cada experiencia individual de aprendizaje-servicio de los estudiantes, los directores tienen un rol fundamental en la sustentabilidad a largo plazo de los programas de aprendizaje-servicio". (EyC, 2001, p. 37)

Entre las funciones propias de las autoridades de una institución educativa en relación a la inserción del aprendizaje-servicio como parte de la cultura institucional, se podría mencionar:

– Explicitar a la comunidad educativa las razones por las que la institución desarrolla proyectos de aprendizaje-servicio, y especialmente las finalidades pedagógicas de los mismos.

– Establecer alianzas institucionales, convenios y otras formas de vinculación con las organizaciones de la sociedad o los organismos gubernamentales asociados al proyecto de aprendizaje-servicio.

– Efectuar el seguimiento del proyecto a lo largo de su "itinerario" (ver cap. 6), y establecer los mecanismos formales de comunicación intra-institucional.

– Supervisar las cuestiones relativas a la seguridad y la responsabilidad institucional con respecto a las salidas de los estudiantes.

– Formular las acreditaciones y certificaciones correspondientes.

– En los casos en que sea necesario, efectuar el nombramiento de uno o más docentes a cargo del seguimiento del proyecto (EyC, 2000b, pp.18-24).

En muchas instituciones el proyecto de servicio es "propiedad" de una cátedra, de un docente, o de un grupo de estudiantes, y el resto de la institución los mira con simpatía, desconfianza o indiferencia, pero no participa. Pasar de esa situación a la apropiación institucional de un proyecto requiere de la necesaria capacidad de apertura y disponibilidad para trabajar en equipo de todas las partes, de una cierta cuota de desprendimiento por parte de los autores iniciales del proyecto, y también del establecimiento de mecanismos institucionales que permitan su continuidad y sustentabilidad, y alienten la participación.

Estos mecanismos pueden ser tan variados como las particularidades de cada institución: hay universidades que generan departamentos específicos para el seguimiento de los programas de aprendizaje-servicio, y hay otras, en cambio, en las cuales cada cátedra o facultad se maneja con completa autonomía. Hay casos en los que el presupuesto del proyecto de aprendizaje-servicio forma parte del presupuesto general de la institución, y casos en los que cada proyecto debe buscar su propio financiamiento. Hay instituciones y países donde es obligatorio cumplir con un determinado número de horas en un proyecto de servicio, y otras en las que los proyectos de aprendizaje-servicio son desarrollados en forma voluntaria en horario extra-escolar, pero forman parte de la oferta institucional.

Esta transición conduce –en la definición acuñada por la Escuela "Pbro. Constantino Spagnolo" de Mendoza– a que Proyecto Educativo Institucional (PEI) se transforme en PEIS, Proyecto Educativo Institucional Solidario (EDUSOL, 2005b).

Esto es lo que sucedió en el caso de la Escuela Técnica N° 4 de Junín de los Andes, en la Patagonia argentina. En 1996 una organización no gubernamental que trabaja con poblaciones mapuche y criollas en las montañas patagónicas se acercó a la escuela para plantearles una inquietud: por el aislamiento que las duras condiciones climáticas, geográficas y socioeconómicas imponen a esas comunidades, no tienen acceso a la red eléctrica convencional. Por carecer de energía eléctrica, seguían iluminándose con medios precarios (que hacían frecuentes las enfermedades de la vista y hasta la ceguera), continuaban bombeando el agua manualmente, y no tenían acceso a otros medios de subsistencia que los tradicionales del pastoreo de cabras. La organización les pidió si la escuela, especializada en electromecánica, no podía "inventar" algún mecanismo para que esas comunidades aisladas tuvieran energía eléctrica.

La primera decisión institucional estuvo en manos del director de la escuela y de los docentes de las materias técnicas, quienes decidieron aceptar el desafío. Los estudiantes de los años superiores investigaron las posibles fuentes de energía alternativas y, en base a lo estudiado, diseñaron en clase de Dibujo Técnico un molino adecuado a los fuertes vientos patagónicos.

Todo podría haber terminado ahí, con la entrega de planos y maquetas a la organización no gubernamental. Pero, por decisión institucional, los estudiantes pasaron del aprendizaje al aprendizaje-servicio: en las horas de taller construyeron el molino que habían diseñado, utilizando materiales reciclados del cementerio de autos local, y luego cargaron las piezas en los autos del director y de los docentes y viajaron hasta las montañas para instalar el molino. Cuando la primera lámpara eléctrica se encendió en el rancho de uno de los pobladores, la celebración fue igual de emotiva que cuando, meses más tarde, los adolescentes fueron galardonados en los Estados Unidos por su investigación con el Primer Premio en la Feria Mundial de Ciencias.

Al año siguiente comenzó la siguiente transición: lo que había sido el proyecto de una vez y de un curso, se transformó en el eje organizador de los contenidos de las asignaturas técnicas de todos los cursos. El último curso de cada promoción diseña e instala un dispositivo eólico o hidroeléctrico en una comunidad aislada en la Cordillera de los Andes, y los cursos inferiores hacen sus prácticas realizando el mantenimiento de los dispositivos ya instalados.

A partir de la implementación de este proyecto institucional, la escuela prácticamente ha duplicado su matrícula, y las empresas locales se disputan a los egresados por la calidad de su formación técnica y su experiencia de trabajo en el terreno[20].

1.3.3 - Del "servicio" al "aprendizaje-servicio"

La transición entre el "puro servicio solidario" y el aprendizaje-servicio es probablemente la más crucial para el tema que nos ocupa, porque es la que marca la diferencia entre las formas más clásicas del voluntariado juvenil. Desde el punto de vista de la calidad educativa es también la más importante, porque garantiza que escuelas y universidades no actúen en la

---

20. Premio Presidencial Escuelas Solidarias 2000. www.me.gov.ar/edusol

comunidad en forma ingenua o desarticulada con su misión central, sino con una intencionalidad fuertemente vinculada a su identidad educativa.

Esta transición es también la más simple de realizar, en el sentido que la parte más compleja y con menos tradición –salir del aula y organizar el proyecto solidario– ya se ha hecho. Lo que falta es diseñar o fortalecer las articulaciones entre la actividad que se desarrolla en la comunidad y los contenidos que se aprenden en el aula.

En otras palabras, hay que identificar qué se aprende o qué se puede aprender en el contexto comunitario al que se atiende, o qué temas del currículo pueden vincularse a la actividad realizada. En algunas ocasiones lo único que se requiere para efectuar esta transición es que algún docente decida aprovechar la motivación de los estudiantes involucrados en el proyecto de servicio para enriquecer su clase, o que esté dispuesto a colaborar con la experiencia solidaria articulando contenidos de su asignatura con la temática del proyecto.

En el caso del Colegio León XIII, una escuela salesiana de la ciudad de Buenos Aires que ofrece las tecnicaturas en electromecánica y en tecnología de alimentos, se venían desarrollando numerosas acciones al servicio de la comunidad barrial con alumnos voluntarios, especialmente en torno al merendero parroquial y a varios comedores comunitarios. A partir del año 2002, varios docentes se capacitaron en la pedagogía del aprendizaje-servicio, y se decidió incorporarla como parte del proyecto institucional. Así fueron surgiendo varios proyectos que apuntaron a integrar más explícitamente los aprendizajes de los estudiantes al servicio de las familias del barrio que viven en condiciones de extrema pobreza.

Al servicio del merendero infantil del barrio, los estudiantes han desarrollado una juegoteca comunitaria con juguetes didácticos diseñados y producidos por ellos. En asociación con CILSA, los alumnos de la especialidad Técnica Electromecánica realizan sus prácticas diseñando y produciendo bastones, andadores y sillas de ruedas, que resultan 40% más baratos que los más competitivos del mercado. Los estudiantes de la especialidad de tecnología de alimentos aplican sus conocimientos a la producción de productos de panadería con un molino didáctico desarrollado, construido y programado por los estudiantes de electromecánica, que produce entre 3 y 4 kg. de harina por molienda para abastecer al merendero parroquial. A partir de ese modelo se desarrolló un molino industrial que se instaló en el centro de capacitación laboral en panadería perteneciente a un hogar de "mitad de camino" que sostiene la congregación salesiana para jóvenes que están abandonando situaciones de adicción.

Concluyendo este rápido panorama de las posibles transiciones hacia el aprendizaje-servicio, es necesario subrayar que la práctica recomienda comenzar por experiencias acotadas en el tiempo, con objetivos limitados, que permitan familiarizarse con la metodología de trabajo del aprendizaje-servicio, adquirir experiencia en el trabajo con la comunidad, y también recoger los frutos y usar el "efecto demostración" para atraer a nuevos aliados.

1.4 - DEFINICIONES ABARCATIVAS
Y APRENDIZAJE-SERVICIO EN SENTIDO ESTRICTO

Los procesos de transición hacia lo que hemos definido como aprendizaje-servicio en sentido estricto no siempre son lineales y generan, como es de suponer, amplias "zonas grises" que se resisten a ser encasilladas fácilmente. En la vida real, las fronteras entre "aprendizaje", "servicio comunitario" y "aprendizaje-servicio" no siempre son estables a lo largo de la historia de un proyecto, así como no siempre son susceptibles de ser identificadas en un primer análisis.

Ello ha planteado a los especialistas la necesidad de generar expresiones abarcativas, que puedan incluir al conjunto de las experiencias educativas que implican intervenciones comunitarias o acciones solidarias.

Andrew Furco ha propuesto como una expresión "neutral" la de *"community service-learning"* (aprendizaje-servicio comunitario),

"como un término genérico para referirse tanto al servicio comunitario como al aprendizaje-servicio tal como se lo practica corrientemente. El uso del término no se restringe al mejoramiento del rendimiento académico como objetivo educativo. Si bien el término puede resultar algo extraño, "community service-learning" ofrece las ventajas de una aparente familiaridad: la neutralidad entre dos términos contrapuestos, y un énfasis adecuadamente equilibrado entre el beneficio comunitario y los objetivos educativos". (FURCO, 2002, p. 14)

En este mismo sentido abarcativo, utilizaremos en la presente obra la expresión *"proyectos educativos solidarios"*, haciendo referencia al amplio universo de experiencias de intervención comunitaria desarrolladas desde el ámbito educativo formal o no formal, incluyendo los cuatro tipos definidos anteriormente en los "cuadrantes": pasantías o trabajos de campo, iniciativas solidarias asistemáticas, servicio comunitario institucional y aprendizaje-servicio.

En síntesis, siguiendo los consensos más generales entre los especialistas, utilizaremos el término "aprendizaje-servicio" en sentido estricto, para referirnos a las actividades o programas que apuntan simultáneamente a objetivos de intervención comunitaria y de aprendizaje, y "experiencias educativas solidarias" como término abarcativo de todas las acciones con intencionalidad solidaria u orientadas a la intervención en la comunidad desarrolladas desde un ámbito educativo formal o no formal.

A lo largo de esta obra utilizaremos dos definiciones operativas de aprendizaje-servicio, que explicitaremos en los capítulos siguientes:

a) Aprendizaje-servicio en contextos educativos formales:

– Servicio solidario
– protagonizado por las/los estudiantes,
– destinado a atender necesidades reales y sentidas de una comunidad,
– planificado en forma integrada con los contenidos curriculares, en función de desarrollar aprendizajes de calidad.

b) Aprendizaje-servicio en la educación no formal y las organizaciones de la sociedad civil (ver 5.4)

– Servicio solidario protagonizado por los miembros de la organización,
– destinado a atender necesidades reales y sentidas de una comunidad,
– planificado en forma integrada con objetivos de formación establecidos intencionada y explícitamente, en función del crecimiento integral y del aprendizaje permanente de los miembros de la organización.

CAPÍTULO 2:

ORÍGENES Y DESARROLLOS CONTEMPORÁNEOS DE LA PEDAGOGÍA DEL APRENDIZAJE-SERVICIO EN AMÉRICA LATINA

2.1 - LOS ORÍGENES DEL APRENDIZAJE-SERVICIO Y SU EXPANSIÓN MUNDIAL

La pedagogía del aprendizaje-servicio puede ser vista, simultáneamente, como algo muy viejo y también muy innovador.

Como señalan los pedagogos catalanes Puig y Palos:

"La primera impresión que produce el aprendizaje-servicio (ApS) es doble: por una parte, advertimos elementos conocidos y, por otra, nos sorprenden las enormes posibilidades educativas que ofrece. Es cierto que el ApS está hecho de cosas conocidas y que tiene un aire familiar que lo convierte en algo próximo, pero a la vez también es verdad que supone una novedad pedagógica que puede contribuir a transformar la educación en sus diferentes niveles". (PUIG ROVIRA-PALOS RODRÍGUEZ, 2006, p. 61)

En este capítulo intentaremos rastrear los antecedentes contemporáneos más significativos de la pedagogía del aprendizaje-servicio en el mundo, y especialmente de su actual difusión en América Latina.

2.1.1 - LOS PRIMEROS ANTECEDENTES

Si bien se podrían rastrear antecedentes aún más antiguos, las primeras manifestaciones masivas de la práctica del aprendizaje-servicio a nivel mundial podrían encontrarse a fines del siglo XIX y principios del siglo XX, con la difusión del movimiento "extensión universitaria", que propiciaba el desarrollo de acciones sociales en la Educación Superior (GORTARI, 2004). Si bien muchas de esas acciones no estaban vinculadas a los contenidos académicos formales, en general permitían desarrollar una valiosa práctica profesional al servicio de necesidades sociales.

En ese contexto, y entre los principales antecedentes latinoamericanos de la pedagogía del aprendizaje-servicio, habría que mencionar la creación del "Servicio Social" en las universidades de México a principios del siglo XX. En el marco de la Revolución Mexicana, la Constitución de 1910 estableció en su artículo 5° el requerimiento de un "servicio social obligatorio" a ser prestado por los profesionales. El artículo fue reglamentado en 1945, estableciendo el cumplimiento por parte de los estudiantes universitarios de entre 100 y 300 horas de "Servicio Social" como requerimiento obligatorio para la graduación, requisito aún en vigencia (GORTARI, 2004)[1]. Si bien en su aplicación concreta el Servicio Social ha sufrido diversas falencias y no siempre genera proyectos de aprendizaje-servicio en sentido estricto, es sin embargo uno de sus antecedentes más destacados.

En 1910, el mismo año en que la Constitución mexicana sancionaba el Servicio Social, William James (1842-1910), psicólogo, filósofo, y unos de los inspiradores del pacifismo moderno, publicaba un artículo titulado *"El equivalente moral de la guerra"* (JAMES, 1910). James, quien había sido testigo en su juventud de la Guerra de Secesión norteamericana, condena la guerra y el militarismo, pero señala que el servicio militar obligatorio permitió formar a los jóvenes en valores como el deseo de servir a su país, el sentido de pertenencia y cooperación, y postula un "servicio civil" que sea el *"equivalente moral"* del servicio militar, y que abra espacios para que los jóvenes puedan sentirse orgullosos de sí y prestar servicios valiosos a la sociedad. Las ideas de James tuvieron un fuerte impacto en el movimiento de objeción de conciencia al servicio militar surgido durante la Primera Guerra Mundial, e inspiraron diversas formas de servicio juvenil y de voluntariado, que son directos antecedentes del aprendizaje-servicio (EBERLY, 1988; EBERLY-SHERRADEN, 1990; PUIG-PALOS, 2006).

Curiosamente, las ideas que James esboza en su obra acababan de ser puestas en práctica durante la Guerra de los Boers (1899-1902) por un joven abogado indio llamado Mohandas K. Gandhi, entonces de 30 años. Radicado en esa época en Sudáfrica, Gandhi ya había comenzado sus primeras acciones de resistencia pacífica al *apartheid*, y se negó a participar en las acciones militares que enfrentaron a británicos y boers, pero organizó un cuerpo de ambulancias y dirigió una sección de la Cruz Roja (FISHER, 1953). Como veremos enseguida, la influencia del pensamiento de James y de Gandhi convergería en los años '60 en los movimientos sociales que dieron origen al aprendizaje-servicio.

El primer caso documentado de aprendizaje-servicio en los Estados Unidos es el de las *Appalachian Folk Schools:* alrededor de 1915, más de cincuenta años antes de que se acuñara la expresión *service-learning*, el currículo de este *college* rural integró formalmente contenidos de aprendizaje, experiencias de trabajo y servicio a la comunidad con intencionalidad pedagógica. El programa fue diseñado, como muchos otros, a partir de la necesidad de la comunidad educativa y no de ningún estímulo externo o formulación teórica explícita (SHAPIRO, 1978; TITLEBAUM, P. et al., 2004).[2]

---

1. anuies.mx/programas/servicio_social/principal/docs/encabezado.htm
2. www.servicelearning.org/welcome_to_service-learning/history/index.php

En cambio, fueron las ideas del filósofo y pedagogo John Dewey las que inspiraron, en 1921, la fundación del programa de servicio comunitario estudiantil del *Antioch College*, probablemente el más antiguo de los programas de aprendizaje-servicio que hoy se desarrollan en los Estados Unidos. El "Programa de Educación y Trabajo" establecía como objetivo *"preparar a los estudiantes para vivir eficazmente en un mundo complejo"*. Los estudiantes realizaban sus prácticas laborales en organizaciones gubernamentales o no gubernamentales que prestaban servicios en el campo de la salud, la educación y otros campos afines. Aún hoy, el *Antioch College* considera como uno de los aspectos más propios de su identidad institucional su sistemática combinación entre una formación académica rigurosa y las experiencias de trabajo fuera del *campus*, y sus múltiples programas de aprendizaje-servicio[3] (EBERLY, 1988, pp. 78-86; FALLON, 2004).

2.1.2 - LOS "CUERPOS DE SERVICIO JUVENIL"

Entre 1930 y los primeros años de la década de 1960 surgieron en diversas partes del mundo "Cuerpos de Servicio Juvenil" con puntos de contacto con la idea de "servicio civil" propuesta por James, y que por su articulación de actividades de servicio a la comunidad con aspectos formativos, constituyen otro antecedente importante para el aprendizaje-servicio.

En 1933, entre las medidas establecidas por F. D. Roosevelt para paliar los efectos de la Depresión, se creó el *Civilian Conservation Corps* (CCC), que reclutó a tres millones de jóvenes desocupados para que por períodos de 6 a 18 meses forestaran tierras erosionadas, se ocuparan del cuidado de los parques y de otras cuestiones ambientales. La idea de que quienes recibían el subsidio de desempleo debían a cambio hacer algo al servicio de su país contribuyó a fortalecer la idea de *"servicio civil"* esbozada por James (EBERLY, 1988; TITLEBAUM, 2004).

Enviado a Europa Central a cubrir el ascenso de Hitler en la región, el periodista británico Alec Dickson (1914-94) se involucró durante la ocupación nazi de Checoslovaquia en la atención de los refugiados. Al concluir la guerra se dedicó a promover el voluntariado y el liderazgo juvenil en África, Medio Oriente y el Sudeste Asiático. Junto con su esposa Maura, Dickson fundó en 1958 el VSO (*Voluntary Service Overseas*)[4], convocando a jóvenes británicos a dedicar un año de sus vidas a trabajar en proyectos de desarrollo en África y Asia. En 1962, los Dickson fundaron *Community Service Volunteers* (CSV), hoy la mayor organización de voluntariado de

3. http://www.antioch-college.edu/
4. www.vso.org.uk/about

Gran Bretaña, y una de las primeras en impulsar el aprendizaje-servicio en ese país[5].

En 1959, Donald Eberly, un joven físico norteamericano que había trabajado como voluntario en África, publicó una propuesta de *National Service for Peace*[6], sugiriendo la creación de un cuerpo alternativo al servicio militar de servicio pacífico voluntario para contribuir con países en vías de desarrollo. En 1960, logró que su propuesta –fundada en las ideas de James y su propia experiencia personal– llegara al Senador Humphrey, precandidato demócrata, quien en junio de 1960 propuso como proyecto de ley la creación de un *Peace Corps*, y lo introdujo como tema de la campaña electoral (Eʙᴇʀʟʏ, 1988, pp. 33-38).[7]

Luego de derrotar a Humphrey en las primarias, el Senador John F. Kennedy asumió el tema en su propia campaña presidencial: citando como antecedente al *Conservation Corps*, propuso a los estudiantes universitarios dedicar uno o dos años de su vida a trabajar en países en desarrollo como una forma de servicio patriótico[8]. Al asumir la presidencia, y en el marco de su propuesta de "la nueva frontera" y de la "guerra contra la pobreza" (*"No preguntes lo que tu país puede hacer por ti, sino lo que puedes hacer por tu país"*[9]), Kennedy creó en 1961 el *Peace Corps*, y en 1964 VISTA (*Volunteers In Service To America*)[10], dos cuerpos que convocan a estudiantes universitarios y graduados recientes a trabajar voluntariamente por uno o dos años en programas sociales: el primero en países en desarrollo y el segundo en el interior de los Estados Unidos. Eberly y Dickson se contaron entre los primeros asesores y colaboradores del *Peace Corps*, y entre los pioneros del aprendizaje-servicio a nivel mundial (Eʙᴇʀʟʏ, 1988; Wᴏꜰꜰᴏʀᴅ, 1992).[11]

Casi simultáneamente al surgimiento del *Peace Corps* en Estados Unidos, en 1960 Fidel Castro establecía en Cuba las "Brigadas de Alfabetización Conrado Benítez", en las que más de 100.000 estudiantes secundarios y universitarios fueron enrolados como alfabetizadores, especialmente en comunidades rurales (Gόᴍᴇᴢ Gᴀʀᴄíᴀ, 2005).

---

5. www.csv.org.uk; www.communitypartners.org.uk/index.php

6. Christian Science Monitor, April 8, 1959, Letters to the Editor. En: Eʙᴇʀʟʏ, 1988.

7. Eberly actualmente preside IANYS, International Association for National Youth Service, www.clayss.educaciondigital.net/ianyspre.HTM

8. Discurso en la Universidad de Michigan, www.peacecorps.gov/index.cfm?shell=learn.whatispc.history.speech

9. Inaugural Address, January 20, 1961. Senate document (United States. Congress. Senate); 101-10. Washington, D.C. www.bartleby.com/124/pres56.html

10. VISTA es hoy más conocida como Americorps www.nationalservice.gov/about/programs/americorps_vista.asp

11. http://www.nylc.org/feature.cfm?oid=4405; www.peacecorps.gov

La experiencia cubana tiene muchos puntos en común con los cuerpos africanos de "Servicio Nacional Juvenil", surgidos también en la década del '60. Los "Cuerpos" o "batallones" de servicio juvenil son alternativos o complementarios al servicio militar, y constituyen una combinación de disciplina militar, actividades de servicio a la sociedad que permiten aplicar y adquirir conocimientos, y también incluyen en algunos casos componentes de utilización de los jóvenes en función de objetivos políticos (Obadare, 2005).

Uno de los más antiguos es el Servicio Juvenil Nacional (NYS) de Kenya. Implementado en 1964, al año siguiente de la independencia nacional, el NYS es voluntario y convoca anualmente a cerca de 2.000 jóvenes –la mayoría de los cuales han abandonado la educación formal– quienes reciben formación laboral en escuelas y centros de formación laboral y aplican lo aprendido en proyectos vinculados con el Plan Nacional de Desarrollo[12].

Esta articulación entre aprendizaje y servicio se verifica también en otros cuerpos de servicio juvenil africanos, como los establecidos en Nigeria y en Ghana para estudiantes universitarios en la década del '70 (Tapia, 2000; Ianys, 2002, 2003; Obadare, 2005), y especialmente en el *Tirelo Setshaba* (Servicio Nacional) establecido en Botswana de 1980 a 2000 para los estudiantes del último año de la escuela media (Eberly, 1992; Ianys, 2000).

También en Asia surgieron en la década del '60 este tipo de "Cuerpos de Servicio Juvenil". Uno de los más masivos y de mayor continuidad es el *National Service Scheme* (NSS) de la India.

Fundado en 1969, en ocasión del centenario de Gandhi, y dependiente del Ministerio de Juventud y Deportes, el NSS incorpora por dos años a jóvenes universitarios. Durante este período se organizan campamentos intensivos de trabajo, generalmente en áreas rurales, y se les requiere 120 horas de servicio distribuidas a lo largo del año en sus localidades de origen. El NSS financia parcialmente los viáticos de los jóvenes participantes, y sostiene 14 centros de capacitación y coordinación en distintas regiones de la India. Iniciado en colaboración con 37 universidades, en este momento el NSS trabaja con 175 universidades y 7500 *colleges* y ha comenzado a expandirse hacia las escuelas medias (IANYS, 2002).[13] Si bien el foco del programa apunta al servicio comunitario, muchas de las experiencias desarrolladas pueden ser consideradas de aprendizaje-servicio.

12. www.icicp.org/index.php?tg=articles&idx=More&topics=44&article=79
13. http://yas.nic.in/yasroot/schemes/nss.htm

2.1.3 - EL NACIMIENTO DEL "APRENDIZAJE-SERVICIO"

El término *service-learning* fue utilizado por primera vez en 1967, cuando William Ramsay, Robert Sigmon y Michael Hart lo emplearon para describir un proyecto de desarrollo local llevado adelante por estudiantes y docentes de la *Oak Ridge Associated Universities* en Tennessee junto con organizaciones de la zona. La expresión se consolidó en la primera *Service-learning Conference*, reunida en 1969 en Atlanta (EBERLY, 1988; TITLEBAUM, 2004).

Surgido en los años de multiplicación de cuerpos de servicio juvenil en diversas partes del mundo, del movimiento por la paz en Vietnam, de la lucha por los derechos de los afro-americanos y del movimiento hippie, y contemporáneo a los traumáticos asesinatos de Martin Luther King y Robert Kennedy, en el naciente movimiento a favor del *service-learning* convergieron pedagogos en búsqueda de innovaciones educativas efectivas, militantes de los movimientos de derechos civiles, y toda la amplia gama de docentes y estudiantes vinculados a los proyectos de *community service* que se habían multiplicado durante la década del '60 (JACOBY et al., 1996; STANTON et al., 1999).

El nuevo término fue adoptado rápidamente en la Educación Superior norteamericana. Ya en 1969 se creó un programa gubernamental, el *National Center for Service-learning*, que en 1971 fue reunido con VISTA y el *Peace Corps* en una sola agencia federal, ACTION. En la década del '70, un gran número de centros académicos y organizaciones no gubernamentales norteamericanas comenzaron a promover el aprendizaje-servicio y a brindar servicios a las instituciones educativas interesadas en aplicarlo. Muy pronto el aprendizaje-servicio se difundió también en las escuelas.[14]

Sin embargo, los años de la presidencia de Reagan (1981-1989) marcaron un enfriamiento en el empuje en favor del servicio juvenil y el aprendizaje-servicio por parte del gobierno federal. En cambio, se consolidaron algunas organizaciones no gubernamentales que fueron claves en el fortalecimiento del campo del aprendizaje-servicio.

En 1983 James Kielsmeier fundó el *National Youth Leadership Council*[15], orientado también a promover el Aprendizaje-servicio en las escuelas, que organiza anualmente los Congresos Nacionales de aprendizaje-servicio, un punto de encuentro casi ineludible actualmente para quienes trabajan en este campo. En 1985 se fundó *Campus Compact*[16], una coalición de universidades y centros de Educación Superior que hoy reúne a más de 950

---

14. www.servicelearning.org/article
15. www.nylc.org
16. www.compact.org/

instituciones, en cuyos proyectos de aprendizaje-servicio participan cerca de 1.700.000 estudiantes (NYLC, 2004; 2005; 2006; Tapia, 2000).

En 1989, más de 70 organizaciones vinculadas al aprendizaje-servicio se reunieron en la Conferencia de Wingspread para acordar los *"10 Principios para una buena práctica del aprendizaje-servicio"*[17] y también para presionar a demócratas y republicanos para que acordaran promover el aprendizaje-servicio y los "cuerpos de servicio". Como fruto de esos esfuerzos, en 1990 el Congreso norteamericano sancionó con apoyo de ambos partidos la *National and Community Service Act*, que garantizó fondos federales para el desarrollo de proyectos de aprendizaje-servicio en las escuelas e instituciones de Educación Superior, dio inicio al programa federal *"Learn&Serve"*[18], y estimuló un fuerte avance del aprendizaje-servicio en la década del '90[19].

A estas políticas nacionales se sumaron las políticas de promoción del aprendizaje-servicio desde las políticas de los Estados de la Unión[20], muchos de los cuales aprobaron formas de reconocimiento curricular para las prácticas de aprendizaje-servicio.

2.1.4 - Un panorama mundial del aprendizaje-servicio en la actualidad

Paralelamente a su expansión en los Estados Unidos, en las décadas del '70 al '90 la pedagogía del aprendizaje-servicio se fue difundiendo a nivel internacional. Hacia 1990 comenzaba a diversificarse en sus prácticas y sus lenguajes.

Es muy probable que en todo el mundo esté más difundida la práctica del aprendizaje-servicio que la bibliografía que emplea este término, pero no hay estudios ni evidencias que puedan confirmar esta hipótesis. Lo que es ciertamente visible es la rápida ampliación en los últimos treinta años

---

17. http://servicelearning.org/resources/online_documents/service-learning_standards/principles_of_good_practice_for_combining_service_and_learning_a_wingspread_special_report/index.php?search_term=Wingspread

18. www.learnandserve.org

19. En los últimos años, y especialmente desde la sanción de la ley educativa del Presidente Bush *No Child Left Behind*, ese avance se ha visto de algún modo amenazado por el énfasis que las políticas educativas han puesto en las pruebas estandarizadas, y por la reducción del presupuesto destinado a los programas de aprendizaje-servicio. Una interesante lectura de esa legislación desde el punto de vista del aprendizaje-servicio puede encontrarse en el artículo *Measure what Matters, and No Child Will be Left Behind*. "Midan lo que importa, y ningún niño quedará atrás" (NYLC, 2006), firmado por especialistas del *National Drop Out Prevention Center*, una de las más prestigiosas instituciones en prevención de la deserción escolar y pionera del aprendizaje-servicio.

20. *Education Commission of the States*, www.ecs.org/ecsmain.asp?page=/html/projectsPartners/nclc/nclc_main.htm

del número de programas gubernamentales, organizaciones de la sociedad civil y centros académicos consagrados a la promoción del aprendizaje-servicio, y la rápida expansión en la última década de redes de colaboración entre ellos, que han ido definiendo un nuevo y aún incipiente campo de investigación y acción.

Esta difusión mundial se ha producido a través de procesos nacionales e institucionales muy variados: hay países donde la pedagogía del aprendizaje-servicio es promovida desde las políticas educativas, como en Alemania y Argentina, y otros donde fueron organizaciones de la sociedad civil las pioneras del aprendizaje-servicio, como el Centro del Voluntariado del Uruguay, el Centro Boliviano de Filantropía o *Soziedanie* en Rusia. En algunos casos, fueron las universidades las pioneras en el tema, como en Estados Unidos y México, y otros donde el aprendizaje-servicio comenzó a difundirse empezando por la escuela primaria, como en Uruguay. Hay países donde es obligatorio desarrollar actividades de servicio a la comunidad en la Educación Superior, como en Costa Rica y Venezuela, mientras que en otros la obligatoriedad de las prácticas solidarias queda librada a la decisión de cada universidad.

En este marco tan variado y complejo, la cuestión de los lenguajes no es un tema menor. Es cierto que la difusión global del inglés contribuyó en muchos casos a la difusión de información sobre aprendizaje-servicio entre mundos culturales muy alejados entre sí. Pero no menos cierto es que *"service-learning"* no es un término sencillo de traducir en todas las lenguas, y no siempre las traducciones literales evocan los mismos universos de sentido (MENON-MOORE-SHERRADEN, 2002; TAPIA, 2003).

En el caso de la lengua castellana, *"servicio"* no quiere decir exactamente lo mismo que "solidaridad", una palabra cargada de sentidos mucho más cercanos en nuestra lengua al contenido más profundo de la pedagogía del aprendizaje-servicio, tema sobre el que volveremos en el siguiente capítulo (3.3.1).

Para complicar aún más la cuestión, el aprendizaje-servicio no se llama del mismo modo en todas partes del mundo, y ni siquiera se dice igual en el mismo país. En Brasil, algunos lo llaman "voluntariado educativo" y otros *aprendizagem-serviço*. En Madrid, algunos le dicen "aprendizaje-servicio", y otros *service-learning*...

La cuestión lingüística se vuelve aún más complicada en Oriente. En Japón, el término occidental "servicio" puede ser traducido con dos términos que evocan conceptos muy diferentes: *"hoh-shi"*, históricamente vinculado al servicio del Estado y el Emperador y al auto-sacrificio, y *"boran-tyia"*, que en cambio está asociado al servicio ofrecido voluntariamente a los demás (MASAYUKI, 2003).

Algunas organizaciones de la sociedad civil –como los Scouts– utilizan el término *hoh-shi*, mientras que *borantyia* es el usado habitualmente para describir las experiencias del aprendizaje-servicio que se desarrollan en la escuela japonesa. Una propuesta presentada por la Comisión Nacional de Reforma Educativa en el año 2000 propuso el establecimiento de actividades de servicio obligatorias (*hoh-shi*) para todos los estudiantes. La propuesta evocó en muchos los requerimientos imperiales durante la Segunda Guerra Mundial, por lo que despertó gran resistencia y debió ser descartada. Se aprobó en cambio una "recomendación" para alentar en las escuelas actividades *hoh-shi*, pero voluntarias (MASAYUKI, 2003).

Pese a que Internet ha achicado las distancias, nos ha hecho también más concientes de la enorme variedad de experiencias de aprendizaje-servicio que hoy se desarrollan en el mundo. Sería muy difícil intentar abarcar aquí ese vasto panorama, no sólo por las limitaciones de espacio disponible en esta obra, sino básicamente por las dificultades que imponen las cuestiones lingüísticas, el muy dispar volumen de información disponible en relación al norte y al sur del planeta, y la escasez de estudios comparativos mundiales[21].

Simplemente cabría señalar que en este momento el aprendizaje-servicio está difundido en los cinco continentes, tanto en naciones desarrolladas como en las regiones con mayores niveles de pobreza del planeta, especialmente en escuelas e instituciones de Educación Superior, pero también en organizaciones juveniles. Como una pequeña muestra de la variedad de aproximaciones posibles al aprendizaje-servicio en cada contexto cultural, quisiera presentar una breve "vuelta al mundo" a través de algunas experiencias de aprendizaje-servicio[22], antes de detenernos en un breve panorama latinoamericano.

– En India el Programa *Bala Janaagraha*, iniciado en 2002 por una organización de la sociedad civil, promueve la educación ciudadana a través de salidas a la comunidad y del desarrollo de proyectos de aprendizaje-servicio. Desarrollado en la región de Bangalore, el programa comenzó con 200 niños de 5 escuelas, y actualmente se desarrolla con más de 6.000 estudiantes de 5° a 9° grado, en 95 escuelas. Los proyectos desarrollados incluyen experiencias de forestación, de reciclado, campañas de salud pública y de prevención de accidentes viales.[23]

---

21. Uno de los pocos y más recientes intentos de sistematizar información a nivel mundial sobre "servicio cívico" (una definición que abarca las formas de servicio más estructurado y que incluye al aprendizaje-servicio) excluyó sin embargo de esa investigación exploratoria la indagación sobre programas de aprendizaje-servicio a nivel mundial (MC BRIDE-BENÍTEZ- SHERRADEN, 2003, p. 5).

22. En el capítulo 5 se presentan experiencias internacionales en Educación Superior y en organizaciones de la sociedad civil.

23. www.janaagraha.org

– La *Singapore International Foundation* (SIF) organiza desde el año 2000 el Programa YEP (*Youth Expedition Project*)[24], un programa de aprendizaje-servicio que se desarrolla en otros países del área asiática, y del que han participado casi 10.000 jóvenes desarrollando programas solidarios y de intercambio cultural. En 2003 SIF fundó el *Centre for International Service Learning*, que desarrolla actividades de investigación y capacitación en aprendizaje-servicio[25].

– El Programa de "Servicio Pro Bono" de la Escuela de Leyes de Harvard requiere que todo estudiante desarrolle al menos 40 horas de servicio público vinculadas a la práctica legal como requisito indispensable para su graduación. Los estudiantes trabajan, bajo la supervisión de abogados graduados, en organizaciones públicas y no gubernamentales y en estudios jurídicos que ofrecen asistencia legal gratuita a personas que no pueden pagar los servicios de un abogado. En los dos primeros años del programa, los estudiantes de Harvard contribuyeron con más de 100.000 horas de trabajo a la resolución de conflictos legales de personas necesitadas de su servicio.

– En una escuela especial de Bristol, Inglaterra, estudiantes con capacidades mentales diferentes aprendieron a producir fertilizante orgánico y elementos de jardín en cemento (vallas, figuras, etc.) con los que crearon y mantienen un jardín en una rotonda vial de mucho tránsito. Las habilidades desarrolladas gracias al proyecto y el reconocimiento de la comunidad les permitieron desarrollar un microemprendimiento laboral que ahora se constituyó en una fuente de trabajo para algunos egresados.[26]

– La escuela secundaria *"Franz-Ludwig"* de Baviera, Alemania, viene desarrollando varios proyectos de aprendizaje-servicio en alianza con una organización cooperativa que ofrece trabajo a personas con discapacidades físicas. Entre otras actividades, los estudiantes diseñaron folletería y una campaña de marketing para los productos de la cooperativa. Uno de estos productos es un arpa típica (*Veeh Harp*) muy sencilla de tocar, con la que han organizado una orquesta integrada por estudiantes de la escuela y niños con capacidades mentales diferentes[27].

– El Ayuntamiento catalán de Mataró (España) capacita a estudiantes secundarios para que puedan ser "Guías" de adolescentes inmigrantes extranjeros (en su mayoría provenientes de África y América

24. www.sif.org.sg/yep/index.asp
25. www.sif.org.sg/yep/ctrisl.html
26. Florence Brown Community School. www.communitypartners.org.uk/sen/sen_casestudies.html
27. www.bnv-bamberg.de/home/ba4613/flg/flg-blw-partnerschaft/indexenglish.htm

Latina) que llegan durante el ciclo escolar, sin conocer el idioma ni el funcionamiento del sistema educativo. Los estudiantes han preparado materiales de bienvenida y diversas guías prácticas para facilitar la inserción de los recién llegados[28].

– En Rumania la organización no gubernamental "Nuevos Horizontes" promueve el aprendizaje-servicio en el sistema educativo y en organizaciones de la sociedad civil. En la localidad de Lupeni un grupo de 50 estudiantes se propusieron mostrar cuánto podía mejorar el ambiente de la ciudad en un día de esfuerzo compartido. Plantaron 30 árboles, recogieron 170 bolsas de basura e introdujeron mejoras en espacios verdes del municipio. También organizaron en la escuela un concurso de monografías sobre la temática. Como resultado de la actividad, reunieron a 200 voluntarios para seguir trabajando en temáticas ambientales de la ciudad.[29]

– En Uganda, donde la pandemia del SIDA ha dejado a miles de niños huérfanos e infectados, la organización *Straight Talk* generó un programa de aprendizaje-servicio del que han participado dos millones de adolescentes. Los participantes desarrollan una campaña de información a través de obras de teatro, periódicos, programas de radio, y clubes locales.

2.1.5 - El aprendizaje-servicio en América Latina y el Caribe

En América Latina las prácticas de aprendizaje-servicio surgieron, en general, a partir de desarrollos locales más que por influencias externas únicas (Tapia, 2002). Este proceso se ve reflejado en la gran dispersión de la terminología empleada para describir experiencias muy similares, como las que se desarrollan desde el nivel universitario: "Servicio Social" en México, "Trabajo Comunal" en Costa Rica, "Experiencia Semestral de prácticas sociales" en Colombia, y otros (Clayss, 2002). Sin embargo, el término "aprendizaje-servicio" está cada vez más difundido entre los especialistas de la región.

Como innovación, el aprendizaje-servicio surgió básicamente de las propias instituciones educativas. En algunos casos los programas pioneros surgieron en la Educación Superior (México, Costa Rica, Colombia); en otros, desde la escuela media (Argentina, Chile, Bolivia); o desde la escuela primaria (Uruguay). A partir de esas primeras prácticas de calidad, en algu-

28. Agradezco al equipo del *"Area de serveis personals, Pla per la nova ciutadania"* del Ayuntamiento de Mataró por la información que me brindaron durante mi breve paso por su ciudad en marzo de 2006.
29. www.new-horizons.ro/impact/PDF_sample_projects/Cleaning_Days.pdf

nos países se fueron desarrollando también diversas políticas educativas para su promoción y adecuación a diversos contextos nacionales.

El fortalecimiento de vínculos informales entre diversos organismos públicos y organizaciones de la sociedad civil que promueven el aprendizaje-servicio en la región llevó a fundar, en octubre de 2005, la "Red Iberoamericana de Aprendizaje-servicio", compuesta por representantes de 11 países de América Latina, Estados Unidos y España.

Daremos un somero panorama del estado de la cuestión en las escuelas, por un lado, y en la educación superior por el otro.

a) Aprendizaje y servicio solidario en la educación inicial, primaria y media

Las escuelas latinoamericanas tienen una larga tradición de solidaridad (Tapia, 2002). En lo que hace al aprendizaje-servicio en sentido estricto, en la región se han relevado experiencias en edades tan tempranas como las del Jardín de Infantes, y aun en salas de cuatro años.

En algunos países, como República Dominicana, Costa Rica y Venezuela, se ha optado por establecer el servicio estudiantil como requisito obligatorio en la educación media (EyC, 2000). En general, en todos estos casos se trata más de "servicio comunitario institucional" que de aprendizaje-servicio en sentido estricto, si bien en algunas instituciones se aprovecha el requisito obligatorio para generar proyectos que articulan aprendizaje y actividades solidarias.

Desde 1996, en Argentina se desarrolló a nivel nacional una política de promoción explícita del aprendizaje-servicio en el sistema educativo sin establecer requisitos de obligatoriedad. El "Premio Presidencial Escuelas Solidarias", iniciado en 2000, y el "Premio Presidencial de Prácticas Solidarias en la Educación Superior", otorgado por primera vez en 2004, establecieron políticas de reconocimiento y valoración de las instituciones que toman la iniciativa de desarrollar proyectos solidarios como ejercicio de su propia autonomía, y en respuesta a su propia realidad, y una herramienta para difundir las mejores prácticas y promover su replicación. El Programa Nacional Educación Solidaria[30] del Ministerio de Educación de la Nación, desarrolla materiales y capacitaciones de capacitación docente, y –con la colaboración de CLAYSS y la OEI– organiza anualmente en Buenos Aires un Seminario Internacional de Aprendizaje-servicio que se ha constituido en el principal espacio de actualización en este tema en América Latina.

Chile comenzó desde el año 2000 a promover el aprendizaje-servicio desde las políticas educativas nacionales, como una innovación pedagógi-

30. www.me.gov.ar/edusol

ca para la prevención de la deserción y la mejora de la calidad educativa, en los 424 liceos de mayor vulnerabilidad desde lo académico y lo socioeconómico atendidos por el Programa "Liceo para todos"[31]. En diciembre de 2004 se entregó por primera vez el "Premio Bicentenario Escuelas Solidarias"[32], convocando a escuelas medias de todo el país, tanto privadas como estatales. El Premio sigue teniendo continuidad como una instancia de valoración y difusión del aprendizaje-servicio y del servicio comunitario estudiantil en el sistema educativo chileno.

Es importante señalar el importante rol que las organizaciones de la sociedad civil han cumplido y cumplen en la promoción del voluntariado estudiantil y del aprendizaje-servicio en las escuelas de la región.

En Brasil, *Faça Parte* promueve el "voluntariado educativo" en alianza con el Ministerio de Educación Federal y las autoridades educativas locales, a través de la distribución de materiales de capacitación para el desarrollo de proyectos educativos solidarios. En el año 2005, 12.800 escuelas brasileñas fueron acreditadas por las autoridades educativas y *Faça Parte* por sus prácticas solidarias con el "Sello de Escuela Solidaria".[33]

En el caso de Uruguay, el aprendizaje-servicio fue introducido en las escuelas primarias por iniciativa del Centro del Voluntariado del Uruguay, una organización que promociona el aprendizaje-servicio también en las escuelas medias y la Educación Superior[34]. En Bolivia, las primeras experiencias de aprendizaje-servicio relevadas han sido promovidas por el Centro Boliviano de Filantropía (CEBOFIL), con sede en Santa Cruz de la Sierra.

CLAYSS, Centro Latinoamericano de Aprendizaje y Servicio Solidario, trabaja en estrecha alianza en esta temática con autoridades educativas de Argentina, Chile, República Dominicana, México y con universidades y organizaciones de la sociedad civil en toda América Latina y también en otras partes del mundo.

Como veremos a continuación, las organizaciones de la sociedad civil han cumplido también un rol muy significativo en la difusión del aprendizaje-servicio en las instituciones de Educación Superior de América Latina.

b) Aprendizaje y servicio solidario en la Educación Superior

Como ya hemos señalado (2.1.1), México es, sin duda, el pionero del servicio estudiantil universitario en América Latina. En el marco del servicio social mexicano se desarrollan experiencias tanto de servicio comu-

---

31. http://lpt.mineduc.cl/index_sub1.php?id_contenido=679&id_portal=42&id_seccion=1417&id_padre=1328
32. www.bicentenario.gov.cl/inicio/escuela.php
33. www.facaparte.org.br/new/
34. www.aprendiendojuntos.org

nitario como de aprendizaje-servicio, y también experiencias que no son ni lo uno ni lo otro. La burocratización y ciertas prácticas de corrupción han opacado la imagen del Servicio Social en algunas instituciones, así como es necesario reconocer también el enorme caudal de experiencias positivas desarrolladas a lo largo de los años. Con sus luces y sus sombras, el Servicio Social mexicano ha sido un modelo de referencia para varios países latinoamericanos.[35] Por ejemplo, Venezuela ha establecido a partir de 2006 un requisito similar.

Desde 1975, Costa Rica estableció como requisito para graduarse en la universidad el participar en un proyecto de "trabajo comunal universitario" (TCU)[36], que hasta hoy es uno de los más destacados exponentes de aprendizaje-servicio en la Educación Superior latinoamericana.

En toda América Latina, un número creciente de instituciones de Educación Superior están introduciendo el aprendizaje-servicio como parte explícita de su proyecto pedagógico institucional, como es el caso del Instituto Tecnológico de Monterrey[37], la Universidad Central de Venezuela[38], o las Universidades Católicas de Chile[39] y de Perú[40].

Muchos programas de Responsabilidad Social Universitaria (RSU) generan, entre otras actividades, programas de aprendizaje-servicio. Diversos foros y organizaciones en América trabajan en este tema, como la fundación "Construye País", fundada en 2001 en Chile[41], y tantas otras que –aun no promocionando específicamente el aprendizaje-servicio– ponen las bases institucionales para su desarrollo (5.3.1).

En otros casos, son las cátedras las que introducen el aprendizaje-servicio a través de prácticas profesionales o pasantías desarrolladas en contextos comunitarios. Este tipo de prácticas enriquecen no sólo la conciencia social de los futuros profesionales, sino que también contribuyen a superar una concepción fragmentada y aislada de la realidad en cuanto a la producción de conocimiento.

En los institutos de formación docente el aprendizaje-servicio comienza a introducirse en los programas de estudio, y lentamente también como parte de los espacios de prácticas de enseñanza (5.3.4).

Como ya hemos señalado, las organizaciones de la sociedad civil están cumpliendo un rol significativo también en la difusión del aprendizaje-servicio en el nivel superior. Junto a las ya mencionadas, se destacan en este

35. www.anuies.mx
36. www.vas.ucr.ac.cr/tcu/
37. http://cmportal.itesm.mx
38. www.ucv.ve/
39. www.puc.cl/dge/aprendizajeservicio/
40. www.pucp.edu.pe
41. www.construyepais.cl

campo UNISOL (*Universidade Solidaria*[42]) y *Aliança Brasil Universitário* en Brasil[43], y *"Opción Colombia"*, una organización que promueve que estudiantes universitarios avanzados realicen durante seis meses una práctica profesional solidaria en localidades rurales y altamente vulnerables. Participan de este programa más de 20 universidades estatales y privadas colombianas, y actualmente el modelo se está difundiendo en toda la región a través de "Opción Latinoamérica"[44], y de otras versiones nacionales del programa, como "Opción Venezuela"[45].

42. www.unisol.org.br
43. www.aliancabrasiluniversitario.org.br
44. www.opcioncolombia.org.co
45. www.opcionvenezuela.org

2.2 - REFERENCIAS TEÓRICAS
DEL APRENDIZAJE-SERVICIO

Probablemente, uno de los rasgos más característicos del aprendizaje-servicio se encuentra en la pluralidad de fuentes de inspiración teórica y de desarrollos empíricos que puede reconocerse en sus orígenes, así como en sus múltiples manifestaciones a nivel mundial.

Se podría decir que el desarrollo de la pedagogía del aprendizaje-servicio se ha nutrido del diálogo horizontal entre los actores de las prácticas y diversas fuentes teóricas que, en diferentes momentos históricos y contextos socioculturales, han generado los marcos conceptuales para la reflexión sobre las prácticas y el desarrollo metodológico.

Es necesario reconocer que tanto la investigación sobre aprendizaje-servicio como los estudios sobre sus fundamentos teóricos se encuentran aún en sus primeros pasos (GILES-EYLER, 1994), pero dos pedagogos alejados en el tiempo y en el espacio aparecen como las referencias más mencionadas en los orígenes del aprendizaje-servicio: el norteamericano John Dewey y el brasileño Paulo Freire (HARKAVY, 2002; GILES-EYLER, 1994; KENDALL, 1990; SEEMAN, 1990; BROWN, 2001; BEAN, 2000-2001; DEANS, 1999; 2000).

Otros autores y corrientes son mencionados a menudo como referencias en el surgimiento de experiencias de aprendizaje-servicio en diversos puntos del planeta, o tienen puntos de contacto con la pedagogía del aprendizaje-servicio: los estudios de Piaget, la pedagogía constructivista, los especialistas en prosocialidad y la teoría de las inteligencias múltiples y la inteligencia emocional son otras tantas vertientes significativas para quienes se involucran en experiencias de aprendizaje-servicio.

2.2.1 - *LA INFLUENCIA DE JOHN DEWEY*

Junto con William James, John Dewey es considerado en Estados Unidos una de las influencias teóricas más significativas en el desarrollo del aprendizaje-servicio (HARKAVY, 2002; GILES-EYLER, 1994; KENDALL, 1990).

A lo largo de su extensa carrera, Dewey abogó por la unidad entre la teoría y la práctica (DEWEY, 1916; WESTBROOK, 1993). En 1902, en un discurso ante el Consejo Nacional de Educación titulado *"La escuela como centro social"*, Dewey planteó la necesidad de promover un cambio social a través de un nuevo modelo educativo que utilizara los recursos de la escuela para la transformación de la sociedad, y el espacio de la comunidad como una fuente para la educación ciudadana (DEWEY, 1902).

"La educación para la democracia requiere que la escuela se convierta en 'una institución que sea, provisionalmente, un lugar de vida para el niño, en la que éste sea un miembro de la sociedad, tenga conciencia de su pertenencia y a la que contribuya'" (DEWEY, 1895, p. 224).

"La dificultad estriba en que la mayoría de las escuelas no han sido concebidas para transformar la sociedad, sino para reproducirla. Como decía Dewey, 'el sistema escolar siempre ha estado en función del tipo de organización de la vida social dominante' (DEWEY, 1896b, p. 285). *Así pues, las convicciones acerca de las escuelas y los maestros que esbozó en su credo pedagógico no apuntaban tanto a lo que era, sino a lo que podría ser."* (WESTBROOK, 1993, p. 5).

"Lo fundamental es encontrar los tipos de experiencia que valga la pena tener, no meramente en cuanto a cantidad, sino por lo que pueden ofrecer: los problemas que plantean, los interrogantes que generan, las exigencias de mayor información que sugieren, las actividades que invocan, los horizontes más amplios que abren continuamente." (DEWEY, 1960).

Entre los conceptos de Dewey con más impacto en la pedagogía del aprendizaje-servicio habría que mencionar el de *"actividad asociada con proyección social"*.

"Con la expresión 'actividad asociada con proyección social' se quiere destacar la necesidad de que la educación parta de la experiencia real de sus protagonistas, pero de una experiencia realizada cooperativamente con iguales y con adultos –el desarrollo siempre es social–, y también, que dicha actividad no se cierre sobre sí misma, sino que redunde en beneficio de la comunidad. Es decir, que se haga en provecho del entorno social que acoge a los jóvenes, ya que sólo implicándose en el perfeccionamiento del orden social se logrará la plena integración en la sociedad de cada nueva generación de jóvenes (DEWEY, 1926)."
(PALOS-ROVIRA, 2006, p. 61)

El nacimiento del *service-learning* en los años '60 en Estados Unidos es considerado por numerosos autores como la continuidad natural del movimiento pedagógico del *experiential learning* (aprendizaje a través de la experiencia) inspirado en Dewey (GILES-EYLER, 1994).

Sin negar la influencia histórica de Dewey en los orígenes del aprendizaje-servicio en los Estados Unidos, hay que señalar que aun en ese país y sobre todo en Europa y América Latina, los desarrollos contemporáneos de esta pedagogía reconocen una multiplicidad de influencias teóricas provenientes de la Pedagogía, la Psicología y las Ciencias Sociales (2.2.3).

2.2.2 - *PAULO FREIRE Y EL APRENDIZAJE-SERVICIO*

Junto con la influencia de Dewey, y en forma simultánea con ella, el pensamiento de Paulo Freire tuvo una fuerte incidencia en el nacimiento del aprendizaje-servicio en los Estados Unidos y en otras partes del mundo (SEEMAN, 1990; BROWN, 2001; BEAN, 2000-2001; DEANS, 1999- 2000).

La popularidad de Freire entre los pedagogos norteamericanos puede sorprender a algún latinoamericano. Sin embargo es necesario recordar que el forzado exilio de Freire[46], primero en Chile y luego en Estados Unidos y Ginebra, produjo el efecto paradójico de que algunas de sus obras fundamentales, como la *Pedagogía del oprimido* (1970), fueran publicadas y difundidas en inglés aun antes de que pudieran ser reconocidas públicamente en Brasil y otros países latinoamericanos en donde en ese momento primaba la censura. En el clima cultural fuertemente politizado de las universidades norteamericanas en los años '60-'70, las exhortaciones de Freire a desarrollar una educación liberadora y comprometida con la realidad encontraban una fuerte sintonía con los emergentes movimientos de lucha por los derechos civiles y contra la guerra de Vietnam, y constituyeron un importante fundamento teórico para el naciente movimiento pedagógico del aprendizaje-servicio norteamericano.

De hecho, uno de los pioneros más reconocidos del aprendizaje-servicio, Myles Horton, desarrolló una estrecha amistad y una fructífera colaboración intelectual con Freire. Horton fundó en 1931 el *"Highlander Folk school"*, un centro educativo en una de las regiones más pobres del estado sureño de Tennessee, desde donde se generaron programas de educación para mineros y trabajadores rurales y *"Escuelas de Ciudadanía"* que cumplieron un rol clave en el nacimiento del movimiento por los derechos civiles de la población afroamericana (HORTON, 1990; TITLEBAUM, 2004). Sus respectivos programas de alfabetización y su profundo compromiso social acercaron a Horton y Freire, quienes publicaron una serie de sus conversaciones bajo el título *We Make the Road by Walking: Conversations on Education and Social Change* (FREIRE-HORTON, 1991), aún hoy bibliografía de referencia para muchos programas universitarios de aprendizaje-servicio[47].

En América Latina es innegable la influencia del pensamiento de Freire en varias generaciones de educadores, y si bien no hay investigaciones

---

46. A partir del golpe militar de 1964 liderado por el Gral. Castelo Blanco.
47. www.compact.org/syllabi/

sistemáticas al respecto, parecieran existir numerosas conexiones entre el pensamiento de Freire y el desarrollo de la pedagogía del aprendizaje-servicio en la región. Muchas experiencias de educación popular inspiradas por Freire pueden ser consideradas, de hecho, prácticas de aprendizaje-servicio.

El aprendizaje-servicio se propone modificar la realidad, aun acotadamente, desde los saberes y competencias que pueden desarrollar los propios protagonistas. Es justamente en el protagonismo de los estudiantes en la transformación de la realidad y en su reflexión sobre sus prácticas y aprendizajes que el aprendizaje-servicio se aleja de lo que Freire denominó *"educación bancaria"* y puede constituir una *"educación liberadora"* (Freire, 1973).

Señalemos brevemente algunas de las ideas de Freire más cercanas a la pedagogía del aprendizaje-servicio.

En primer lugar, su concepto de "praxis", entendida como la relación dialéctica entre la acción y la reflexión (Freire, 1973, 1974; Gerhardt, 1999). La relación entre reflexión y acción es precisamente uno de los elementos esenciales de la pedagogía del aprendizaje-servicio, concebida como la combinación entre pensamiento y acción, reflexión y práctica, teoría y aplicación (Kendall, 1990; Jacoby, 1996).

Como veremos más adelante (ver 6.2.1), en la bibliografía sobre aprendizaje-servicio se entiende por "reflexión" a los procesos y actividades a través de los cuales los protagonistas del proyecto pueden pensar críticamente sus experiencias y apropiarse del sentido del servicio (Cairn-Kielsmeier, 1995; CSV, 2000; EyC, 2000; Paso Joven, 2004; Edusol, 2005c).

"La reflexión sistemática es el factor que transforma una experiencia interesante y comprometida en algo que afecta decisivamente el aprendizaje y desarrollo de los estudiantes". (NHN, 1994)

Es en esta relación dinámica entre lo que se aprende en los libros y en el aula y lo que se aprende en la comunidad y en la interacción con las personas y las organizaciones con las que se comparte el proyecto transformador de la realidad, en donde reside la mayor originalidad y el mayor impacto pedagógico del aprendizaje-servicio.

En *La educación como práctica de la libertad*, Freire (1974) describía el proceso de *"concientización"* como el pasaje de una conciencia ingenua de la realidad (*"conciencia semitransitiva"*, *"conciencia transitiva-ingenua"*) a la conciencia crítica. En *Pedagogía de la esperanza*, afirma:

"Así como el ciclo gnoseológico no termina en la etapa de adquisición del conocimiento ya existente, pues se prolonga hasta la fase de crea-

ción de un nuevo conocimiento, la concientización no puede parar en la etapa de revelación de la realidad. Su autenticidad se da cuando la práctica de la revelación de la realidad constituye una unidad dinámica y dialéctica con la práctica de transformación de la realidad". (FREIRE, 2002, p. 99)

La pedagogía del aprendizaje-servicio, a diferencia de ciertas propuestas que se agotan en el diagnóstico, el debate y la denuncia, se caracteriza justamente por articular la adquisición de conocimientos y la reflexión sobre las condiciones sociales con *"la práctica de transformación de la realidad".*

Por ello, muchos protagonistas de proyectos de aprendizaje-servicio se encontrarán reflejados en esta reflexión de Freire, que plantea el rol de la educación frente al autoritarismo y la injusticia:

"Reconozco los riesgos a que nos exponemos (...). Por un lado, el del voluntarismo, en el fondo una especie de idealismo pendenciero, que presta a la voluntad del individuo una fuerza capaz de hacerlo todo; por el otro, el objetivismo mecanicista, que niega a la subjetividad todo papel en el proceso histórico.

Ambas concepciones de la historia y de los seres humanos terminan por negar definitivamente el papel de la educación: la primera porque atribuye a la educación un poder que no tiene; la segunda porque le niega todo poder." (FREIRE, 2002, p. 20)

La pedagogía del aprendizaje-servicio está fundada en esta búsqueda del *"inédito viable"* (ROMO TORRES, 2003), lejos del *"idealismo pendenciero"* y del *"objetivismo mecanicista"*, y en este sentido promueve un modelo educativo innovador.

Pasadas las expectativas fundacionales de América Latina en el siglo XIX, que idealizaban a la escuela como fuente de progreso exclusivamente *"con la pluma y la palabra"*[48], y también en gran medida superados ciertos idealismos insurreccionales, y ciertos *"objetivismos mecanicistas"* de diverso signo ideológico que anunciaban la muerte de la escuela o la condenaban a la impotencia, la pedagogía del aprendizaje-servicio se difundió en América Latina coincidentemente con la recuperación de la democracia en muchos países de la región en la década del '80. Creemos que este dato histórico no es exclusivamente fruto de la casualidad: la democracia alienta la difusión de prácticas solidarias y participativas, y éstas a su vez contribuyen al fortalecimiento de una cultura democrática.

En América Latina la pedagogía del aprendizaje-servicio se define como una alternativa concreta de formación de la ciudadanía para una

---

48. La frase pertenece al "Himno a Sarmiento", canción escolar tradicional en las escuelas argentinas.

participación activa, crítica y reflexiva. Suma a "la pluma y la palabra" el "meter los pies en el barro": integra la acción transformadora de la realidad como parte insustituible del proceso pedagógico. Y a diferencia de mesianismos de variados signos ideológicos, asume el diálogo y la construcción compartida con todos los actores sociales como herramientas pedagógicas y sociales de la edificación de la democracia.

2.2.3 - OTRAS PERSPECTIVAS

La bibliografía sobre aprendizaje-servicio recoge la influencia teórica o señala puntos de contacto con una multiplicidad de autores (KENDALL, 1990; JACOBY, 1996). Piaget, Freinet, Vigotsky y otros han enfatizado la relación entre el actuar y el desarrollo del pensamiento conceptual, un tema central en la articulación entre las acciones solidarias y la formación personal que postula el aprendizaje-servicio, como se ha señalado en algunas obras recientes (MELGAR, 2001; PASO JOVEN, 2004).

Desde la perspectiva de Carl Rogers, el aprendizaje-servicio podría ser considerado un generador de "aprendizajes significativos", teniendo en cuenta sus características distintivas[49]:

– la persona se compromete personalmente con el aprendizaje; pone en juego tanto sus aspectos cognitivos como los afectivos;
– el impulso de aprender, de descubrir, de lograr, de comprender, viene del interior de la persona, aunque el primer impulso venga desde afuera;
– la propia persona puede evaluar si la actividad que realiza responde a su necesidad, a lo que él quiere saber;
– el aprendizaje provoca cambios en las actitudes y en la personalidad; afecta su existencia y sus decisiones personales (ROGERS, 1995; ROGERS-FREIBERG, 1993).

Víctor Frankl, discípulo de Freud y creador de la "logoterapia", es otra influencia significativa en la comprensión del impacto del aprendizaje-servicio en el desarrollo personal (CONRAD, 1990). Para Frankl, la primera fuerza motivante del hombre es la lucha por encontrar un sentido a su propia vida: "voluntad de sentido" (más que de placer –Freud– o poder –Adler–). El sentido de la vida puede descubrirse a partir de principios morales o religiosos, por el sufrimiento, o a través de la acción (FRANKL, 1979, 1988).

Desde esta perspectiva, las mejores prácticas de aprendizaje-servicio pueden contribuir a fortalecer la "voluntad de sentido" de niños, adolescentes y jóvenes (y también de sus educadores). También contribuyen a

---

49. Sobre el impacto cognitivo y afectivo del aprendizaje-servicio, ver más adelante 4.2.

desarrollar principios morales básicos, como el de la responsabilidad por el bien común, y valores comunes a la mayoría de las religiones, como la llamada "regla de oro": *"Haz a los otros lo que te gustaría que te hagan a ti no hagas a los demás lo que no te gustaría que te hagan".*

Erich Fromm decía que el hombre y la humanidad están llamados a transformar la realidad "aumentando la vida", y que ésta se despliega en los actos de amor, de conciencia y de compasión. La existencia resulta una permanente opción entre las alternativas de trascender o arraigarse; relacionarse desde el amor o desde el dominio y la sumisión; construir o destruir; acaparar o empobrecerse para ser verdaderamente rico (FROMM, 1970; 2003). Su concepto del amor humano seguramente enriquece la perspectiva de lo que entendemos por "servicio solidario", y fundamenta la práctica del aprendizaje-servicio:

"El amor humano es una fuerza activa que derriba los muros por los que el hombre está separado de sus prójimos, y que lo une con los otros. El amor le permite superar el sentimiento de aislamiento y separación, pero le permite también permanecer fiel a sí mismo y conservar su integridad, su ser-así. En el amor se da la paradoja de que dos seres llegan a ser uno y, sin embargo, siguen siendo dos (...). El amor es una actividad, y no un afecto pasivo. Se puede describir, de una forma muy general, con la afirmación de que el amor es, sobre todo, un dar y no un recibir." (FROMM, 2003)

En los mejores proyectos de aprendizaje-servicio, la solidaridad es una forma de amor que excede el sentimentalismo, para ser ciertamente una "actividad" en el sentido que lo expresa Fromm.

Más recientemente, los estudios sobre "inteligencia emocional" e "inteligencias múltiples" (GOLEMAN, 2000; GARDNER, 2003, 2005) han dado nuevos sustentos teóricos y experimentales a la pedagogía del aprendizaje-servicio, y han generado interesantes interacciones entre investigadores de uno y otro campo[50].

Como se sabe, Horward Gardner ha acuñado la teoría de las inteligencias múltiples, que contradice la visión tradicional de la inteligencia asociada a la medición del "coeficiente intelectual" (IQ). Definida como "un cambio de paradigma" por sus admiradores, y como "una teoría con escaso fundamento" por sus detractores, la teoría de las inteligencias múltiples tiene ya una década y ha ido ganando difusión y apoyo empírico, y generando ensayos de aplicación en el ámbito educativo.

---

50. Por ejemplo en el reciente Congreso Internacional de Investigadores en Aprendizaje-servicio, Michigan University, noviembre 2005. Ponencias en prensa. http://outreach.msu.edu/slConference/

Gardner identifica siete "inteligencias" diferentes: la lingüística, la lógico-matemática, la espacial, la musical, la corporal y cinética, la interpersonal y la intrapersonal (GARDNER, 1983; 2003). En sus obras más recientes, ha incorporado a este listado una octava inteligencia, la "ambiental o de la naturaleza". Ha discutido también la posibilidad de identificar una "inteligencia existencial", vinculada a la preocupación espiritual y a las "cuestiones últimas", y la pertinencia de definir como "inteligencia" a la preocupación moral (GARDNER 1999, pp. 48-76).

Tradicionalmente, la escuela se ha concentrado en la educación de las dos primeras inteligencias. Las inteligencias musicales y corporales suelen tener espacios reducidos, mientras que las inteligencias "interpersonal" e "intrapersonal" en general han formado parte de lo que se suele denominar el "currículo oculto". De ahí que muchos educadores encuentren en la teoría de las inteligencias múltiples un camino de legitimación y búsqueda de abordajes educativos más integrales, entre ellos el aprendizaje-servicio.

Gardner cuestiona la definición exclusivamente eficientista y pragmática de la inteligencia y el trabajo, e incorpora el elemento ético como parámetro de calidad (GARDNER, 2003).[51]

"Entender la inteligencia –e incluso saber cómo desarrollarla mejor– no alcanza. Toda capacidad humana puede ser usada para el bien tanto como para el mal; y es parte de nuestra responsabilidad como seres humanos en el mismo sufriente planeta usar nuestras competencias, nuestras inteligencias, en formas moralmente responsables" (GARDNER, 1993).

Gardner ha subrayado que el aprendizaje-servicio permite que los jóvenes puedan aplicar en el mundo laboral *"inteligencia, creatividad y liderazgo en formas que sean morales y prosociales"*[52].

Cecilia Braslavsky vinculó el pensamiento de Gardner a la necesidad de desarrollar instituciones educativas "inteligentes", capaces de transformar la realidad:

"El primer recurso que una perspectiva humanista para la construcción de un nuevo paradigma para la educación latinoamericana del siglo XXI puede ofrecer a los protagonistas con el fin de modificar esta situación es un corrimiento desde el lugar del saber hacia el lugar de la inteligencia. En efecto, ya en la Biblia el saber aparece asociado con la posesión de respuestas. La inteligencia, en cambio, se relaciona con

51. The GoodWork Project®: An Overview. January 2006. GoodWork Project® Team. www.goodworkproject.org
52. http://www.nylc.org/happening_newsarticle.cfm?oid=4659

la formulación de preguntas y con la búsqueda –no la posesión– de alternativas para solucionar problemas (GARDNER, 1995)."[53]

En los últimos años, un número creciente de especialistas han comenzado a explorar las articulaciones entre inteligencias múltiples y aprendizaje-servicio (NEAL-HOLLAND, 2005):

"La teoría de las inteligencias múltiples provee un importante marco conceptual para que quienes practican el aprendizaje-servicio puedan utilizarlo en la implementación tanto de las dimensiones del aprendizaje como de las del servicio... El aprendizaje-servicio afirma y atiende a los variados modos en que los niños pueden aprender, alcanzar logros y contribuir al bien común. En efecto, el aprendizaje-servicio habla a sus múltiples inteligencias" (KLOOP et al., 2001).

También desde los estudios sobre la "inteligencia emocional" se ha cuestionado a

"una visión estrecha de la inteligencia, que argumenta que el cociente intelectual es un factor genético que no puede ser modificado por la experiencia vital, y que nuestro destino en la vida está fijado en gran medida por estas aptitudes" (GOLEMAN, 2000, p. 16),

y se propugnan cambios drásticos de orientación en la educación formal y familiar:

"Tal vez el dato más perturbador de este libro –advierte Goleman en la introducción a La inteligencia emocional– *surge de un estudio de padres y maestros y muestra una tendencia mundial de la actual generación de niños a tener más conflictos emocionales que la anterior: a ser más solitarios y deprimidos, más airados e indisciplinados, más nerviosos y propensos a preocuparse, más impulsivos y agresivos."*
Si existe un remedio, creo que debe estar en la forma en que preparamos a nuestros jóvenes para la vida. En la actualidad dejamos librada al azar la educación emocional de nuestros hijos, con resultados cada vez más desastrosos. Una solución consiste en tener una nueva visión de lo que las escuelas pueden hacer para educar al alumno como un todo, reuniendo mente y corazón en el aula." (GOLEMAN, 2000, p. 18)

Como lo expresó muy gráficamente Shelley Billig, el aprendizaje-servicio apunta a educar la cabeza y el corazón, y también a poner las manos en acción para servir concretamente a los demás (*"Heads, Hearts, and Hands"*,

---

53. http://weblog.educ.ar/educacion-tics/archives/004495.php

NYLC, 2004). En esta mirada integradora del aprendizaje-servicio hacia el estudiante reside seguramente una de sus principales fortalezas.

Estas múltiples influencias teóricas pueden tener diverso peso en el nacimiento de las experiencias concretas de aprendizaje-servicio. La riqueza y variedad de esas experiencias es la que está contribuyendo a delinear una pedagogía innovadora, que recoge aportes de diversos autores (DEANS, 1999), pero sobre todo de miles de educadores y jóvenes anónimos.

2.3 - LOS ORÍGENES ESPONTÁNEOS DEL APRENDIZAJE-SERVICIO

Más allá de los desarrollos históricos y de las múltiples influencias teóricas descriptas, es necesario reconocer que numerosos proyectos de aprendizaje-servicio no surgieron como continuidad de ningún proceso histórico, ni del conocimiento de los fundamentos teóricos, ni del estudio de la bibliografía específica, sino a partir de inquietudes personales e institucionales, o como respuesta a desafíos impuestos por el medio.

En algunos casos, los proyectos surgen a partir de acciones solidarias a las que los docentes comienzan a vincular con contenidos curriculares. En otros casos, el origen de una práctica de aprendizaje-servicio es una investigación que motiva en estudiantes o docentes la inquietud de atender una problemática comunitaria determinada. En numerosas ocasiones, se comienza por atender una demanda de una organización comunitaria, y ésta suscita un proyecto que termina repercutiendo en las planificaciones áulicas.

> *"Existen experiencias y tradiciones educativas que no han usado este concepto, pero en cambio aplican en su práctica habitual sus principios. (...) Sin llamarlas de este modo hace tiempo que se llevan a cabo verdaderas experiencias de aprendizaje-servicio. Reconocer este hecho nos ayudará a sistematizarlas, a mejorarlas, a impulsar su difusión y a darles el valor que realmente merecen".* (PUIG ROVIRA-PALOS RODRÍGUEZ, 2006, p. 61)

La bibliografía puede ayudar a los educadores y líderes comunitarios a dar sustento teórico y metodológico a sus prácticas y puede ofrecerles herramientas para mejorar y hacer más sustentables sus proyectos, pero nunca podrá reemplazar el valor del entusiasmo, la convicción y la decisión de estos "inventores" cotidianos del aprendizaje-servicio en todo el mundo.

CAPÍTULO 3:

CARACTERÍSTICAS FUNDAMENTALES DEL APRENDIZAJE-SERVICIO

A partir de lo planteado en los capítulos anteriores, y como síntesis de las definiciones con mayor consenso académico, hemos definido como experiencias de aprendizaje-servicio a aquellas en las que pueda identificarse la presencia simultánea de tres caracteres fundamentales:

1. Actividades solidarias al servicio de una comunidad específica;

2. Protagonismo juvenil (entendemos por tal que los protagonistas primarios de las actividades de servicio sean estudiantes o niños/as, adolescentes y/o jóvenes pertenecientes a grupos u organizaciones juveniles con intencionalidades formativas);

3. Aprendizajes curriculares (de contenidos disciplinares, competencias y/o actitudes) o contenidos educativos intencionales en el proyecto de una organización juvenil integrados explícitamente con la actividad solidaria.

Comenzaremos por analizar este último punto, seguramente el más característico del aprendizaje-servicio, para luego desarrollar los conceptos de solidaridad y protagonismo juvenil.

3.1 - APRENDIZAJE INTEGRADO AL SERVICIO SOLIDARIO

Como hemos señalado, las actividades solidarias pueden articularse tanto con el aprendizaje formal como con el no formal. A continuación veremos, en primer lugar, cómo se pueden articular los contenidos curriculares y las actividades solidarias en el contexto de la educación formal. En el capítulo 5 abordaremos las posibilidades de articular contenidos educativos y actividades solidarias en las organizaciones juveniles.

Seguramente lo más característico del aprendizaje-servicio es que no se limita a "conectar" conocimiento teórico y práctica, sino que los integra, tal cual lo grafica Furco:

"Esta necesaria integración he dado en graficarla en lo que llamo la "esfera violeta". Por un lado, imaginemos una esfera azul que representa una muy rica experiencia académica. Por el otro lado, tenemos una esfera roja, que representa la necesidad real que tiene la comunidad. A partir de la investigación, hallamos que no basta con que ambas esferas estén simplemente en contacto entre sí. Hemos descubierto que lo que necesitamos es una "esfera violeta", es decir que lo que sucede en la comunidad se aprenda dentro de la escuela y viceversa. Es decir, que ambas esferas estén inextricablemente vinculadas, porque una informa a la otra". (FURCO, 2005)

Este tipo de integración entre aprendizaje y actividad solidaria genera una dinámica característica de esta pedagogía, un movimiento de "ida y vuelta" entre el aula y la realidad.

El movimiento más evidente a primera vista es probablemente el de "ida": el conocimiento adquirido en el aula "sale" hacia la comunidad, y se aplica al servicio de una necesidad o demanda social. A menudo menos evidente, pero no menos importante, es el camino de "vuelta", cuando la realidad impacta en estudiantes y educadores, motiva nuevos aprendizajes, y también deja su huella en la organización de los contenidos y las metodologías de enseñanza. Algunos docentes universitarios sintetizaron así este último proceso:

– *"El aprendizaje-servicio es una inmersión en la realidad no sólo para cambiarla, sino para dejarse cambiar por ella."*
– *"Nos hace cuestionar los fundamentos que movilizan el saber y la formación profesional, favoreciendo el compromiso social fundado en valores que se desprenden de experiencias de vida."*

– *"Se reemplazó lo ficticio del aprendizaje áulico por el 'aprender haciendo y hacer aprendiendo'".*[1]

Así como los conceptos y competencias adquiridos en el aula son susceptibles de canalizarse al servicio de una comunidad, cada actividad solidaria encierra en sí numerosas oportunidades de aprendizaje personal e institucional. El contacto personal con las necesidades sociales puede volver más relevantes y significativos algunos de los contenidos previstos por un programa escolar por encima de otros. Una pasantía solidaria puede cuestionar prácticas pedagógicas tradicionales, y llevar incluso a cambios curriculares.

En el caso de un instituto formador de docentes de Jardín de Infantes, las estudiantes comenzaron a desarrollar prácticas en un centro que atendía a niños en situación de riesgo social. Luego de haber desarrollado este tipo de prácticas por algún tiempo, las titulares de la cátedra de metodología de la enseñanza se plantearon que habían estado formando maestras jardineras para los establecimientos que atienden a sectores de un cierto nivel socioeconómico y cultural, pero que no les habían dado a sus estudiantes herramientas suficientes para el abordaje de la diversidad y el trabajo con familias y niños en situaciones sociales de extrema vulnerabilidad. La reflexión terminó provocando un cambio curricular, para introducir una asignatura específica para el abordaje pedagógico de la diversidad.[2]

3.1.1 - Identificación de las oportunidades de integración entre aprendizaje y participación solidaria.

Gran parte del secreto del éxito de un proyecto de aprendizaje-servicio pasa por la adecuada identificación de las oportunidades de integración entre aprendizaje y participación solidaria.

Estas oportunidades son a veces muy evidentes: es obvio que una actividad de rescate de la memoria local estará acompañado desde Historia, y que un proyecto de forestación tendrá que ver con los contenidos de Ciencias Naturales.

Otras oportunidades de integración entre conocimientos y práctica solidaria, en cambio, parecieran requerir de una mayor cuota de creatividad e interés para ser encontradas, pero la experiencia muestra que las posibilidades de integrar aprendizaje y servicio solidario son casi infinitas,

---

1. Testimonios recogidos en el VII Seminario Internacional de Aprendizaje y Servicio Solidario, Buenos Aires, 2004.
2. Experiencia presentada al Premio Presidencial Prácticas Solidarias en la Educación Superior, Argentina, 2004.

y pueden abarcar un vastísimo espectro de las ciencias y las artes de acuerdo a las particularidades de cada institución y contexto:

– En base a una investigación hecha en Ciencias Sociales, durante las horas de Plástica los estudiantes de una escuela media en un barrio con altos niveles de pobreza en la periferia de Resistencia, Chaco (Argentina) diseñaron murales rescatando las diversas raíces culturales y la historia de la comunidad (Edusol, 2004, p. 128).[3]

– Estudiantes del Profesorado de Educación Física de Rosario, Argentina, organizan como parte de sus prácticas docentes clases gratuitas de gimnasia y actividades recreativas para ancianos, discapacitados y niños en riesgo social.[4]

– Como parte de los trabajos prácticos de la carrera de Diseño Industrial, los estudiantes de Facultad de Bellas Artes de la Universidad de La Plata, Argentina, diseñaron y fabricaron juegos infantiles no convencionales que luego fueron donados a un Jardín de Infantes municipal[5].

– Los estudiantes de la *Harvard Bussiness School* asesoran gratuitamente en *management* a organizaciones sin fines de lucro y empresas sociales.[6]

La integración entre contenidos curriculares y práctica solidaria puede darse en forma más o menos sistemática o explícita, de acuerdo a cómo se planee el proyecto, y también puede darse de forma más o menos conciente por parte de sus protagonistas. Puede suceder que un proyecto de aprendizaje-servicio de hecho ya se esté desarrollando y sea necesario simplemente reconocer, valorar y evaluar los aprendizajes desarrollados a lo largo de un proyecto solidario.

3.2.2 - Redes de integración entre contenidos curriculares y servicio solidario

Los proyectos de aprendizaje-servicio de mayor calidad identifican los principales contenidos curriculares que se ponen en juego, y generan redes de contenidos curriculares integrados en torno a la experiencia solidaria.

En algunos casos, el proyecto integra formalmente contenidos de una sola asignatura o disciplina, como en el caso de las prácticas solidarias asociadas a una sola cátedra:

3. Experiencias semejantes han sido desarrolladas en Estados Unidos. Ver www.nylc.org
4. Instituto Superior de Educación Física N° 11, Rosario, Argentina, www.me.gov.ar/edusol/pp2k4/pp2k4_premiados.html
5. www.lanacion.com.ar/512922
6. Volunteer Consulting Organization. www.hbs.edu/socialenterprise/activities.html

– En las horas de Educación Física, los estudiantes preparan juegos y actividades deportivas para una jornada compartida con niños en situación de extrema pobreza[7].
– La cátedra de Odontopediatría de la Universidad Maimónides (Buenos Aires) exige horas semanales de práctica en tareas de diagnóstico y prevención para niños en un centro comunitario de una zona marginada[8].

Otros proyectos ponen en juego, implícita o explícitamente, a casi todas las asignaturas curriculares. Veamos cómo se articulan este tipo de redes en un caso real.

Los estudiantes de 6° grado de la Escuela N° 13 D. E. 11, de la ciudad de Buenos Aires, iniciaron una campaña de recolección de papel y cartón para reciclar, a beneficio de un hogar de paso que hospeda a las familias y niños que llegan desde diversas partes del país para atenderse en el hospital pediátrico de alta complejidad.

La maestra transformó esta campaña solidaria en un proyecto de aprendizaje-servicio, al planificar una serie de actividades vinculadas a las diversas áreas (ver figura 5): desde Lengua se analizaron textos periodísticos sobre el hospital y se redactó un volante para informar a la comunidad sobre el sentido de la campaña; en Ciencias Naturales se realizó una experiencia de reciclado de papel; en Matemática se trabajó como problema la relación entre cantidad de papel y cartón recolectado, y el monto de dinero a obtener; en Informática se diseñaron los volantes y una planilla de cálculo para llevar el control de lo recolectado y recaudado, y en Ciencias Sociales y Formación Ética y Ciudadana se trabajó el rol del hospital en la comunidad, el sentido solidario del proyecto y otros contenidos.

Una mirada más detallada al plan de clase durante el mes que duró la campaña permite identificar los contenidos curriculares específicos y las actividades áulicas integradas al proyecto solidario (ver figura 6).

Como se puede apreciar, las actividades de aprendizaje planificadas constituyen en sí mismas acciones propias de la campaña solidaria (redacción y diseño de volantes, confección de planilla Excel para relevar resultados), o están estrechamente vinculadas a la temática (experiencia de reciclado, localización del hospital, etc.). De esta manera, los aprendizajes en el aula contribuyeron a la calidad del servicio y la motivación ofrecida por la campaña contribuyó a la calidad de los aprendizajes.

7. Experiencia recogida en el Colegio Sagrado Corazón de Almagro, Ciudad de Buenos Aires.
8. http://www.lanacion.com.ar/504163

FIGURA 5: Una red curricular en torno a la recolección de papel y cartón para reciclar.

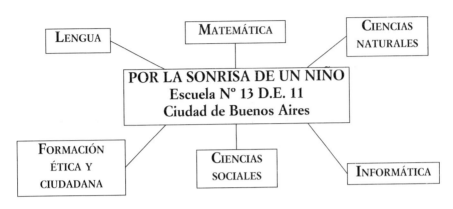

FIGURA 6: Cuadro de contenidos del proyecto "Por la sonrisa de un niño". Escuela N° 13 D. E. 11. Ciudad de Buenos Aires.[9]

	Objetivos	**Contenidos**	**Acciones Educativas**
Formación Ética y Ciudadana	Organizarse grupalmente con autonomía creciente para lograr objetivos comunes y realizar tareas compartidas.	Reflexionar sobre los conceptos de solidaridad y participación.	Dar ejemplos personales de solidaridad y participación. Planificar en forma conjunta acciones solidarias para llevar a cabo en la escuela.
Informática	Utilizar correctamente los comandos básicos de Excel. Reinterpretar la información.	Codificación y organización de datos.Gráficos (Excel) y Tablas (Word).	Diseñar volantes comunicando los resultados de la campaña realizada y agradeciendo la colaboración (Word). Gráficos y tablas mostrando índices de pobreza de la Argentina y también gráficos mostrando el resultado obtenido en la campaña (Excel).
Matemática **Lengua**	Organizar, relacionar y utilizar estrategias para la resolución de problemas.	Resolución de situaciones problemáticas. Cálculos de aproximación.	Resolver situaciones problemáticas. Registrar tablas.

9. Experiencia ganadora del Premio Ciudad Escuelas Solidarias 2002 otorgado por la Secretaría de Educación GCBA. Agradezco a la Prof. Zulema Marcos haberme facilitado su planificación de clase.

Ciencias Naturales	Acudir a la prensa escrita para confirmar, ampliar o confrontar la información.	El texto periodísti-co. Sinónimos.	Redactar textos de síntesis de la información compilada para los volantes de difusión.
	Analizar y establecer relaciones responsables entre la contaminación del medio y la salud.	Medio ambiente. Salud. Prevención de enfermedades.	Planificar y desarrollar la experiencia.Experimentar el reciclado de papel.
Ciencias Sociales	Participar en modo productivo y comprometido en experiencias y proyectos en los cuales se desarrolle la capacidad de compartir.	La ciudad de Buenos Aires. Plano.	Ubicar en el plano de la ciudad de Buenos Aires el Hospital GARRAHAM. Investigar que medios de transporte llegan a este lugar.

De hecho, aun los docentes que no participan personalmente en las actividades solidarias pueden ser parte de un proyecto de aprendizaje-servicio, ya que hay múltiples formas de acompañar el proyecto desde la tarea del aula. Las actividades áulicas pueden estar integradas indirecta o directamente a la acción solidaria:

– *Vinculación indirecta con la acción solidaria:* hay actividades áulicas que no forman parte de la planificación de un proyecto, ni se vinculan directamente con la acción solidaria, pero que indirectamente la fortalecen. Por ejemplo, un docente de Literatura puede contribuir a sensibilizar a sus estudiantes para participar en un proyecto intergeneracional utilizando como texto para el análisis literario una novela o cuento referido a la problemática de los ancianos; la investigación desarrollada en la cátedra de Sociología de la Educación se emplea como preparación para la práctica docente de aprendizaje-servicio conducida desde la cátedra de Metología, etc.

– *Integración directa:* hay actividades específicas de un área o disciplina que forman parte de la propia ejecución del proyecto: en Ciencias Sociales se puede diseñar y tabular una encuesta de opinión como parte del diagnóstico participativo; en Matemática o en Contabilidad confeccionar el presupuesto y balance de los fondos aplicados al proyecto; en Arte se confeccionan los carteles y decoraciones para el concierto a beneficio, y en Música se preparan las canciones para el espectáculo...

A menudo una mirada creativa hacia las planificaciones de cualquier nivel y ciclo permite identificar un gran número de contenidos y actividaddes que pueden vincularse directa o indirectamente con un proyecto de servicio.

En ocasiones será necesario incorporar a la planificación nuevos contenidos o actividades, o ajustar los tiempos previstos habitualmente para acompañar mejor el servicio desarrollado por los estudiantes. Por ejemplo, es posible que los estudiantes que preparan un viaje solidario a una localidad cercana afectada por inundaciones estén estudiando en Historia las campañas napoleónicas, y en Geografía los montes de Asia. Sin embargo, y con un poco de buena voluntad, puede ser posible organizar alguna actividad que permita a los estudiantes investigar la historia de la población destinataria, los temas ambientales y geopolíticos vinculados al aluvión y, al regreso del viaje, volcar lo aprendido en una clase especial en la que sin duda evidenciarán una motivación y un aprendizaje de contenidos y competencias vinculados a las Ciencias Sociales que no hubieran exhibido en una lección sobre Waterloo o el Everest.

Obviamente, las posibilidades de articular formalmente redes de integración interdisciplinarias o multidisciplinarias efectivas depende de múltiples factores humanos e institucionales. Informalmente, siempre pueden establecerse redes de contenidos multidisciplinarios, porque la realidad tiene la "mala costumbre" de ser multi, inter y trans-disciplinaria por definición. Una vez que los estudiantes están comprometidos con un proyecto suelen requerir, formal o informalmente, la articulación de contenidos antes presentados en forma desarticulada o en compartimentos estancos.

En este proceso, el liderazgo de los directivos y docentes a cargo del proyecto y la flexibilidad de los marcos institucionales son otros de los tantos factores que pueden incidir en la efectiva integración entre contenidos curriculares y servicio solidario. Una escuela media con tradición de trabajo en equipo estará en mejores condiciones de articular el proyecto entre varias asignaturas que una en la que reina la discordia entre los profesores. Un docente de primaria puede articular varias áreas de conocimiento en un proyecto sin consultar a nadie más que a sí mismo, pero generar un proyecto interdisciplinario en una escuela secundaria exige armonizar puntos de vista y horarios entre varios profesores[10]. En algunas universidades, generar una red interdisciplinaria puede requerir de largas negociaciones, o de un alto nivel de decisión política.

Un claro caso de decisión institucional a favor del establecimiento del aprendizaje-servicio como parte de la estructura organizacional es el de la Universidad de Costa Rica, que tiene una Vicerrectoría abocada exclusi-

---

10. A pesar de ello, paradójicamente hay más proyectos de aprendizaje-servicio interdisciplinares en la educación media argentina que en las escuelas primarias (TAPIA-GONZÁLEZ-ELICEGUI, 2004)

vamente a la Acción Social, incluyendo el Trabajo Comunal obligatorio ya mencionado (2.1.5 b). En ese marco, cada año se ofrece a los estudiantes decenas de alternativas interdisciplinarias para que cumplan su Trabajo Comunal. Por ejemplo, el programa *"Fortalecimiento y apoyo a servicios públicos dirigidos a enfrentar el maltrato a las mujeres"*[11] involucra a estudiantes de las carreras de Psicología, Trabajo Social, Sociología, Derecho, Estadística, Dirección de Empresas, Ciencias Actuariales, Comunicación Colectiva, Publicidad, Arquitectura e Informática.

11. TC-512 En: www.vas.ucr.ac.cr/tcu/index.html

3.2 - PROTAGONISMO JUVENIL

Esta segunda "nota característica" del aprendizaje-servicio puede parecer reiterativa e innecesaria: ¿cómo no dar por supuesto que las actividades de aprendizaje-servicio tienen que estar protagonizadas por los niños, adolescentes o jóvenes?

Sin embargo, la experiencia dice que son muchas las actividades solidarias desarrolladas en el ámbito educativo cuyos protagonistas principales son los educadores o las familias de los estudiantes, o la propia institución (donaciones, sostenimiento de servicios y otros). En otros casos, la escuela o universidad organiza acciones para atender las necesidades de los estudiantes, en las que éstos son destinatarios pero no protagonistas de la acción solidaria. Aun en las organizaciones de la sociedad civil donde se convive permanentemente con el compromiso de los jóvenes voluntarios, ciertas actitudes paternalistas, o la escasa confianza para delegar decisiones, pueden minar el protagonismo juvenil.

Una abrumadora mayoría de las legislaciones contemporáneas subraya entre las misiones ineludibles del sistema educativo la de formar "ciudadanos participativos". Sin embargo, sabemos que suele haber una gran distancia entre los dichos y los hechos.

Muchas instituciones educativas quedan atrapadas en una suerte de esquizofrenia entre la exhortación participativa por un lado, y la inercia de una tradición que establece que se aprende sentados en silencio, escuchando al profesor y estudiando de los libros, por el otro. Asumir en la práctica la tan mentada "centralidad del alumno", reconocer que puede ser necesaria la experimentación fuera del aula, superar los celos profesionales para articular equipos interdisciplinarios, enseñar y aprender en base a problemas reales, implica para la mayoría de los educadores un salto que es más fácil de hacer intelectualmente que en la práctica.

Al respecto reproducimos las palabras de un grupo de maestros de Colonia, Uruguay, que evaluó con gran honestidad su primer año de práctica de aprendizaje-servicio:

"Este tipo de trabajo requiere mucha creatividad, implica salirse de la rutina para intercambiar ideas, elaborar nuevas estrategias, coordinar actividades, cooperar y apoyarse en forma recíproca. (...). También es una forma de desarrollar valores entre nosotros". "Los maestros tenemos que escuchar más, hay que cambiar las estrategias pedagógicas y partir de los intereses de los alumnos". (CVU, 2004)

Si ya es difícil pensar que un estudiante puede ser protagonista de su propio aprendizaje, proponer que sea protagonista de actividades solidarias suele generar un escepticismo aún mayor. ¿Son capaces los jóvenes de comprometerse con causas sociales? ¿Puede "esta juventud de hoy en día" siquiera emular las gestas de la casi mitológica juventud de sus padres y abuelos en los años '60-'70? (TAPIA, 1993).

La experiencia sugiere que la respuesta que se da a estas preguntas es uno de los factores más críticos para determinar si es posible desarrollar un proyecto de aprendizaje-servicio en una institución educativa u organización juvenil.

3.2.1 - *LA MIRADA ADULTA SOBRE LOS JÓVENES*

Muy recientemente Emilio Tenti Fanfani, de IIPE-UNESCO, publicó una investigación muy exhaustiva sobre "la condición docente" en cuatro países latinoamericanos. En una parte de un cuestionario respondido por miles de docentes, se les preguntaba qué pensaban sobre el fortalecimiento o debilitamiento de los valores en la juventud.

Los docentes piensan que el compromiso social de los estudiantes se debilita:
– 73% en Uruguay
– 72,4 en Argentina
– 56,2 en Brasil

Piensan que la generosidad y el desinterés se debilitan:
– 56, 6 en Argentina
– 56,3 en Uruguay
– 43,4 en Brasil"[12]

En la misma encuesta la mayoría de los docentes de la región opina que entre los jóvenes están debilitados los valores de la identidad nacional, el respeto por los mayores, la tolerancia, el cuidado de la naturaleza, la justicia, la responsabilidad, la seriedad, la honestidad, el sentido del deber, la disposición al esfuerzo, el sentido de la familia, la espiritualidad. El único valor que la mayoría de los docentes considera que se fortalece en los jóvenes es el "amor a la libertad".

Desafiando estas opiniones, cabría preguntarse si esta pesimista "sensación térmica" de los docentes se corresponde con la "temperatura" de la realidad.

---

12. TENTI FANFANI, Emilio. La condición docente. Análisis comparado de la Argentina, Brasil, Perú y Uruguay. Buenos Aires, Siglo XXI Editores Argentina, 2001, p. 184

En Brasil, según una encuesta relevada por *Faça Parte*, el 30% de los jóvenes brasileños participa en organizaciones y actividades de voluntariado[13], porcentaje significativamente mayor que en años anteriores. Sin embargo, más de la mitad de los docentes brasileños cree que los jóvenes están perdiendo el valor de la solidaridad.

En Argentina, y de acuerdo a los datos que surgen del análisis de las más de 3000 experiencias presentadas al Premio Presidencial de Escuelas Solidarias en 2001, el 98% de los proyectos solidarios se iniciaron después de 1983, y un 76% empezaron después de 1997[14]. En otras palabras: la reconquista de la democracia y la necesidad de responder a la crisis socio-económica generaron miles de nuevos proyectos solidarios, protagonizados por miles de estudiantes cuyos docentes, sin embargo, los creen menos solidarios que las generaciones anteriores.

Una encuesta realizada en Argentina por Gallup en 2002 agrupa por edades el porcentaje de argentinos que participa en actividades de voluntariado y de servicio solidario.

FIGURA 7: Voluntariado por edad en Argentina (GALLUP, 2002)

El primer dato que surge de esta encuesta es que los jóvenes entre 18 y 24 años –quienes acaban de salir de la escuela y están hoy en las aulas universitarias– participan ligeramente más que los adultos de la generación inmediatamente anterior, y también más que los adultos mayores (quienes según la lógica de la "sensación térmica" deberían ser los más solidarios, generosos y participativos socialmente).

13. www.facaparte.org
14. CLAYSS (2005), op. cit

Una segunda evidencia que surge es que, en promedio, un 30% de la población argentina desarrolla actividades solidarias y, por lo tanto, el compromiso social de "la juventud de hoy en día" está en el mismo rango estadístico que el de sus mayores.

La tercera y fundamental evidencia surge de la comparación de esta encuesta con la realizada por Gallup cuatro años antes[15]: en 1998 la participación juvenil en actividades de voluntariado era del 21%, un 7% menor que la registrada en 2002. El crecimiento resulta aún mayor si se compara con los datos de la encuesta de juventud realizada por el INDEC en 1983: en ese momento sólo un 10% de los jóvenes participaban en organizaciones sociales, incluyendo clubes deportivos (INDEC, 1985). En otras palabras: el compromiso social de los jóvenes se triplicó en los últimos veinte años.

Que pese a todos estos datos objetivos, un 73% de los educadores argentinos piense que *"el compromiso de los jóvenes se debilita"* sugiere que la percepción de los adultos no siempre coincide con la realidad, y que los lugares comunes pueden ser injustos con miles de jóvenes solidarios.

Ante esta brecha entre realidad y percepción, cabría preguntarse por qué los datos de la realidad no hacen mella en la percepción colectiva predominante entre los adultos. Las razones pueden ser muchas, pero quisiera detenerme en dos: la proyección idealizada del pasado sobre el presente, y el peso de las imágenes transmitidas por los medios masivos de comunicación.

En primer lugar, es casi inevitable reconocer que la mirada de los adultos hacia los jóvenes está vinculada a nuestra memoria personal sobre qué implicaba ser un "joven comprometido" cuando éramos jóvenes. Memoria, es necesario reconocer, fuertemente teñida por nuestra subjetividad: basta confrontar el recuerdo de los '70 de quienes militaban en distintas organizaciones políticas y el de quienes no participaban en ninguna...

Creemos que es necesario comprender y acompañar a las nuevas generaciones desde su propia realidad y no desde nuestra historia. A menudo los adultos no reconocemos en la juventud actual la manera de expresar convicciones y preocupaciones que teníamos en "nuestros tiempos", y de ahí deducimos que esas convicciones no existen. Que los lenguajes y las modalidades de expresión de las inquietudes sociales y políticas cambien no significa que estén ausentes: la más masiva manifestación estudiantil chilena de las últimas décadas tomó por sorpresa a muchos políticos adultos porque se convocó a través de celulares, correos electrónicos y "chats".[16]

Nuestros hijos y estudiantes son capaces de sostener discusiones sumamente serias sobre los problemas ambientales, la discriminación, la pobreza o la guerra en Irak con jóvenes de todo el mundo, en foros virtuales a los

15. TAPIA, 2000, p. 180.
16. *Clarín*, 31 de mayo 2006.

que muchos adultos no acceden, por ignorancia o desconfianza hacia tecnologías, que en cambio son normales para las nuevas generaciones. En esos foros virtuales –ya sea que estén dedicados al comercio justo, a juegos de rol o a Harry Potter– hay miles de jóvenes que actúan gratuitamente como moderadores del debate, que controlan que nadie use expresiones racistas, violentas o discriminadoras, y que entregan voluntariamente su tiempo para facilitar la libertad de expresión de otros. ¿Cuántas encuestas diseñadas por adultos incluirán a esos jóvenes en la categoría de "voluntarios"?

Nuestras categorías mentales nos sirven para entender como "lucha" a las barricadas y bombas caseras de los suburbios parisinos de 1968 y de 2005, pero no siempre para abarcar a los *hackers* antimonopólicos que bloquean las páginas Web de Microsoft. Esas categorías tradicionales consideran "movilización" a las tradicionales marchas de protesta, pero no siempre a las peregrinaciones hacia los santuarios marianos que congregan a millones de jóvenes en América Latina.

La percepción pesimista sobre los jóvenes está estrechamente vinculada no sólo a la comparación con el pasado como único patrón válido de medida, sino también a las imágenes que difunden los medios de comunicación.

La "invisibilidad" mediática de los jóvenes solidarios no es un dato menor a la hora de comprender el arraigo de las miradas negativas de los adultos hacia los jóvenes, y la mirada desesperanzada de los propios jóvenes hacia su generación (TAPIA, 2004).

En los cada vez más globalizados medios de comunicación, los jóvenes "visibles" son los "exitosos", categoría que incluye a las modelos anoréxicas, los galanes con musculatura ganada a fuerza de drogas, los músicos y deportistas más populares y las herederas millonarias. El resto de los jóvenes ocupa espacio en los medios casi exclusivamente asociados a hechos delictivos, a situaciones de violencia y a estadísticas de drogadicción o alcoholismo. En todas partes del mundo, un adolescente que desenfunda un arma en una escuela tiene el poder de hacer que se vuelvan invisibles los demás millones que van pacíficamente a miles de escuelas.

El problema empieza cuando tanto titular catástrofe hace pensar que lo normal es que los aviones se caigan. Publicitar a los violentos y a los frívolos tiene como consecuencia que muchos adultos piensen que lo "normal" es que los chicos se droguen, se emborrachen y no les importe nada, y por lo tanto se eximan de ofrecerles alternativas. Escatimar visibilidad pública a quienes estudian y trabajan por el bien común contribuye a que muchos adolescentes y jóvenes crean que son "raros" si se dedican a trabajar solidariamente, y a que estén convencidos de ser menos que la supuestamente maravillosa juventud de sus padres o abuelos.

Una mirada pesimista sobre los jóvenes influye decisivamente en la posibilidad misma de que los educadores alienten espacios de participación juvenil como el aprendizaje-servicio. Si, en cambio, se asume como parte de la realidad que miles de niños, adolescentes y jóvenes de hoy participan, se comprometen socialmente y son capaces de grandes cosas, habrá que plantearse que si en "mi" escuela, universidad o grupo los jóvenes no participan, tal vez el problema no sea la juventud, sino las propuestas que les hacemos, y tengamos que esforzarnos por ofrecerles opciones más atractivas y más adecuadas a sus lenguajes e intereses.

3.2.2 - El "efecto Pigmalion" y el aprendizaje-servicio

Es conocida la leyenda de Pigmalion, ya sea en su versión clásica como en la reescritura moderna de Bernard Shaw[17]. En la versión de Shaw, el Profesor Higgins cree posible hacer pasar por aristócrata a una florista callejera, enseñándole a hablar correctamente. Esa convicción, tanto o más que los conocimientos impartidos, tiene un efecto transformador en Eliza.

El "efecto Pigmalion", o la incidencia de la mirada del educador acerca de las potencialidades del educando sobre el efectivo despliegue de esas potencialidades, ha sido sobradamente demostrado en el campo de la educación formal en general (Rosenthal, R.-Jacobson, L., 1968).

La observación indica que ese "efecto Pigmalion" se produce también en lo que respecta a la educación para la participación solidaria. Cuando los docentes piensan que sus estudiantes son incapaces de comprometerse socialmente, difícilmente promuevan ese compromiso. Si en cambio creen que aun los más jóvenes son capaces de grandes cosas, la experiencia muestra que los proyectos florecen.

El aprendizaje-servicio parte de la convicción de que nadie es demasiado pequeño o demasiado pobre como para no poder ofrecer alguna contribución a la comunidad.

"El aprendizaje-servicio conlleva una modificación en nuestra percepción de los jóvenes y una reconceptualización de su rol. El cambio parte de dejar de considerarlos como sujetos pasivos y dependientes, para considerarlos capaces de contribuir activamente a la transformación de su contexto". (González, 2002)

La fe de un maestro o una directora en las potencialidades de transformación social de sus estudiantes está en las raíces de algunos de los más destacados proyectos de aprendizaje-servicio. Quisiera traer a colación,

---

17. A su vez popularizada por la comedia musical *My Fair Lady* o *Mi bella dama*. www.foxhome.com/myfairlady/shocked/prod/video.htm

entre tantos ejemplos posibles de este "efecto Pigmalion", uno que tuve el privilegio de conocer personalmente.

Ana, conocida como "Pato", vivía en un barrio de Bariloche fundado como fruto del traslado de varias "villas miserias" a 34 hectáreas de tierras fiscales, lejos de los ojos de los turistas y a 10 km. de la fuente de trabajo más cercana. Acostumbrada a sufrir hambre y frío desde muy niña, abandonó la escuela en los primeros grados. A los 15 años, ocupaba la mayor parte del tiempo vagando por las calles céntricas con otros adolescentes en la misma situación. Atraída por la apertura en el barrio del "Taller de Capacitación Integral Enrique Angelelli", en el que podía concluir los estudios primarios y adquirir una capacitación laboral, Pato comenzó a acudir a clase, pero con la misma actitud con la que recorría los centros comerciales: *"¿no tenés algo para darme?"*. Ella misma relata:

"En el invierno llegaron a la escuela un par de donaciones y todos nos peleábamos por lo que llegaba: 'Yo quiero esto, yo necesito esto'. Y un día apareció Nancy, la maestra de matemática, y nos dijo: '¿Qué tal si hacemos algo? ¿Qué les parece si ayudamos a la gente del barrio, a sus vecinos?' Nosotros le dijimos: '¿Qué? ¿Estás loca, Nancy? ¿Cómo vamos a ayudarlos si nosotros estamos igual que ellos? No podemos ayudar.'

Yo fui una de las que grité así porque no quería saber nada con eso, pero Nancy me dijo algo que nunca voy a olvidar: '¿Sabés una cosa? Nadie es tan pobre que no pueda dar algo de uno. Con sólo escuchar, prestar tus oídos, ya estás ayudando. Tan sólo con sentarte y preguntar '¿Qué te pasa?'. Porque las cosas materiales no son las únicas que necesita el ser humano. Hay otras cosas que son mucho más valiosas, más necesarias que 'traéme una bolsa de comida, arregláme el techo, hacéme un piso'.

A los maestros les costó como dos meses convencernos de hacer algo en el barrio. Cuando lo lograron, algunos chicos decidimos hacer un censo allí. Y vimos que los ancianos y los discapacitados eran los que más solos estaban, los que no recibían ayuda de nadie. Y decidimos trabajar con ellos porque veíamos que eran los más abandonados por todos, hasta por nosotros. Y empezamos a trabajar.

Después, cuando llegaban cosas a la escuela, cuando donaban algo de comer, ya no era 'dame esto para mí', sino 'vamos a armar bolsitas, ¿Cuántos abuelos son?', e íbamos a repartirlo a los abuelos que más lo necesitaban, los que más solos estaban por más que tuvieran el hijo a la vuelta.

Al principio lo hacíamos para pasar el día, para distraernos. Yo, que estaba en la calle, o mi hermano y otros chicos, para no bajar al centro o andar en el barrio sin hacer nada.

Una de las cosas que más nos ayudó fue esa actividad. Y siempre se lo agradezco como persona a la escuela, porque desde que llegó al barrio, cam-

bió a una cantidad de chicos que estaban como yo o peor, a los que nunca les habían dado la oportunidad de que cambien o nunca les habían dicho: 'vení, confío en vos y vamos a hacer algo juntos'." (Edusol, 2005b, p. 31)

Por su compromiso con los ancianos del barrio, en el año 2000 Ana y sus compañeros recibieron de manos del Presidente de la Argentina el "Premio Presidencial Escuelas Solidarias", y ha hablado varias veces ante multitudes de especialistas, cuando antes –confiesa– *"no era capaz de hablarle ni a la vecina"*. Hoy ha concluido sus estudios secundarios, es madre de familia, y ya no vive en el barrio marginal, pero siempre vuelve, porque actúa allí como líder de una organización juvenil barrial. Y cada vez que se le pregunta la razón del radical cambio en su vida, vuelve a ese momento en que la profesora de matemáticas la invitó a trabajar por los demás.

¿Cuántos jóvenes se consideran "inservibles" porque los adultos los han convencido de ello? ¿Cuántos no llegan nunca a descubrir su potencial para la participación social o política porque nunca encontraron la oportunidad para probarla? ¿Cuántos miran al futuro con temor y escepticismo porque nunca han tenido ocasión de experimentar que una acción suya cambió algo en su entorno?

En estos años innumerables directivos y docentes me han relatado episodios similares, en los que *"el peor de mis alumnos resultó ser el más comprometido con el trabajo solidario, y ahora cambió también en clase"*. Probablemente, sin docentes que se animaran a ofrecerles una oportunidad, el estudiante no habría "cambiado". En algunos casos, tal vez los estudiantes no cambiaron, sino que simplemente la actividad solidaria permitió a los docentes conocerlos en un contexto menos formal que el del aula.

Recuerdo el caso de Claudia[18], una adolescente de clase media acomodada. Con esa crueldad que no es exclusiva de los niños cuando se trata de apodos escolares, en sala de profesores Claudia era conocida como "la planta", ya que algunos docentes aseguraban que en clase un malvón participaría más que ella. La escuela organizó un programa de servicio solidario para ofrecer actividades recreativas y de apoyo escolar en un centro comunitario para niños en riesgo social. La sorpresa de sus profesores fue enorme cuando la alumna de la que casi no conocían la voz comenzó a dialogar con los niños, a organizarlos para jugar, y en poco tiempo se convirtió en la líder natural de la actividad. *"Yo no podía creer que 'la planta' tuviera eso dentro de ella"*, me confesó tiempo después una de sus docentes.

En éste, como en tantos otros casos, queda el interrogante: ¿cambiaron los jóvenes, o cambió la mirada de los adultos hacia ellos?

---

18. El caso es real, pero el nombre es ficticio.

3.3 - SERVICIO SOLIDARIO

El término "aprendizaje-servicio" recoge literalmente el original inglés de *"service-learning"*. Sin embargo, en nuestra definición hemos querido asociar la precisión de servicio "solidario", porque entendemos que la propuesta del aprendizaje-servicio encierra una concepción de la sociedad y de la persona humana centrada en la solidaridad y la búsqueda de un mundo más justo y más fraterno.

Como afirma Carlos Núñez:

"En cada propuesta educativa hay –implícita o explícitamente– un marco ético que la sostiene. (...). Es desde ahí que debemos reflexionar sobre las implicaciones éticas de un modelo social, político y económico que "educa" en y desde ciertos valores, y que al hacerlo 'des-educa' en relación a las propuestas de la ética humanista –la ética de la vida–". (NÚÑEZ, 2001)

Veremos a continuación algunos de los contenidos que pueden fundamentar nuestro uso del término "solidaridad".

3.3.1 - SOLIDARIDAD, SERVICIO Y FRATERNIDAD

En algunas lenguas el término "aprendizaje-servicio" genera resistencia porque la palabra "servicio" está demasiado asociada al "servicio militar" o al "servicio doméstico" como para evocar fácilmente la voluntariedad, gratuidad y desinterés personal que las actividades de aprendizaje-servicio implican normalmente (TAPIA, 2003).

El concepto de "servicio" resulta familiar para quienes profesan una fe religiosa, ya que está asociado esencialmente al amor al prójimo y a la llamada "regla de oro" común a la mayoría de las religiones y tradiciones morales: *"Haz al prójimo lo que te gustaría que te hagan a ti, no hagas al otro lo que no te gustaría que te hagan a ti"*. Al mismo tiempo, esto le da al término "servicio" una cierta connotación religiosa que –al menos en algunos contextos educativos fuertemente laicistas– puede generar cierta resistencia.

Pareciera que en el mundo contemporáneo "solidaridad" resulta un término mucho más universalmente comprendido y valorado que "servicio", al menos en las lenguas de origen latino: *solidarietà, solidarité...*[19]

---

19. No es la menor de las diferencias culturales que nos separan del mundo anglosajón el hecho de que sea casi imposible traducir "solidaridad" al inglés, dado que no es un término de uso común. En su lugar es frecuente hablar de *service, care y compassion*. TAPIA, 2003.

Somos concientes de que la palabra solidaridad puede ser usada en contextos muy diversos y con connotaciones muy diferentes: se puede hacer "un llamado a la solidaridad" para pedir donantes de sangre o ayuda ante un terremoto; hablar de solidaridad entre los trabajadores de un sindicato, o solicitar la solidaridad con el Tercer Mundo para aliviar su deuda externa. En muchas lenguas, la expresión ha sido utilizada a derecha e izquierda como parte preciada del vocabulario político, tanto de quienes se consideran "progresistas" como de algunos conspicuos dictadores.

De hecho, líderes de la sociedad civil en diversas partes del mundo están preocupados por una cierta "devaluación" del término, que puede convertirse en poco más que un *slogan* vacío de contenido, o simplemente en la expresión de un vago sentimiento de buena voluntad. Como sostienen M. P. Guardiola Albert y A. J. Diéguez,

"Actualmente aparece la solidaridad como una moda, sin cuestionarse la ideología o el proyecto social que lo sustenta" (DIEGUEZ, 2000).

Juan Pablo II afirmaba en *Sollicitudo Rei Socialis*:

"...la solidaridad no es un sentimiento superficial por los males de tantas personas, cercanas o lejanas. Al contrario, es la determinación firme y perseverante de empeñarse por el bien común, es decir, por el bien de todos y cada uno, para que todos seamos verdaderamente responsables de todos." (SRS, 38)

Sabemos que, en la práctica, hay limosnas que humillan más de lo que ayudan, "beneficencias" que son una manera de eludir las propias responsabilidades sociales más que de asumirlas, y programas denominados "solidarios" pero que son en realidad estrategias de marketing de empresas que, simultáneamente, evaden impuestos o contaminan el medio ambiente.

Con las mejores intenciones, las escuelas pueden intentar ser solidarias sin lograrlo realmente. No son infrecuentes situaciones como la sucedida en un centro barrial que atendía a niños en situación de extrema pobreza. Los estudiantes de una escuela de clase media habían llegado para "pasar el día con los nenes pobres": les repartieron golosinas, jugaron con ellos y partieron entusiasmados por haber tomado contacto con una dura realidad que no conocían, por haberse enriquecido por el cariño manifestado por los niños y, en general, sintiéndose muy satisfechos consigo mismos. Los niños del centro comunitario quedaron con la expectativa de volver a ver pronto a sus nuevos "amigos", quienes nunca más volvieron al barrio. Al año siguiente, otro grupo de la misma escuela repitió la misma actividad, que fue catalogada por el líder comunitario –en términos algo duros, pero muy gráficos– como una *"excursión a la pobreza"* (CROCE, A. 2000).

En un contexto mundial caracterizado por la constante profundización de la brecha que separa a los pueblos y personas cada vez más ricos de los cada vez más pobres, y en una región como América Latina, que no es la más pobre pero sí la más desigual del mundo (Denninger y Squire, 1996), cobra particular importancia que las acciones solidarias no reproduzcan modelos sociales inequitativos ni encubran o convaliden situaciones de injusticia.

La diferenciación entre "solidaridad" y "beneficencia" está marcada, de hecho, porque una tiende a fortalecer las relaciones horizontales entre comunidades y pueblos asociados para construir un mundo más fraterno, y la otra tiende a reproducir modelos verticales y paternalistas de relación entre "benefactores" y "beneficiados".

Como señala De Beni, en el actual contexto mundial de fragmentación social y disgregación de los vínculos interpersonales, la solidaridad es tal si contribuye a generar vínculos de auténtica fraternidad (De Beni, 2000). Esta concepción de la solidaridad como hermandad implica el reconocimiento de la humanidad como una familia, y de todas las personas como hermanas en la común dignidad de la condición humana (Lubich, 2002).

Resulta llamativa, en este sentido, la convergencia entre el pensamiento del Mahatma Gandhi, quien afirmaba *la regla de oro es ser amigos del mundo y considerar 'una' a toda la familia humana* (Mantovano, 2001, p. 11), y el siguiente texto de Juan Pablo II:

"'Todo hombre es mi hermano', decía Pablo VI (...). Las barreras de raza, de lengua, de culturas, de ideas políticas o creencias religiosas caen —o deberían caer— ante esa profunda verdad sobre el hombre: todos nosotros constituimos una sola familia humana (...). Todos nosotros estamos llamados a reconocer esta solidaridad básica de la familia humana como condición fundamental de nuestra vida sobre la tierra. (...). Lo que nos une es mucho más de lo que nos separa; es nuestra humanidad compartida". (Juan Pablo II, 1987, 1 y 11)

Como propuesta educativa, la pedagogía del aprendizaje-servicio implica educar para este conciente reconocimiento de la igual dignidad de toda persona humana y del vínculo fraterno que nos une a cada "otro".

Por eso es importante que los proyectos de aprendizaje-servicio enfaticen en el compartir más que en el dar, ayudando a que los estudiantes puedan reconocer concientemente cuánto aprenden y cuánto reciben afectivamente de los "receptores" de la acción solidaria, y no sólo cuánto "dan". En este sentido, un proyecto de aprendizaje-servicio no tiene sólo "proveedores" y "receptores" de un servicio: todos son actores protagónicos que dan y que reciben. Algunos reciben mejores condiciones de vida; otros, experiencia y conocimientos, pero todos se enriquecen en el recíproco don de sí.

3.3.2 - SOLIDARIDAD Y PROSOCIALIDAD

Esta concepción de solidaridad que acabamos de desarrollar se vincula muy estrechamente con la investigación y el desarrollo de programas educativos para la formación de actitudes prosociales en diversos niveles educativos que se ha ido desarrollando en los últimos años (DE BENI, 2000; ROCHE OLIVAR, 1998; TAPIA, 2000).

Las actitudes prosociales podrían definirse como:

"(...) aquellas acciones que tienden a beneficiar a otras personas, grupos o metas sociales sin que exista la previsión de una recompensa ulterior". (ROCHE OLIVAR, 1998, p. 16).

La definición de Roche precisa:

"(Son prosociales) Aquellos comportamientos que, sin la búsqueda de recompensas externas, favorecen a otras personas, grupos o metas sociales y aumentan la probabilidad de generar una reciprocidad positiva, de calidad y solidaria en las relaciones interpersonales o sociales consecuentes, salvaguardando la identidad, creatividad e iniciativa de las personas o grupos implicados"
La educación a la prosocialidad supone tanto el desarrollo psicológico óptimo centrado en las habilidades para las relaciones interpersonales como dotar a éstas de un significado profundo que dote a la persona de un núcleo de identidad coherente. Para conseguir esto y traducirlo en la relacionalidad, hará falta incidir en la comunicación y diálogo de calidad." (ROCHE OLIVAR, 1998, 145).

Una acción prosocial puede involucrar un sentimiento altruista, pero no se agota en él. El "altruismo" hace referencia a la intencionalidad del actor, el "dador" que se propone beneficiar a uno o más "receptores", mientras que una conducta "prosocial" pone el énfasis en la satisfacción efectiva del receptor, así como por la reciprocidad o solidaridad generada entre ambos actores (STAUB, 1979; ROCHE, 1998). En un caso, el énfasis está puesto en la virtud de la persona altruista más que en la relación establecida con la persona "beneficiada", y en las motivaciones y en la actitud del actor, más que en el servicio efectivamente prestado. En el caso de la prosocialidad, el énfasis está puesto en el vínculo establecido entre los actores y en la efectiva concreción de la intencionalidad altruista.

Mientras que el altruismo se define básicamente en el terreno de la subjetividad del actor "donante", la prosocialidad, por el contrario, puede evaluarse objetivamente por la efectiva satisfacción de la demanda atendida y por la calidad del vínculo establecido. En otras palabras: una conducta prosocial implica brindar al otro lo que él sabe que necesita, y no lo que

nosotros imaginamos que debería necesitar implica comunicarse recípro-
camente hasta el punto de "entrar" en la realidad del otro.

Esta perspectiva puede ser crucial a la hora de desarrollar proyectos
de aprendizaje-servicio de calidad, que apunten a formar actitudes y conductas prosociales y a ofrecer un servicio que produzca la "efectiva satisfacción" de los destinatarios. Demasiado frecuentemente le ofrecemos a la
comunidad destinataria de nuestra buena voluntad lo que creemos que la
comunidad necesita, sin tomarnos el tiempo de conocer realmente su realidad y sus necesidades y expectativas.

De allí la importancia que adquieren para desarrollar proyectos de
aprendizaje-servicio de calidad la realización de diagnósticos y evaluaciones participativas, así como de redes efectivas con organizaciones de la
comunidad destinataria (ver cap. 6).

En las últimas décadas se ha insistido en la posibilidad de educar
para el desarrollo de actitudes altruistas/prosociales. En estas propuestas
se señalan distintas etapas o núcleos a trabajar con los estudiantes. En
el caso del programa diseñado por De Beni (2000) para la "Educación
altruista-prosocial" en la escuela primaria, se establecen tres grandes áreas
de trabajo:

1. Identidad personal y sensibilidad social
2. Interpretación del contexto
3. Acción prosocial

En esta última área se incluyen las actividades que educan a la cooperación, a la responsabilidad social y al don de sí y de recursos materiales
para satisfacer necesidades ajenas (De Beni, 2000, p. 35), entre las que sin
duda podrían incluirse los proyectos de aprendizaje-servicio.

En el caso del modelo UNIPRO desarrollado por Roche en la Universidad Autónoma de Barcelona, la pedagogía de la prosocialidad se organiza
en torno a diez núcleos o "variables". La décima y última variable, que
se presenta como la culminación de la educación prosocial, se denomina
Prosocialidad colectiva y compleja, y se refiere al ejercicio de actitudes
prosociales en respuesta a problemáticas sociales. Incluye temáticas como
la cultura para la paz, la denuncia social, la desobediencia civil y la no-vio-
lencia como recursos, y entre las actividades pedagógicas sugeridas se
incluye explícitamente el realizar *"acciones en la comunidad"*:

> *"(...) llevar a la práctica algunos de los planes diseñados para beneficio
> de la escuela, barrio o pueblo."* (Roche Olivar, 1998, p. 247)

En ambos casos se podría decir que la pedagogía de la prosocialidad
culmina con el pasaje de una mirada prosocial centrada exclusivamente
en las relaciones interpersonales hacia el horizonte más amplio de las relaciones socio-comunitarias. Los proyectos de aprendizaje-servicio pueden

surgir a partir de esa formación prosocial, como un modo de llevar a la práctica fuera del aula lo aprendido.

Como han señalado Eberly y Roche Olivar:

"La prosocialidad puede también ser fortalecida por la naturaleza experiencial del aprendizaje-servicio. Los estudiantes retienen un porcentaje mucho mayor de lo que aprenden de la experiencia, comparado con lo que aprenden de escuchar en clase y leer libros.

El aprendizaje-servicio puede ser fortalecido por la utilización de la matriz de los comportamientos prosociales como una referencia. Los estudiantes a menudo son entusiastas con respecto a lo que han aprendido en sus experiencias de servicio, pero igualmente a menudo son incapaces de articular muy claramente lo que han aprendido. La matriz de la prosocialidad puede ayudar a recordar a los estudiantes lo que han aprendido y quizás ayudarlos a señalar las lecciones que pueden aprender de sus fracasos.

Puede haber un efecto sinérgico combinando el aprendizaje-servicio con la prosocialidad." (EBERLY-ROCHE OLIVAR, 2002)

3.3.3 - SOLIDARIDAD, ASISTENCIALISMO Y PROMOCIÓN

La diferenciación entre altruismo y prosocialidad, entre "beneficencia" y "solidaridad", no es simplemente retórica a la hora de planificar proyectos de aprendizaje-servicio. Desde el punto de vista de la educación para una ciudadanía reflexiva, crítica y participativa, sin duda no adquiere la misma relevancia una actividad benéfica irreflexiva que el desarrollo de actitudes auténticamente solidarias y constructoras de relaciones fraternas, que apunten a un mundo más justo.

Es por ello que al presentar los "cuadrantes del aprendizaje-servicio" (1.2.2) sosteníamos que la calidad de los proyectos en cuanto al servicio está asociada a tres conceptos claves en la acción social y el compromiso comunitario: asistencialismo, asistencia y promoción social.

La conocida frase de Rabindranath Tagore *"es mejor enseñar a pescar que regalar un pescado"*, frecuentemente es empleada para diferenciar la "asistencia" ("dar el pescado") de la promoción social ("enseñar a pescar").

Sin pretender negarle valor a la poética comparación de Tagore, creemos que es necesario reconocer que en muchos puntos del planeta se necesita alimentar al futuro pescador como requisito previo para que pueda ser capaz de empuñar la caña. En otras palabras, las acciones de asistencia social no sólo son meritorias y necesarias, sino que en muchos casos son estrictamente indispensables como un primer paso en proyectos de promoción social estratégicamente fundados.

A diferencia de "asistencia social", el término "asistencialismo" normalmente es usado para identificar las actividades o proyectos que se agotan innecesariamente en atender necesidades emergentes, excluyendo la perspectiva promocional por falta de conocimientos o de conciencia crítica de los problemas más estructurales. El término puede resultar peyorativo e incorrecto si se aplica a acciones asistenciales en sentido estricto.

Las acciones asistenciales no sólo pueden constituir la fase primera y necesaria de numerosos proyectos de promoción, sino que a menudo son el único tipo de acción solidaria que los estudiantes o jóvenes de una organización están en condiciones de realizar en sus proyectos de aprendizaje-servicio.

El siguiente cuadro nos puede ayudar a señalar las diferencias entre asistencia y promoción social.

FIGURA 8: Cuadro comparativo entre asistencia y promoción social

ASISTENCIA SOCIAL	PROMOCION SOCIAL
Atiende a problemas emergentes (por ejemplo: una inundación, una emergencia humanitaria)	Atiende a problemáticas estructurales (como la desocupación, falta de educación, los problemas ambientales, los desequilibrios comerciales, etc.)
Apunta al corto plazo	Apunta al mediano y largo plazo
Distribuye bienes materiales	Desarrolla competencias y recursos
Los destinatarios pueden ser pasivos	Exige el protagonismo de los destinatarios
La sustentabilidad está fundada en los proveedores del servicio	La sustentabilidad está fundada en los recursos humanos y materiales que puedan desarrollar los destinatarios del servicio

Los dos primeros puntos de esta comparación tienen que ver con los alcances que fijamos a nuestros proyectos, y no sólo con su duración en el tiempo. Podemos estar recolectando ropa y alimentos durante años o décadas, pero ésta seguirá siendo una estrategia asistencial de corto plazo para enfrentar la problemática de la pobreza. En cambio, una experiencia realizada durante un tiempo acotado puede apuntar a ofrecer soluciones a largo plazo ante problemas estructurales. Por ejemplo, capacitar a miembros de una cooperativa de autoconstrucción en técnicas constructivas les permite a los destinatarios solucionar su problema de vivienda y también adquirir herramientas de empleabilidad. Ofrecer un curso de informática puede ser una herramienta de inclusión social, como en el caso del proyecto de enseñanza a niños en situación de calle y a jóvenes reclusos del Liceo Informático de La Pampa[20].

Consideramos que tanto las acciones asistenciales como las promocionales pueden ser válidas como parte de un proyecto de aprendizaje-servicio de calidad. En cambio, es necesario alertar sobre las limitaciones del puro "asistencialismo", entendido como acciones que se limitan a la acumulación y distribución de bienes o dinero y que prescinden de toda perspectiva promocional.

Las actividades asistencialistas suelen presentar estas limitaciones desde el punto de vista social y educativo:

– *Escaso énfasis en la relación entre solidaridad y justicia social:* el concepto de "ayuda" suele prevalecer sobre la reflexión acerca de las estructuras socioeconómicas o las problemáticas ambientales que están en la raíz de la demanda atendida y de la propia responsabilidad en cuanto a la modificación de esas circunstancias.

– *Escaso o nulo contacto con los destinatarios de la acción solidaria:* los estudiantes no conocen personalmente a los destinatarios de su acción, y poseen información fragmentaria, escasa o errónea sobre sus condiciones de vida. La "necesidad" corre el riesgo de convertirse en una abstracción, y disminuir la comprensión y empatía con la situación de las personas atendidas. En este tipo de proyectos puede primar una mirada asimétrica, sutil o brutalmente excluyente con relación a los "necesitados".

– *Actividades muy ocasionales y con escaso compromiso personal por parte de los estudiantes:* en casos extremos las colectas pueden llegar a ser contraproducentes desde el punto de vista educativo, cuando se convierten en una suerte de "coartada social": estudiantes con actitudes consumistas y de escasa conciencia social pueden sentirse tranquilizados porque dos veces por año hacen una contribución para alguna colecta o campaña "solidaria".

---

20. Premio Presidencial Escuelas Solidarias 2000, www.me.gov.ar/edusol

Pensadas desde lo educativo, es necesario subrayar que este tipo de actividades asistencialistas corren el riesgo de instalar la noción de que sólo aquéllos con recursos económicos excedentes pueden contribuir a atender situaciones de demanda social. En realidad los estudiantes con pocos o ningún recurso económico a menudo desarrollan proyectos altamente efectivos para atender a las necesidades de su comunidad. Tal vez justamente porque les resulta difícil recolectar bienes, para modificar la realidad deben poner en juego sus conocimientos, iniciativa y creatividad.

Éste es el caso de la Escuela Albergue de Cangrejillos, Jujuy. Ubicada en la desértica meseta del Altiplano, a 40 km. de La Quiaca y a 3500 metros sobre el nivel del mar, la principal –y prácticamente la única– actividad económica de la población era la cría de cabras. La mayoría de los pobladores son extremadamente pobres, y pese a que disponen de pequeños terrenos, dado lo extremo del clima no se cultivaban, y por lo tanto el consumo de vegetales era muy escaso.

Desde 1982, el docente de Técnicas Agropecuarias, José Santos Vedia, comenzó a enseñar a sus alumnos a plantar una huerta escolar y a recuperar tecnologías incaicas, entre ellas la del invernadero andino. Combinando técnicas nuevas y antiguas, los estudiantes pudieron ver crecer, en medio del desierto, verduras y hortalizas (y hasta frutillas!) que enriquecieron la dieta habitual del comedor escolar que hasta entonces debía abastecerse de un mercado a 40 km. cerro abajo.

Hasta esa instancia, se había logrado un aprendizaje exitoso y un beneficio para los propios niños. El aprendizaje-servicio y la promoción comunitaria comenzaron cuando los estudiantes, regresando a sus casas, comenzaron a compartir sus logros y a interesar a sus familias para repetir la experiencia en sus hogares. Padres y madres se acercaron a la escuela, aprendieron del maestro y de sus propios hijos a recuperar los conocimientos de sus antepasados y a desarrollar nuevas técnicas de cultivo, y así comenzaron a florecer invernaderos domésticos que mejoraron sustancialmente la alimentación de las familias, antes reducida casi exclusivamente a carne, papas y cebollas. Las nuevas explotaciones agrícolas no sólo produjeron inmediatas mejoras en la calidad de la alimentación de las familias, sino que muchas de ellas son ahora productoras de excedentes suficientes como para bajar al mercado y obtener un muy necesario ingreso adicional (EyC, 1998, pp. 124-126).

A partir de los éxitos logrados, la escuela redobló la apuesta, el invernadero escolar se amplió, y en 2005-2006 están desarrollando un proyecto pedagógico institucional vinculado a la mejora del medio ambiente: los niños y niñas están aprendiendo la importancia de los árboles, cultivando plantines en el invernadero y contribuyendo con ellos a forestar la escuela y el pueblo con la colaboración del municipio. Su proyecto de forestación apunta nada menos que a convertir a Cangrejillos en un "microclima" receptor de turismo.

A través de estas y otras experiencias semejantes de aprendizaje-servicio, la institución educativa se convierte en un factor de cambio y de promoción social y los estudiantes, en agentes de mejoras en la calidad de vida de sus comunidades.

3.3.4 - La solidaridad como encuentro y como compromiso ético con un mundo más justo y más unido.

El especialista español Aranguren (1997) distingue cuatro modelos de solidaridad: la solidaridad como espectáculo, como campaña, como cooperación y como encuentro. En el siguiente cuadro se ejemplifican las diferencias entre estos cuatro modelos.

FIGURA 9: Modelos de solidaridad (Aranguren, 1997, p. 19).

	Espectáculo	Campañas	Cooperación	Encuentro
Metodología	Ocasional/ Festivales	Ocasional/ Información	Ocasional/ Perma- nente	Permanente/ Presencia
Cauce	Medios de comunicación-ONGs	Medios de comunicación-ONGs	ONGs Voluntariado	ONGs Voluntariado
Visión del conflicto	Desgracia	Lacra	Desajuste del sistema	Desequilibrio radical Norte-Sur
Grado de implicación	No hay segui-miento. Soli-daridad con lo desconocido	Seguimiento económico. No hay pro-ceso	Seguimiento de proyectos	Proceso de acompaña-miento perso-nalizado
Modelo de voluntariado	Colaboradores en los espectá-culos	En situaciones límite	Puesta en mar-cha de proyec-tos	Forma de hacer y de ser alternativa de sociedad
Horizonte	Mantener des-orden	Paliar efectos de las catás-trofes	Ayuda promo-cional desde la organización	Promoción y transforma-ción social desde los des-tinatarios

	Consumir solidaridad	Desculpabilización	Toma de conciencia. Experiencia	Contribuir a configurar un proyecto de vida
Efecto en sus agentes				
Efectos para los destinatarios	Objetos de consumo, seres descontextualiza-dos	Alivio temporal	Desarrollo	Protagonistas de su proceso de liberación
Palabra clave	Mercado	Ayuda	Desarrollo	Transformación

Aranguren explicita el significado de la solidaridad como encuentro –el modelo que creemos más cercano a la filosofía del aprendizaje-servicio– con estas palabras:

"Se trata de potenciar los procesos de promoción y crecimiento de las personas y colectivos con los que se realiza la acción solidaria (...). Los proyectos no son fines en sí mismos sino medios de crecimiento y desarrollo humano de aquéllos con los que intentamos caminar. Los proyectos forman parte de un proceso global de promoción humana, de dinamización comunitaria en el territorio, de autogestión de los propios problemas y soluciones, de ayuda mutua y de invención de nuevas formas de profundización de la democracia de base. Ese proceso responde al dinamismo del movimiento social que heredarán los propios colectivos excluidos, ya sea en el Tercer Mundo, ya sea en nuestro Cuarto Mundo; desde esta perspectiva la solidaridad como encuentro hace de los destinatarios de su acción los auténticos protagonistas y sujetos de su proceso de lucha por lo que es justo, por la resolución de sus problemas, por la consecución de su autonomía personal y colectiva". (ARANGUREN, 1997, p. 23)

En las palabras de Diéguez,

"La solidaridad como encuentro significa el compromiso de reconocer y encontrarse con la injusticia y el sufrimiento humano y no quedarse indiferente ante él. A partir de esa experiencia se trata de que la solidaridad se incorpore a otros ámbitos de la vida.
Es decir, se trata de superar la visión en la que todo lo que hacemos está en compartimentos estancos que no tienen relación alguna entre sí. Se trata de ser capaces, partiendo de la experiencia del voluntariado, de llevar actitudes y valores surgidos de la acción voluntaria a otros

ámbitos de la vida y de integrarlos a su vez al proyecto personal."
(DIEGUEZ, 2000, p. 142)

Estas actitudes y valores que identifican a la solidaridad como encuentro, son también las que están en la raíz del pleno desarrollo de todos los pueblos. Como lo afirmaba Juan Pablo II:

"Lo que frena el pleno desarrollo es el afán de ganancia y la sed de poder (...). Tales 'actitudes y estructuras de pecado' solamente se vencen (...) mediante una actitud diametralmente opuesta: la entrega por el bien del prójimo, que está dispuesto a "perderse" en el sentido evangélico, en lugar de explotarlo, y a "servirlo" en lugar de oprimirlo para el propio provecho." (SRS, 38)

Afirmaciones de este tipo pueden sonar demasiado "idealistas" o "poco prácticas" para quienes se pretenden pragmáticos, y sin embargo economistas y hombres de estado están comenzando a enfatizar esta perspectiva como parámetros para la acción.

En las palabras de Bernardo Kliksberg, prestigioso economista y director de la "Iniciativa Interamericana de Capital Social, Ética y Desarrollo" del Banco Interamericano de Desarrollo:

"Se podría preguntar: habiendo tantos problemas importantes concretos para la población, ¿tiene sentido hablar de valores, de ética? ¿No es ése un tema postergable, no urgente? Pensamos que la pregunta debería invertirse. ¿Cómo pueden diseñarse políticas económicas, asignarse recursos, determinarse prioridades, sin discutir los aspectos éticos, la moralidad de lo que se está haciendo a la luz de los valores que deberían ser el norte del desarrollo y la democracia? (...)
Crece el movimiento ético por reglas de juego económicas diferentes. La exigencia mundial encabezada por el Papa Juan Pablo II para la reducción de la deuda externa de los países pobres ha llevado a que se alteraran principios del sistema financiero internacional que eran considerados inamovibles. Otro fuerte frente de protesta ética está cuestionando las barreras proteccionistas que ponen muchos países desarrollados a las exportaciones básicas de los países pobres. Las tarifas aduaneras son discriminatorias, escalan cuando hay valor agregado de procesamiento en los productos de los países en desarrollo, y los subsidios a la agricultura de los países ricos son muy elevados. Afirma el economista jefe del Banco Mundial Nicholas Stern: 'La clase de proteccionismo practicada por las naciones industrializadas más ricas es simplemente indefendible. El costo de los países en desarrollo en oportunidades de exportación perdidas es mucho mayor que la ayuda para el desarrollo

*que reciben'. El Secretario General de la ONU Koffi Annan ha plantea-
do dirigiéndose a los países desarrollados: "Los países pobres no quieren
vuestra caridad, simplemente quieren el derecho a vender sus productos
en vuestro mercados a precios correctos."* (KLIKSBERG, 2001)

Educar para la solidaridad y la fraternidad en las relaciones interpersonales debería conducir a educar para la solidaridad y la fraternidad entre
los pueblos.

De hecho, las nuevas generaciones suelen tener una conciencia mucho
más aguda que sus mayores de que el planeta es una casa común. Criados
en una cultura globalizada, interconectados desde pequeños a través de
Internet con los más distantes puntos del planeta, comparten preocupaciones como el calentamiento global y el terrorismo, que exceden decidida-
mente las fronteras de los estados nacionales. En ese sentido tal vez están
más cerca de comprender y practicar la afirmación de Pablo VI:

*"Las naciones deben encontrarse entre sí como hermanos y hermanas,
como hijos de Dios. En esta comprensión y amistad mutuas, en esta
comunión sagrada, debemos igualmente comenzar a actuar en forma
unánime para edificar el porvenir común de la humanidad".* (PP, 43)

En definitiva, si bien muchas actividades solidarias bien intencionadas
pueden fundarse en una concepción emotiva, asistencialista e ingenua de la
solidaridad, entendemos que un proyecto de aprendizaje-servicio de calidad debería apuntar a formar en los estudiantes una opción de vida auténtica y fraternalmente solidaria, que los mueva a construir en forma crítica,
reflexiva y plenamente conciente –aun desde la más pequeña experiencia
local– un mundo más justo, más fraterno y más unido.

CAPÍTULO 4:

A FAVOR Y EN CONTRA:
CRÍTICAS Y EVIDENCIAS DE IMPACTO POSITIVO DE LAS PRÁCTICAS DEL APRENDIZAJE-SERVICIO EN LA CALIDAD EDUCATIVA Y LA VIDA SOCIAL

4.1 - ALGUNOS DE LOS RIESGOS Y CRÍTICAS MÁS FRECUENTES A LAS PRÁCTICAS DEL APRENDIZAJE-SERVICIO

Cualquier educador que se proponga iniciar un proyecto de aprendizaje-servicio, encontrará que la posibilidad misma de hacerlo dependerá en gran medida del conocimiento de esta pedagogía del que dispongan los principales actores involucrados (los demás educadores y directivos, los padres de familia, los líderes comunitarios), y también de sus prejuicios o visiones previas.

Veremos a continuación algunas de las críticas y resistencias más frecuentes[1], y en qué medida éstas pueden alertar contra los riesgos y defectos más comunes al implementar un proyecto de aprendizaje-servicio.

4.1.1 - "EL APRENDIZAJE-SERVICIO NO ES VERDADERO APRENDIZAJE"

Los partidarios de la excelencia académica y los fundamentalistas del "regreso a lo básico" suelen percibir al aprendizaje-servicio simplemente como un voluntariado sin valor académico, e insisten en que todo tiempo fuera del aula constituye una "distracción" que le roba tiempo al estudio.

Es necesario reconocer que ciertas actividades solidarias efectivamente son asumidas por los estudiantes como la opción más fácil, o como una manera práctica de eludir una prueba escrita. Un proyecto de aprendizaje-servicio bien planificado no debería ser una opción escapista, sino implicar exigencias de aprendizaje claras. Justamente la ventaja del aprendizaje-servicio sobre las iniciativas solidarias asistemáticas o sobre el voluntariado institucional es que tiene claro cuáles son los objetivos de aprendizaje.

Por otro lado, en los debates sobre la pertinencia educativa del aprendizaje-servicio entran en conflicto visiones divergentes en cuanto a la misión del sistema educativo. Los textos siguientes muestran la distancia que aún impera entre quienes conciben a la institución educativa como "templo del saber" y quienes afirman su responsabilidad social:

"No podemos creer que la misión de la universidad sea la de conducir a la humanidad a una nueva Jerusalén. Cualquier intento en este sentido destruirá, entre otras cosas, el rol de la universidad como santuario intelectual (...). El objetivo de la universidad no es la búsqueda del

---

1. Algunos de estos puntos provienen de un relevamiento realizado en los Estados Unidos entre 1998 y 1999 por el programa *"Learning Ind eed"*, Perceptions.pdf En: learningindeed.org

poder o la virtud, sino la búsqueda de las verdades significativas". (Fai-
men y Oliver, 1974; cit. en STANTON et. al., 1999)
*"Los logros del aprendizaje y la investigación no serían más que pro-
ductos estériles si no fueran devueltos al terreno social que es su razón
de ser. Es la sociedad entera la que financia a la universidad; no es más
que normal que ésta justifique su existencia y su utilidad, especialmente implicándose directamente en el tejido social y económico de su
entorno local, regional o internacional."* (Misión institucional de la
Universidad de Lovaina)[2]

La pedagogía del aprendizaje-servicio cree que las "verdades significativas" son las que significan una vida mejor y más justa para todos. No
debería haber contradicciones entre la búsqueda de la excelencia académica y la búsqueda de transformar la realidad. Por el contrario, una debería
alimentar a la otra: para ofrecer soluciones eficaces a problemas reales se
necesita saber *más*, no menos.

Las evidencias del impacto de las experiencias de aprendizaje-servicio en
la calidad de los aprendizajes académicos son muy recientes, y en gran parte
desconocidas, aun para muchos especialistas. Dar a conocer esos datos puede constituir una de las pocas respuestas satisfactorias para quienes siguen
pensando que el único lugar donde se aprende es en el aula (ver 4.2.1).

4.1.2 - *"EL APRENDIZAJE-SERVICIO ES BUENO PARA LOS CHICOS, PERO NO LE SIRVE DE NADA A LA COMUNIDAD"*

En el extremo opuesto de la crítica anterior, hay quienes consideran
que los estudiantes instrumentalizan a la comunidad para educarse. Para
muchos líderes comunitarios aceptar el trabajo de los estudiantes implica
"más problemas que soluciones".

Ya hemos planteado que no toda actividad que se pretende altruista
satisface efectivamente las necesidades o demandas de una comunidad
(3.3.2), y lamentablemente estas críticas en ocasiones pueden ser válidas.
Por ello es particularmente importante desarrollar miradas auténticamente
prosociales, planificar diagnósticos participativos (6.3.1) y cuidar al máxi-
mo el diálogo con todos los actores del proyecto.

Ahora bien: este tipo de críticas también puede estar encubriendo
prejuicios hacia los jóvenes y una peligrosa desvalorización de su potencialidad para la transformación de la realidad. Aun niños de muy corta edad
desarrollan proyectos de alto impacto, y las organizaciones sociales no
deberían desdeñar acoger a quienes pueden llegar a ser sus futuros líderes.

---

2. http://www.ucl.ac.be/institution/missions.html

4.1.3 - *"LOS TRABAJOS SOLIDARIOS LE DAN MANO DE OBRA BARATA AL ESTADO / A LAS ORGANIZACIONES COMUNITARIAS"*

Si bien la acusación puede ser injusta, en ella subyace un riesgo siempre presente. Aun con las mejores intenciones, se puede instrumentalizar a los niños, adolescentes y jóvenes en función de las agendas ideológicas, las causas favoritas o las necesidades logísticas de quienes lideran un proyecto o de sus aliados. Este riesgo sólo puede prevenirse estimulando sistemáticamente el protagonismo y la iniciativa de los propios estudiantes, y ejerciendo el tipo de autocontrol que debería caracterizar a los adultos en general y los educadores en particular.

4.1.4 - *"LAS SALIDAS A LA COMUNIDAD SON UN RIESGO PARA LA SEGURIDAD DE LOS ESTUDIANTES"*

Ésta es una de las resistencias más frecuentes a la organización de proyectos de aprendizaje-servicio, y no exclusivamente en las escuelas. La preocupación por la seguridad se asocia al temor a las demandas civiles o penales que pueden producirse en caso de que tenga lugar algún accidente en el curso de una salida a la comunidad, o al temor a que incluir este tipo de prácticas en los programas educativos pueda encarecer las pólizas de los seguros.

Por un lado, es completamente cierto que las actividades extraacadémicas no suelen estar cubiertas por los seguros, y en ese sentido ponen a los educadores en mayor riesgo personal de ser demandados. Precisamente por eso es importante pasar del "voluntariado solidario" al aprendizaje-servicio: los seguros tienen que cubrir las actividades que involucran aprendizajes académicos y, por lo tanto, pueden cubrir tanto a la salida del aprendizaje-servicio como al campamento de Educación Física o la participación en un simposio.

Por otro lado, también es real que cierto tipo de precauciones legales que son automáticas en las salidas más habituales (si el nene de Jardín no trajo la autorización firmada por la mamá, no sube al micro para ir al zoológico aunque se quede llorando solo en la salita) parecen olvidarse cuando los estudiantes salen a trabajar en la comunidad. Normalmente en las instituciones educativas hay protocolos de seguridad establecidos para garantizar –en la medida de lo humanamente posible– la integridad de los estudiantes, y existen prácticas de seguridad y coberturas legales básicas[3]

---

3. En el caso de la Argentina, la autorización escrita de los padres para realizar la actividad, la inclusión del proyecto de aprendizaje-servicio en la planificación del curso, y la notificación a la dirección del establecimiento, a la supervisión y —en el caso de los establecimientos de gestión privada— a la aseguradora, son los pasos básicos para garantizar la cobertura legal de los proyectos de aprendizaje-servicio.

que se aplican cuando se sale a desarrollar trabajos de campo, participar de competencias deportivas, muestras culturales y otras actividades. Esas mismas medidas, oportunamente adecuadas a las circunstancias, pueden y deben aplicarse para garantizar la seguridad en el curso de los proyectos de aprendizaje-servicio.

De todas maneras, la legítima preocupación por la seguridad puede también convertirse en una suerte de "coartada para no innovar". Después de todo, las estadísticas muestran que la abrumadora mayoría de los accidentes suceden *dentro* de los edificios escolares y eso nunca fue motivo para dejar de dar clases.

A menudo la preocupación por la seguridad suele ser esgrimida por familias que temen que sus hijos interactúen con personas provenientes de otros contextos socio-culturales y económicos a los que consideran peligrosos. En estos casos, la legítima preocupación por la seguridad puede mezclarse con prejuicios y actitudes discriminatorias, que son justamente las que un proyecto de aprendizaje-servicio puede contribuir a erradicar. Es necesario atender a la demanda legítima extremando las precauciones, pero también responder a las demandas no expresadas trabajando con la comunidad educativa las percepciones y prejuicios instalados.

En estos casos puede ser necesario recordar que acudir a un centro comunitario, un geriátrico o un hospital, expone a los jóvenes a riesgos estadísticamente menores que conducir un automóvil o concurrir a centros de diversión nocturna, actividades que la mayoría de las familias no osarían impedir pese a todos los riesgos involucrados.

4.1.5 - *"El aprendizaje-servicio sólo puede ser practicado por cierto tipo de estudiantes o de instituciones"*

Quienes no lo practican tienden a sospechar que sólo es posible practicar el aprendizaje-servicio en cierto tipo de instituciones educativas. Según el caso, escucharemos que "este tipo de cosas sólo pueden hacerlas los más ricos" o que "sólo funcionan en las escuelas más pobres", o en las escuelas estatales, o en las religiosas, etc. Variantes del mismo tema serían "sólo pueden aplicarlo los profesores de Ciencias Sociales" o de catequesis, o de Lengua...

Las experiencias descriptas en este libro, apenas unas pocas de las miles que se desarrollan cotidianamente en los más diversos rincones del planeta, son una muestra de la enorme variedad de protagonistas y escenarios que pueden tener las experiencias de aprendizaje-servicio. En el caso de Argentina, una investigación sobre 6.000 experiencias documentadas demostró que es posible desarrollar proyectos de aprendizaje-servicio en todo tipo de institución educativa y en los más diversos contextos socio-económicos y culturales (Tapia-González-Elicegui, 2004)[4].

4.1.6 - "El aprendizaje-servicio es una carga más para los docentes"

En primer lugar, habría que subrayar que difícilmente sea una "carga" impuesta. En más de una década de investigar el tema no he encontrado ninguna institución en la que se obligue a los docentes a desarrollar un proyecto de aprendizaje-servicio contra su voluntad. Incluso en los países donde hay requerimientos de obligatoriedad del servicio para los estudiantes, éstos no son obligatorios para los docentes: así como no se exige a docentes de Matemática que dicten Lengua, no se impone a nadie dictar cursos obligatorios de aprendizaje-servicio.

Por otra parte, es cierto que, como en muchas tareas docentes que no son recompensadas pero deberían serlo, muchos docentes trabajan gratis para desarrollar sus proyectos de aprendizaje-servicio. Sin duda sería deseable que las horas dedicadas a tareas de este tipo fueran remuneradas, como ocurre en algunos países del "primer mundo", pero por obvias razones presupuestarias es difícil que suceda en un futuro cercano en América Latina. Así y todo, hay algunas honrosas excepciones de espacios remunerados para el aprendizaje-servicio, como los espacios de proyectos del Polimodal argentino, las "horas institucionales" que se financian en algunas escuelas, o los recursos para proyectos de extensión que se concursan en algunas universidades de la región.

Aun considerando todo lo anterior, no puede negarse el hecho de que miles de educadores en todo el mundo dedican voluntariamente muchas horas a acompañar proyectos de aprendizaje-servicio como una opción personal de voluntariado.

Ante esta evidencia habría que preguntarse qué es "más" trabajo para un docente: ¿soportar ochenta minutos encerrados en un aula con niños o adolescentes a quienes les interesa más gritarse y arrojarse tizas o cosas peores que escuchar al docente, o escuchar relatos entusiasmados de todo lo que los chicos aprendieron en su salida a la comunidad? ¿Mantener la disciplina a fuerza de amenazas y gritos es realmente "menos" trabajo que pasar unas horas compartiendo con los estudiantes un trabajo solidario que resulta atractivo y significativo?

Es difícil negar que los docentes que coordinan proyectos de aprendizaje-servicio trabajan "más" que otros. Pero también es cierto que cualquier

---

4. Ver también: http://mapaeducativo.me.gov.ar/mapserver/atlas/mecyt/solidarias/index.php

docente responsable, que lee, investiga, ensaya materiales y metodologías novedosos y planifica cuidadosamente cada una de sus clases, trabaja "más" que quienes dictan monótonamente el mismo tipo de clase hasta jubilarse y, sin duda, mucho más que quienes faltan cada vez que pueden.

Un educador creativo, que aporta innovaciones al aula y a la vida de una institución –ya sea con proyectos de aprendizaje-servicio o con otras iniciativas– siempre invertirá en su vida profesional más esfuerzo que un docente rutinario. La otra cara de ese esfuerzo es que son los docentes inquietos, creativos y apasionados con su tarea los que más disfrutan su trabajo, los que más gratificaciones obtienen de él, los que mejores vinculaciones establecen con los estudiantes y los que más crecen profesionalmente.

Un buen maestro busca siempre lo que cree mejor para "sus" estudiantes, lo que pueda motivarlos, entusiasmarlos y ayudarlos a aprender más, a crecer y a ser mejores como personas. Quienes optan por el aprendizaje-servicio en general lo hacen porque lo consideran bueno para los estudiantes y están convencidos de que por ellos vale la pena el esfuerzo.

Muchos lo consideran también su propio aporte a la comunidad y su personal "militancia": después de todo, para predicarles a los jóvenes que deben ser ciudadanos participativos y comprometidos con la realidad, conviene empezar por casa...

4.2 - IMPACTO DE LAS PRÁCTICAS DE APRENDIZAJE-SERVICIO EN LA CALIDAD EDUCATIVA Y EN LA VIDA SOCIAL

¿Por qué desarrollar proyectos de aprendizaje-servicio? En una obra anterior nos referimos a las razones sociales y pedagógicas que pueden volver necesarias este tipo de prácticas (TAPIA, 2000, cap. 4), y señalamos la estrecha vinculación entre las prácticas de aprendizaje-servicio y el concepto de calidad educativa sostenido por UNESCO (DELORS, 1996), fundado en cuatro grandes desafíos o "pilares" para una educación de calidad en el siglo XXI: aprender a aprender, a ser, a hacer, y a vivir juntos (EyC, 2001, pp. 15-27).

En los últimos años numerosas investigaciones han multiplicado las evidencias sobre el impacto del aprendizaje-servicio en diversos planos (FURCO, 2005):

– *Impacto en los estudiantes:* éste es el aspecto más estudiado, y se han encontrado evidencias sobre el impacto positivo de estas prácticas en cuanto a la mejora de las calificaciones y en cuanto a numerosos aspectos del desarrollo personal de los estudiantes.

– *Impacto en los educadores:* si bien aún no hay muchos estudios en este campo, un creciente número de investigaciones están mostrando el impacto positivo de este tipo de prácticas en la motivación de los docentes y en un cambio de actitudes hacia la enseñanza.

– *Impacto en las instituciones educativas:* también en este campo se ha comenzado a publicar un número creciente de estudios sobre los efectos de los programas de aprendizaje-servicio en relación al cumplimiento de los proyectos educativos institucionales y a las metas fijadas en escuelas, universidades e institutos terciarios.

– *Impacto en las organizaciones de la sociedad civil que desarrollan prácticas de aprendizaje-servicio:* éste es un campo de investigación prácticamente virgen, y sólo muy recientemente han comenzado a sistematizarse algunas evidencias en este sentido.[5]

– *Impacto en la comunidad atendida por los proyectos de aprendizaje-servicio:* con algunas honrosas excepciones (CRUZ-GILES, 2000; AMMON, M. S.-FURCO, A.-CHI, B. & MIDDAUGH, E., 2001; SCHMIDT-ROBBY, 2002), no hay muchas publicaciones especializadas

---

5. La evaluación final del programa PaSo Joven está en curso en el momento que escribimos estas líneas, pero incluirá algunas evidencias del impacto de las prácticas de aprendizaje-servicio en organizaciones juveniles de Argentina y República Dominicana. www.pasojoven.org

referidas a esta temática, ni siquiera grandes consensos en cuanto a las metodologías y variables a utilizar para medir el impacto de las actividades de aprendizaje-servicio en las comunidades destinatarias.

A continuación nos detendremos en el impacto del aprendizaje-servicio en la calidad educativa y en las comunidades receptoras de los proyectos, pero antes quisiéramos señalar que no todo proyecto de aprendizaje-servicio produce "automáticamente" resultados positivos.

Hay un fuerte consenso entre los especialistas en cuanto a las características que distinguen a un proyecto de aprendizaje-servicio de calidad susceptible de obtener impactos positivos mensurables. Por un lado, siguen teniendo vigencia las recomendaciones acordadas en mayo de 1989 por más de 70 organizaciones especializadas en aprendizaje-servicio reunidas en la Conferencia de Wingspread, los "10 principios para combinar aprendizaje y servicio en buenas prácticas"[6]. Desde entonces, esos criterios nacidos de la experiencia han sido cotejados con investigaciones rigurosas y actualmente Billig y otros especialistas sostienen que un proyecto de aprendizaje-servicio de calidad debe reunir las siguientes características:

– Una fuerte conexión entre las actividades solidarias y los contenidos previstos en los programas de estudio
– Contacto directo con las personas a las que se ofrece el servicio solidario
– Actividades de reflexión que sean cognitivamente exigentes
– Opciones abiertas para que los jóvenes planeen e implementen las actividades de aprendizaje-servicio
– Una duración mínima de un semestre (NYLC, 2006, pp. 25-32)

Hay consenso entre los investigadores en cuanto a que pueden evaluarse impactos estadísticamente significativos en proyectos de aprendizaje-servicio:

– *Con una duración suficiente como para producir impacto:* si bien algunos autores plantean que recién después de dos años de práctica de aprendizaje-servicio pueden comenzar a advertirse resultados significativos (EDUSOL, 2004, p. 30), otros indican que la duración mínima de un proyecto de calidad desde el punto de vista de su impacto en el aprendizaje debería ser de seis meses (NYLC, 2006, pp. 25-32). La mayor duración de los proyectos suele estar asociada no sólo al compromiso de los participantes directos, sino a la insti-

6. http://servicelearning.org/resources/online_documents/service-learning_standards/principles_of_good_practice_for_combining_service_and_learning_a_wingspread_special_report/index.php?-search_term=Wingspread

tucionalización de la pedagogía en la institución. De todas maneras, el tiempo a dedicar específicamente al trabajo solidario no puede ser determinado en forma generalizada ya que la ecuación entre tiempo y objetivos a cumplir puede variar enormemente de un proyecto a otro. Desarrollar seriamente un proyecto de apoyo escolar puede requerir como mínimo de un año, mientras que un grupo de estudiantes de Ingeniería puede instalar un software que le solucione la vida a un hospital en un mes de trabajo.

– *Con una intensidad significativa:* la intensidad refiere a la frecuencia con que se realiza la actividad solidaria y a la cantidad de tiempo que se le dedica cada vez.

– *Que cumplan los requisitos básicos de calidad para el aprendizaje-servicio:* haber ofrecido un servicio significativo para la comunidad, con una activa participación de los estudiantes, y una planificación que establezca claros vínculos entre la actividad solidaria y los contenidos curriculares, como también espacios para la reflexión. En la terminología de Furco, un aprendizaje-servicio con "rasgos programáticos bien definidos" (ver figura 10).

4.2.1 - *IMPACTO DEL APRENDIZAJE-SERVICIO EN LA CALIDAD EDUCATIVA*

Las concepciones más integrales de la calidad educativa entienden que una educación de calidad debe abarcar tanto conocimientos científicos de excelencia como la formación en las competencias y valores necesarios para el buen desempeño en el mundo del trabajo y el ejercicio de una ciudadanía participativa y solidaria. Desde esa perspectiva, señalaremos a continuación algunos de los impactos del aprendizaje-servicio en diversas cuestiones relativas a la calidad educativa.

a) Impactos en calificaciones y evaluaciones objetivas:

El "rendimiento académico", entendido como el que se expresa en "notas", en los resultados de evaluaciones objetivas estandarizadas o certificaciones, difícilmente pueda abarcar todos los matices de los aprendizajes desarrollados en una institución educativa. Sin embargo, en la educación formal estas acreditaciones son cruciales y por ello numerosas investigaciones han indagado en el impacto del aprendizaje-servicio en ellas.

Entre los estudios que han aportado evidencia en cuanto al impacto del aprendizaje-servicio en la mejora de las calificaciones escolares cabría mencionar a la masiva encuesta desarrollada en Estados Unidos para evaluar los primeros diez años del Programa Federal *Learn & Serve.* De acuerdo a ese relevamiento, los estudiantes que habían participado en programas de aprendizaje-servicio habían obtenido en general calificaciones 10% superiores a las de sus pares no-participantes. Este porcentaje aumentaba en el caso de los estudiantes de las llamadas "minorías" –afroamericanos, hispanos y otros– (MELCHIOR, 1999).

También los estudios desarrollados por Follman (1999), Weiler y otros (1998) y Supik (1996) mostraron que los estudiantes participantes en proyectos de aprendizaje-servicio obtenían mejores notas promedio que sus compañeros de los grupos de control. Asímismo, algunos estudios evidencian un aumento del rendimiento en pruebas estandarizadas entre los estudiantes que desarrollaron prácticas de aprendizaje-servicio (BILLIG, 2003; SANTMIRE, GIRAUD, AND GROSSKOPT, 1999; WEILER ET AL., 1998; AKUJOBI AND SIMMONS, 1997).

Billig ha realizado recientemente una síntesis de las principales investigaciones desarrolladas en los Estados Unidos en este campo y concluye:

"Si bien hay todavía un número muy reducido de estudios sobre el impacto académico de la participación en proyectos de aprendizaje-servicio, la tendencia que revelan estos estudios es en general positiva. Los estudiantes que participaron en los proyectos de aprendizaje-servicio obtuvieron calificaciones más altas que los no participantes, especialmente en Ciencias Sociales, Lengua y Arte. Se los encontró más comprometidos cognitivamente y más motivados para aprender (...). Los estudios también muestran fuertes incrementos en las habilidades para resolver problemas." (NYLC, 2004, pp. 16-17).

Hay dos factores que parecen estar directamente asociados a estos mejores desempeños escolares, y sobre los que comienza a haber algunas evidencias. Por un lado, pareciera que involucrarse en prácticas de aprendizaje-servicio motiva a los estudiantes a un mayor desarrollo de sus conocimientos conceptuales y competencias (WURR, 2002; MELCHIOR, 1999; HOWARD, MARKUS, AND KING, 1993). Por el otro, hay numerosos estudios que muestran el impacto del aprendizaje-servicio en promover una mayor asistencia a clase y una mayor motivación y sentido de pertenencia respecto de la escuela, lo cual favorece el rendimiento y permite un aumento de la retención escolar (GALLINI & MOELY, 2003; FURCO, 2003; MUTHIAH, BRINGLE, HATCHER, 2002; FOLLMAN, 1999; SUPIK, 1996; MELCHIOR AND ORR, 1995; STEPHENS, 1995; SHAFFER, 1993).

Hasta hace pocos años la mayoría de los autores consideraba que el aprendizaje-servicio tenía un impacto directo sobre los resultados académicos. Sin embargo, en la actualidad algunos autores prefieren subrayar que este impacto del aprendizaje-servicio no es "directo", sino fruto de un proceso por el cual el aprendizaje-servicio desencadena el fortalecimiento de "factores mediadores", de los cuales está suficientemente demostrado que impactan directamente en el rendimiento académico, como la autoestima, la conducta prosocial, la motivación y el compromiso con el propio aprendizaje (FURCO, 2005, pp. 25-26).

FIGURA 10: Impacto indirecto del aprendizaje-servicio en los resultados académicos y factores mediadores (FURCO, 2005, p. 26).

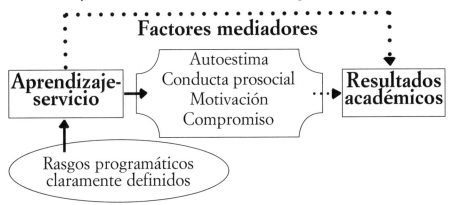

En otras palabras: el aprendizaje-servicio impactará en el rendimiento académico de los estudiantes si primero contribuye a su desarrollo personal. Si esta tesis fuera correcta, reforzaría la idea de que los resultados de la práctica del aprendizaje-servicio son más susceptibles de ser alcanzados con programas institucionalizados y sostenidos en el tiempo, que a través de prácticas ocasionales que difícilmente puedan incidir de esta manera.

b) Impactos en la inclusión y la retención escolar

Como se acaba de mencionar, numerosas investigaciones señalan que el impacto del aprendizaje-servicio es mayor en los estudiantes en situación de riesgo socio-educativo, y que aquél genera mejoras positivas en cuanto a la inclusión y retención escolar[7].

Especialmente interesante resulta un estudio reciente que analizó los resultados académicos, la motivación al estudio y el sentido de pertenencia a la institución escolar de estudiantes de distintas condiciones socioeconómicas que habían participado en aprendizaje-servicio en la misma escuela, y lo comparó con un grupo de control (SCALES-ROEHLKAEPARTAIN, 2005).

---

7. Ver: BLYTH, SAITO, BERKAS, 1997; BRANDEIS UNIVERSITY, 1999; FOLLMAN, 1999; FURCO, 2003; GALLINI-MOELY, 2003; MELCHIOR-ORR, 1995; MUTHIAH, BRINGLE, HATCHER, 2002; STEPHENS, 1995; SHAFFER, 1993; SUPIK, 1996.

– El grupo de los estudiantes en mejores condiciones socioeconómicas que habían desarrollado proyectos de aprendizaje-servicio
superaban en todos los aspectos evaluados a los restantes grupos.

– Los estudiantes en peores condiciones socioeconómicas que
habían realizado proyectos intensivos de aprendizaje-servicio:

  o superaban a los estudiantes de su misma condición socioeconó-
    mica que no habían realizado proyectos de aprendizaje-servicio
    en todos los aspectos evaluados: alcanzaban mejores calificacio-
    nes en el doble de los casos, superaban su presentismo en un
    4% y mostraban motivación para mejorar su rendimiento en un
    73% de los casos, contra el 59% del grupo de control.

  o Más interesante aún: superaban también a los estudiantes en
    mejores condiciones socioeconómicas que no habían realizado
    experiencias de aprendizaje-servicio en cuanto a su motivación
    para mejorar su rendimiento, en su vinculación positiva con la
    institución escolar y los igualaban en cuanto a la disposición a
    la lectura (SCALES-ROEHLKAEPARTAIN, 2005, p. 17).

También estudios realizados en Argentina y Chile permitirían afirmar
que el aprendizaje-servicio impacta especialmente en la retención y calidad
educativa de las escuelas en contextos de alta vulnerabilidad socio-educativa, y en los estudiantes más desfavorecidos (GONZÁLEZ-ELICEGUI, 2004;
MARSHALL, 2004).

Simplemente a título de ejemplo del drástico cambio que el aprendizaje-servicio puede operar en una escuela en situación desfavorable,
veamos en el siguiente cuadro la evolución de la repitencia y deserción en
una escuela técnica argentina a lo largo de cinco años. Ni los directivos ni
los docentes cambiaron, pero a partir de 1998 se comenzó un ambicioso
programa de aprendizaje-servicio que abarcó a todos los cursos de la
escuela.

FIGURA 11: Evolución de la deserción y la repitencia en la Escuela "Pa-
dre Constantino Spagnolo". Junín, Mendoza, República Argentina (EDU-
SOL, 2004, p. 86).

	Desarrollo del Proyecto Institucional de Aprendizaje-servicio					
	1997	1998	1999	2000	2001	2002
REPITENCIA (%)	40	13	10	9	7	4
DESERCIÓN (%)	35	s/d	8	5	4	0

Es de destacar que esta escuela, hoy una de las líderes de la promoción del aprendizaje-servicio en su región, logró reducir a cero la deserción escolar justamente en 2002, en plena crisis socioeconómica, cuando en la mayoría de las escuelas del país situadas en contextos de pobreza aumentaban de la repitencia y la deserción.

Situaciones similares han sido relevadas en otras escuelas de Argentina (GONZÁLEZ-ELICEGUI, 2004), así como en escuelas vinculadas al Programa "Liceo para todos" del Ministerio de Educación de Chile, que atiende a las escuelas medias más vulnerables desde el punto de vista socio-educativo (MARSHALL, 2004).

Si bien aún no hay estudios sistemáticos sobre este fenómeno, la mayoría de los especialistas coincide en que el aprendizaje-servicio genera cambios más significativos en los estudiantes en situación de riesgo socio-educativo básicamente por su impacto en la autoestima y la capacidad de resiliencia (ver 4.2.1 g).

Para niños, adolescentes y jóvenes que sufren diversas formas de marginación o de vulnerabilidad socio-educativa, un proyectos de aprendizaje-servicio puede ser la primera oportunidad en sus vidas de que algo hecho por ellos sea reconocido como valioso en la escuela o en la propia comunidad. Aún más que otros, necesitan percibirse como "suficientemente inteligentes y capaces" y saber que pueden modificar, aunque sea mínimamente, su entorno. Es el testimonio recogido de un alumno de una escuela primaria del Uruguay protagonista de un proyecto de aprendizaje-servicio: *"Por primera vez sentía que estaba haciendo algo bien"* (CVU, 2004, p. 22). O, en los términos típicamente porteños de un adolescente del Gran Buenos Aires: *"Ahora el barrio dejó de mirarnos como los pibes chorros"*.[8]

Con el aumento de la matrícula educativa en América Latina y en otras partes del mundo, suelen aparecer síntomas de deterioro en la calidad de la oferta educativa y crece la brecha entre las "escuelas ricas para ricos" y las "escuelas pobres para pobres" (LLACH, 2006). Frecuentemente los sectores medios añoran la "calidad" de escuelas y universidades de otros tiempos, cuando las instituciones de educación media y superior atendían casi exclusivamente al sector minoritario de la población con mayores ingresos y recursos culturales.

Cuando los estudiantes que pueblan las aulas viven en habitaciones precarias, sin libros y a menudo sin un espacio para escribir que no sea compartido con la elaboración de la comida y la higiene personal, las instituciones educativas deben encontrar caminos hacia la calidad educativa que nunca antes tuvieron necesidad de recorrer. En la búsqueda de políti-

8. Traducción del porteño al castellano: "pibes chorros" significa "jóvenes ladrones".

cas educativas inclusivas, el aprendizaje-servicio puede ofrecer un camino mucho más eficaz que ciertas prácticas paternalistas sumamente arraigadas en las escuelas latinoamericanas.

Con las mejores intenciones, muchos docentes se preocupan por ofrecer ayudas materiales a los niños y jóvenes en situación de mayor vulnerabilidad, y se esfuerzan por "contenerlos" afectiva y académicamente, pero no siempre dedican el mismo esfuerzo en abrirles espacios para desarrollar la iniciativa personal, la creatividad, la responsabilidad y el liderazgo que considerarían "naturales" para estudiantes en situaciones más favorables.

Algo sumamente contradictorio se da en escuelas que por un lado enseñan los derechos del niño, y por otro regalan la nota a alguno porque "pobrecito no se le puede pedir más". Una formación ética que incluye los derechos pero no educa en las responsabilidades termina siendo tan contraproducente como la que exige el cumplimiento de los deberes sin reconocer los derechos.

En cambio, el aprendizaje-servicio impacta en la mejora de las condiciones de educabilidad y de los rendimientos académicos de los estudiantes en peores condiciones económicas y socio-educativas porque apuesta a desarrollar todas sus potencialidades, refuerza su capacidad de iniciativa y de creatividad, les da motivaciones que les resultan significativas y les da la posibilidad de liderar proyectos propios y de asumir responsabilidades frente a su comunidad. Para el aprendizaje-servicio no hay "pobrecitos", sino candidatos a protagonistas.

c) Impactos del aprendizaje-servicio en el aprendizaje

Entre las investigaciones desarrolladas acerca del impacto del aprendizaje-servicio en el desarrollo académico y cognitivo habría que señalar, entre otras, las desarrolladas en torno al mayor desarrollo de conocimientos conceptuales y competencias por Wurr (2002), Melchior (1999) y Howard, Markus y King (1993); y a la mayor capacidad para analizar y sintetizar información compleja desarrolladas por Eyler and Giles (1999), Osborne y otros (1998), Weiler y otros (1998), Akujobi y Simmons (1997), Supik (1996); Melchior y Orr (1995), Batchelder y Root (1994); así como las efectuadas por *RMC Research* en la evaluación de diversos programas desarrollados en Estados Unidos[9].

Resultan también significativas las investigaciones desarrolladas por Billig y Klute para evaluar el impacto del programa de aprendizaje-servicio en las escuelas del Estado de Michigan (BILLIG-KLUTE, 2003; KLUTE-BILLIG,

9. En Filadelfia (NYLC, 2004), Hawaii (BILLIG-MEYER, 2002; BILLIG-MEYER-HOFSCHIRE, 2003) y Nueva Inglaterra (KLUTE, 2002).

2004), que mostraron impactos estadísticamente significativos en todos los campos del compromiso cognitivo entre los estudiantes de 2° a 5° grado, así como impactos significativamente superiores a la media en el área de Lengua en el caso de los estudiantes de 7° a 12° grado.

Una investigación dirigida por Furco en California comparó tres grupos de estudiantes: el primero desarrollaba proyectos de aprendizaje-servicio, el segundo pasantías con intencionalidad solidaria y el tercero no realizada ninguna de las dos actividades. El estudio abarcó numerosas variables y se definieron los logros de aprendizaje académico en función del dominio de los contenidos, las capacidades para el planteo y resolución de problemas y las actitudes hacia el aprendizaje. El análisis de los datos mostró que los dos primeros grupos tuvieron resultados significativamente mejores que el tercero en todos los campos académicos evaluados, y tenían una actitud significativamente más positiva con respecto a la escuela. No se advirtieron diferencias significativas entre los dos primeros grupos abordados (Furco, 2002).

El aprendizaje-servicio tiene impactos educativos específicos en el modo de aprender en la Educación Superior. Entre otros, los estudios desarrollados por Eyler y Giles en universidades norteamericanas muestran que el aprendizaje-servicio impacta consistentemente en la comprensión y aplicación de los conocimientos, en el desarrollo del interés por indagar y del pensamiento reflexivo y crítico, en la percepción de posibilidades de cambio social, en el desarrollo personal e interpersonal y en el desarrollo de prácticas de ciudadanía participativa (Eyler-Giles, 1999).

d) Impactos del aprendizaje-servicio en el desarrollo de competencias para la inserción en el mundo del trabajo

Investigaciones desarrolladas en los últimos años muestran que las prácticas de aprendizaje-servicio mejor organizadas constituyen una herramienta eficaz para el desarrollo de competencias básicas para el mundo del trabajo, especialmente en lo que se refiere al desarrollo de competencias para trabajar en equipo, comunicarse eficazmente, asumir responsabilidades y desarrollar la capacidad de iniciativa personal y las competencias organizacionales y de gestión (Melchor, 2000; Shumer, 1998; Weiler Et Al., 1998; Conrad and Hedin, 1989; NYLC, 2004).

Este conjunto de competencias resultan especialmente significativas en un contexto mundial en el que la empleabilidad no está garantizada y un número creciente de trabajadores tienen que generar y gestionar sus propios emprendimientos productivos.

Entre las investigaciones sobre el impacto del aprendizaje-servicio en los aprendizajes vinculados al "aprender a hacer", algunos han subrayado su impacto en el proceso de orientación vocacional hacia el mundo del trabajo[10] así como en una mayor comprensión de la ética del trabajo[11]. Varios han relevado mejoras de las competencias profesionales de los estudiantes que participan en proyectos de aprendizaje-servicio[12], así como una mejor preparación para el ingreso al mundo del trabajo[13].

Algunas de estas investigaciones muestran que las pasantías de aprendizaje-servicio realizadas en el marco de organizaciones de la sociedad civil generan resultados tanto o más importantes que los realizados en empresas en cuanto a las competencias para el mundo del trabajo, ofreciendo el valor agregado de fortalecer la formación ética y para una ciudadanía activa.

A los pragmáticos a quienes pueden no convencer las investigaciones de los especialistas en aprendizaje-servicio, podrían en cambio resultarles significativas las afirmaciones de Bill Gates, el presidente de Microsoft:

"La mayor parte del 'conocimiento' sobre el que está construida la economía actual es sólo información, datos puros. Sin embargo, el conocimiento en sí mismo es más profundo. Tal como el gurú del management Tom Davenport lo definió, 'el conocimiento es información combinada con experiencia, contexto, interpretación y reflexión'. (...) El conocimiento que acumulamos a través de una carrera –el conocimiento 'tácito', más que el 'explícito' que podemos encontrar en manuales o libros– define nuestro valor para la organización en la cual trabajamos. La capacidad que uno tenga de combinarlo con el conocimiento de los colegas, socios y clientes puede ser la diferencia entre el éxito y el fracaso."[14]

El aprendizaje-servicio es especialmente idóneo para fortalecer y sistematizar los "conocimientos tácitos" y las competencias prosociales que no pueden adquirirse en los libros y que pueden garantizar una mejor integración en el mundo del trabajo a la generación de la revolución informática y la sociedad del conocimiento.

e) Impactos del aprendizaje-servicio en la formación ética

Desde el punto de vista de la formación ética, el aprendizaje-servicio se propone educar no sólo en una ética de los derechos, sino también de la responsabilidad personal y colectiva. Un proyecto de aprendizaje-servicio

10. FURCO, 2002; SHUMER, 1998; WEILER ET AL., 1998; CONRAD-HEDIN, 1989.
11. MELCHIOR, 2000; SHUMER, 1998; WEILER ET AL., 1998; MELCHIOR-ORR, 1995.
12. VOGELGESANG & ASTIN, 2000; ASTIN, SAX, & AVALOS, 1999; SLEDGE-SHELBURNE, 1993 SHUMER, 1998; WEILER ET AL., 1998; CONRAD AND HEDIN, 1989.
13. MELCHIOR, 2000; SHUMER, 1998; EILER ET AL., 1998; CONRAD AND HEDIN, 1989.
14. *Gates, Bill.* "Hacia la economía del conocimiento", en: *Clarín,* Domingo 28 de mayo de 2006, Suplemento Económico, pág. 32.

permite ejercitar el discernimiento ético y la argumentación, y analizar valoraciones, normas y costumbres de diversas comunidades, pero también permite pasar del plano de los ideales declamados a prácticas donde los principios de la solidaridad y la justicia deben ser puestos en juego a través de compromisos personales concretos.

"La formación ética no es un proceso meramente cognitivo sino, fundamentalmente, producto de una práctica. El desarrollo de experiencias significativas de servicio, articuladas con una reflexión y un conjunto de contenidos, resulta una forma de incorporar una ética de la solidaridad. Éste es un elemento esencial que emerge con claridad en los proyectos de aprendizaje-servicio (...) se advierte que predominan la cooperación por sobre la rivalidad, la aceptación de la diversidad por sobre la discriminación, la mediación sobre el conflicto, el compromiso con los demás por sobre la comodidad y la indiferencia. En este sentido, se puede decir que el desarrollo del aprendizaje-servicio construye una cultura de la paz." (PaSo Joven, 2004, p. 37)

Las investigaciones en este plano plantean desafíos complejos, pero ya se han comenzado a desarrollar algunos estudios específicos sobre el impacto que el aprendizaje-servicio tiene en el desarrollo humano y moral de los niños y jóvenes, permitiendo superar una educación ética exclusivamente retórica y discursiva.

Los estudios pioneros de Dan Conrad y Diane Hedin (1989), así como los de Leming (2001), indican una mayor habilidad para tomar decisiones independientes respecto de cuestiones morales en los estudiantes que han desarrollado proyectos de aprendizaje-servicio que en los grupos de control. Estos y otros estudios indicarían que el aprendizaje-servicio promueve una mayor apertura a nuevos puntos de vista y perspectivas (MELCHIOR, 2000; WEILER ET AL., 1998; CONRAD AND HEDIN, 1989) y cambios cambios positivos en la capacidad de desarrollar juicios éticos (LEMING, 2001; MELCHIOR, 2000; NYLC, 2004).

Otros estudios han relevado indicios sobre el impacto positivo del aprendizaje-servicio en cuanto al desarrollo de la autoestima[15], al mayor "empoderamiento" (*empowerment*) y eficacia personal[16], y en cuanto a la ampliación de las cualidades y competencias para el liderazgo[17].

---

15. MORGAN-STREB, 1999; MC. MAHON, 1998; MELCHIOR-ORR, 1995; SWITZER ET AL., 1995; SHAFFER, 1993.
16. COVITT, 2002; FURCO, 2002; LEMING, 2001; MORGAN AND STREB, 1999; MC. MAHON, 1998; BATCHELDER AND ROOT, 1994; SCALES AND BLYTH, 1997; CONRAD-HEDIN, 1989.
17. MELCHIOR AND BAILIS, 2002; AMMON ET AL., 2001, CONRAD AND HEDIN, 1989.

f) Impacto del aprendizaje-servicio en el desarrollo de actitudes prosociales

"Cuando se trabaja mancomunadamente en proyectos motivadores que permiten escapar a la rutina, disminuyen y a veces hasta desaparecen las diferencias –e incluso los conflictos– entre los individuos. Esos proyectos (...) valorizan los puntos de convergencia por encima de los aspectos que separan, y dan origen a un nuevo modo de identificación."
"En consecuencia, en sus programas la educación escolar debe reservar tiempo y ocasiones suficientes para iniciar desde muy temprano a los jóvenes en proyectos cooperativos (...) mediante su participación en actividades sociales: renovación de barrios, ayuda a los más desfavorecidos, acción humanitaria, servicios de solidaridad entre las generaciones, etc." (Delors, 1996, pp. 105-106)

Corroborando esta afirmación referida al "aprender a vivir juntos", son numerosas y contundentes las investigaciones que muestran el impacto de las experiencias de aprendizaje-servicio en cuanto al desarrollo de actitudes y conductas prosociales (ver 3.3.2).

"Los estudios (más recientes) *reafirman la fuerte evidencia de las primeras investigaciones, compiladas por Billig (2000), en cuanto a que el aprendizaje-servicio produce un espectro de impactos positivos en el área de las conductas prosociales, la aceptación de la diversidad, la conexión con la propia herencia cultural, el desarrollo ético y el fortalecimiento de factores protectores relacionados con la resiliencia. El aprendizaje-servicio ayuda claramente a los estudiantes a desarrollar aprendizajes de solidaridad, altruismo y otros aprendizajes socioemocionales."* (NYLC, 2004, p. 22)

Varias investigaciones han relevado el impacto positivo de los programas de aprendizaje-servicio en la mejora de las conductas prosociales[18]. Algunos estudios específicos muestran como resultado de los proyectos de aprendizaje-servicio una mayor habilidad para el trabajo en equipo o con otras personas (Melchior and Orr, 1995), y mayor camaradería entre los estudiantes (Billig, 2002; Weiler Et Al., 1998; Conrad-Hedin, 1989).

g) Impacto en el fortalecimiento de la capacidad de resiliencia:

Creemos que son de particular interés las recientes evidencias en cuanto al impacto del aprendizaje-servicio en el fortalecimiento de la capacidad de resiliencia (Billig, 2000; Melchior, 1999; Edusol, 2004), entendida

---

18. SCALES ET AL, 2000; BILLIG, 2000; EYLER-GILES, 1999; MORGAN-STREB, 1999; MELCHIOR, 1999; O'DONNELL ET AL., 1999; ASTIN-SAX, 1998; LEMING, 1998; YATES-YOUNISS, 1996; STEPHENS, 1995; BATCHELDER-ROOT, 1994; CONRAD-HEDIN, 1989.

como la capacidad de hacer frente a dificultades de la vida, superarlas y ser transformados positivamente por ellas (MELILLO-SUAREZ OJEDA, 2001).

Como se sabe, el concepto de resiliencia proviene de la Psiquiatría[19], la cual en los años '50 comenzó a investigar por qué algunos niños que habían vivido circunstancias traumáticas en su infancia lograban superarlas positivamente, y por qué personas que habían pasado por situaciones extremas como la reclusión en campos de concentración o la pérdida de un hijo, habían logrado superar positivamente esa experiencia límite y, en cambio, otras entraban en depresiones irreversibles o en cuadros psiquiátricos graves.

Mientras que algunos autores definen a la resiliencia como la capacidad de "adaptarse con éxito a la adversidad", otros ponen el énfasis en identificarla con la capacidad transformadora de la realidad. Según García Morillo, resiliencia sería la *"capacidad de resistir la adversidad y de transformar las situaciones críticas en oportunidades de desarrollo"* (KOTLIARENCO, A., MARDONES, F., MELILLO, A., SUAREZ OJEDA, N., 2000).

El término "resiliencia" ha comenzando a introducirse en los últimos años también en el vocabulario educativo (HENDERSON-MILSTEIN, 2003). Las investigaciones han mostrado que si un niño que ha sufrido traumas severos encuentra un "adulto significativo" (un pariente, un docente, un líder comunitario) con quien pueda experimentar el ser amado desinteresada e incondicionalmente, puede fortalecer su capacidad de resiliencia y desarrollarse positivamente (MELILLO, 2001).

En este sentido, es interesante una encuesta desarrollada recientemente por el *National Youth Leadership Council* entre estudiantes norteamericanos de nivel medio. De la encuesta surgió que era más alto el porcentaje de jóvenes que tenían adultos significativos a quien recurrir entre los que habían participado en actividades de aprendizaje-servicio (97%) o de servicio comunitario (93%), que entre los jóvenes que no habían desarrollado actividades solidarias (78%). El dato se explica porque entre quienes participan en proyectos de aprendizaje-servicio crece significativamente el número de educadores y líderes comunitarios que se convierten en adultos significativos para los jóvenes, en comparación con los que no participaron en actividades solidarias: 61% contra 50% en el caso de los educadores, y 22% contra 14% en el caso de los líderes de organizaciones comunitarias (NYLC, 2006, p. 11, Fig. 5).

El notable psiquiatra francés Boris Cyrulnik ha subrayado la importancia de los vínculos afectivos y solidarios en el fortalecimiento de la capacidad de resiliencia:

19. GROTBERG, 1995; VANISTENDAEL-LECOMTE, 2002; CYRULNIK, 2001, 2002.

"La felicidad (...) es siempre fruto de la elaboración. Es algo a trabajar. Y ella se construye en el encuentro con el otro". (CYRULNIK, 2001)

Y señala:

(la resiliencia significa) *"un mensaje de esperanza, porque en psicología nos habían enseñado que las personas quedaban formadas a partir de los cinco años (...). Ahora las cosas han cambiado: sabemos que un niño maltratado puede sobrevivir sin traumas si no se le culpabiliza y se le presta apoyo".* (CYRULNIK, 2002, p. 26)

A partir de estas y otras investigaciones, los especialistas han identificado lo que denominan "factores protectores" o "pilares" de la potencialidad de resiliencia, es decir los factores que hacen que una persona esté mejor preparada para enfrentar las situaciones límite y las circunstancias adversas de la vida. Algunos de estos factores tienen que ver con las características personales que favorecen o no la resiliencia ("factores protectores internos") y otros tienen que ver con el entorno familiar y comunitario ("factores protectores ambientales" (CVU, 2004).

En cuanto a los "factores protectores ambientales", el aprendizaje-servicio posibilitaría que se desarrollen algunos de ellos:

– *"Fomenta relaciones de apoyo con muchas otras personas afines;*
– *Alienta la actitud de compartir responsabilidades, prestar servicios a otros y brindar ayuda;*
– *Expresa expectativas de éxito elevadas y realistas;*
– *Promueve el establecimiento y el logro de metas;*
– *Fomenta el desarrollo de valores prosociales y estrategias de convivencia*
– *Proporciona liderazgo, adopción de decisiones y otras oportunidades de participación significativas"* (CVU, 2004, p. 21)

Numerosos estudios muestran el impacto del aprendizaje-servicio en algunos de los "factores protectores internos":

– *Autoestima:* está suficientemente documentado que los estudiantes que participan de experiencias de aprendizaje-servicio fortalecen su autoestima, descubren que son capaces de hacer cosas que antes no imaginaban y se sienten orgullosos de sí mismos y de su escuela o universidad por lo realizado en beneficio de su comunidad.[20]
– *Compromiso personal con una ética solidaria:* se fortalece al participar en el planeamiento y la toma de decisiones en torno a cuestiones que afectaban la calidad de vida de su comunidad.

---

20. CONRAD-HEDIN, 1990; EYLER-GILES, 1999; NYLC, 2004; FURCO, 2004; EyC, 2001; EDUSOL 2004; CVU, 2004.

– *Independencia e iniciativa personal:* los proyectos de aprendizaje-servicio ponen a los estudiantes en situación de enfrentar personalmente situaciones novedosas, contribuyen a desarrollar su capacidad de actuar con, y a poner en juego su creatividad.

– *Capacidad de relacionarse positivamente con otros:* los proyectos de aprendizaje-servicio de mayor calidad se llevan a cabo grupalmente, y generan espacios de reflexión sobre la convivencia, lo cual alienta el desarrollo de la capacidad de relacionarse positivamente con otros y de superar dificultades para la comunicación y el establecimiento de relaciones personales positivas.

– *Capacidad de introspección:* los espacios de reflexión propios de un proyecto de aprendizaje-servicio (6.2.1) fortalecen esta capacidad y abren espacios para la autocrítica y la reflexión sobre las propias capacidades y acciones.

Concluyamos señalando que no hay evidencias académicas sobre el impacto del aprendizaje-servicio sobre el "factor protector interno" del sentido del humor. Lo que puedo testimoniar personalmente es que durante la devastadora crisis que asoló la Argentina a fines de la década del '90 y que estalló con la crisis institucional de diciembre de 2001[21], los que estaban de peor humor solían ser quienes no estaban haciendo nada para enfrentar la situación... En las escuelas y universidades solidarias y en las organizaciones sociales donde se seguía luchando, no había tiempo para lamentaciones, y se encontraba gente capaz de utilizar el buen humor como recurso para mantenerse a flote aun en las circunstancias más sombrías.

Como lo expresó en esa época aciaga el escritor argentino Mempo Giardinelli:

"Ante el espectáculo del derrumbe, caben tres actitudes: una es contemplar la catástrofe y mirar, azorados, como todo se viene abajo. Otra es huir, sacar el cuerpo para no ser aplastado por los escombros. Y la tercera es recuperarse enseguida, evaluar los daños y ponerse de inmediato a reconstruir." (Giardinelli, 1998)

La tercera actitud es justamente la "resiliente". En un mundo en el que los ataques terroristas, los desastres naturales, las crisis familiares y tantos otros males nos enfrentan cotidianamente con *"el espectáculo del derrumbe"*, sin duda es crucial poder fortalecer en adultos y jóvenes la capacidad de abrazar las dificultades como una posibilidad de crecimiento y superación y de encontrar en la solidaridad un camino de transformación del mundo.

---

21. Cuando el Presidente De la Rúa se vio obligado a renunciar ante la crisis económica, la presión generada por la deuda externa y el rechazo popular manifestado por los "cacerolazos" y los "piquetes".

h) "Impacto del aprendizaje-servicio en la formación para la ciudadanía"

"La ciudadanía se construye participando y el aprendizaje-servicio es un método para aprender a participar en la vida social". (PUIG-BATLLE-BOSCH-PALOS, 2006, p. 37)

Numerosos estudios respaldan esta afirmación. De hecho, podríamos afirmar que todos los efectos positivos que hemos mencionado hasta aquí contribuyen a formar mejores ciudadanos. Covitt (2002) y Perry y Katula (2001) han relevado indicios de una mayor conciencia y comprensión de cuestiones sociales en los estudiantes luego de realizar experiencias de aprendizaje-servicio. Otras investigaciones han encontrado una mayor comprensión de los procedimientos gubernamentales (LEVINE & LOPEZ, 2002; TORNEY-PURTA, 2002) y un mejor ejercicio de la ciudadanía, la responsabilidad ciudadana y la participación en las cuestiones públicas[22].

Un extenso estudio dirigido por Judith Torney Purta entre 1999 y 2000 sobre la Educación Ciudadana en el mundo[23] arrojó un dato que puede resultar curioso: los estudiantes secundarios latinoamericanos con mejores notas en Educación Cívica eran los que se mostraban menos dispuestos a formar parte de organizaciones sociales o actividades de voluntariado (TORNEY-PURTA y otros, 2001; TORNEY-PURTA y AMADEO, 2004). La obvia interpretación es que los "buenos alumnos" no siempre son los mejores ciudadanos, y que una educación cívica reducida a la adquisición de nociones teóricas no alcanza para formar ciudadanos participativos y solidarios.

Un análisis del mismo estudio mostró que en todo el mundo, los estudiantes que, además de aprender contenidos de Educación Cívica, desarrollaron actividades solidarias en la escuela mostraron mayor disposición al compromiso ciudadano, mejores competencias para la interpretación de información sobre cuestiones públicas y mejor manejo conceptual (TORNEY-PURTA, 2003).

A los estudiantes de sectores con más recursos económicos y culturales los proyectos de aprendizaje-servicio les permiten asomarse personalmente a realidades sociales que normalmente les son ajenas, tomar contacto con la diversidad cultural e interactuar positivamente con personas en situaciones menos favorecidas que las propias. El aprendizaje-servicio puede ser decisivo para la toma de conciencia de las propias condiciones de privilegio, respondiendo a los desafíos de la realidad no desde el lugar de la culpa, la apatía o el egoísmo, sino desde la participación responsable. Estas experien-

---

22. MELCHIOR, 2002; KAHNE, CHI, & MIDDAUGH, 2002; YOUNISS, MCCLELLAN, Y YATES, 1997; BERKAS, 1997; MOELY, 2002; KAHNE Y WESTHEIMER, 2002; LEVINE Y LÓPEZ, 2002; COVITT, 2002; AMMON ET AL., 2001; EYLER Y GILES, 1999; ASTIN Y SAX, 1998.

23. El estudio recogió entrevistas a 90.000 estudiantes de 14 años en 28 países, y a 50.000 entre 17 y 19 en 16 países, incluyendo en ambos casos a Chile y Colombia. www.wam.umd.edu/~jtpurta/

cias pueden contribuir a la superación de estereotipos y prejuicios sociales y étnicos, a revertir actitudes pasivas y consumistas y a preparar a adolescentes y jóvenes para asumir responsabilidades profesionales y ciudadanas orientados al bien común, y no sólo al lucro individual (EHRLICH, 2000).

En cuanto a los niños, adolescentes o jóvenes en situaciones de pobreza y marginalidad, los proyectos de aprendizaje-servicio les permiten superar una cultura de miedos e impotencia que alimentan la apatía y la resignación al clientelismo y a la injusticia como inevitables. Una experiencia bien planificada les permite experimentar que también ellos son capaces de hacer algo concreto y positivo por la comunidad que los rodea, que algo cambia a su alrededor gracias a sus actividades. Al desarrollar un proyecto solidario, también pueden aprender cuáles son los canales a través de los cuales peticionar a las autoridades, solicitar recursos a empresas y organizaciones de bien público y, sobre todo, aprender a articular solidariamente esfuerzos al servicio del bien común.

4.2.2 - IMPACTO DEL APRENDIZAJE-SERVICIO EN LAS COMUNIDADES DESTINATARIAS Y EN LA CONSTRUCCIÓN DEL CAPITAL SOCIAL.

Como afirma Bailis,

"Se ha prestado una atención sorprendentemente pequeña a la otra mitad de la ecuación (aprendizaje-servicio): lo que realmente significa la comunidad en este contexto, y ha habido pocos esfuerzos rigurosos para definir y medir la diferencia que el aprendizaje-servicio genera en las personas atendidas". (NYLC, 2006, p. 73)

A pesar del estado aún incipiente de nuestros conocimientos en este tema, ya es posible entrever algunas certezas: la primera es que –al igual que sucede con el impacto en lo académico– no cualquier experiencia de aprendizaje-servicio generará impactos positivos mensurables en la vida comunitaria.

Así como hay consenso suficiente en cuanto a los rasgos programáticos que debería tener un proyecto de aprendizaje-servicio para poder medir impactos estadísticamente significativos en el aspecto del aprendizaje, algunas evidencias permiten afirmar que desde el aspecto del servicio solidario los proyectos también deberían tener algunos rasgos de calidad específicos para garantizar un impacto mensurable.

Mientras ninguna investigación demuestre lo contrario, nos arriesgamos a suponer que un proyecto que consista en repartir la sopa en el comedor barrial tres veces al año no será un buen proyecto de aprendizaje-servicio, aunque incluya múltiples articulaciones curriculares, maravillosas reflexiones de los estudiantes sobre las estructuras sociales, la vulnerabilidad social y sus propios sentimientos, y aunque haya mejorado el sentido de pertenencia a la institución y las calificaciones en Ciencias Sociales.

En base a la experiencia desarrollada por el Programa Nacional Educación Solidaria en la evaluación de más de 15.000 experiencias educativas solidarias en los últimos seis años, se han desarrollado algunos criterios de evaluación de la calidad de los proyectos en el aspecto del servicio solidario que pueden contribuir a un mayor impacto comunitario. En este sentido algunos de los elementos más significativos son:

– La calidad del *diagnóstico participativo* previo (6.3.1).
– *El adecuado equilibrio entre actividades de promoción y asistencia:* un proyecto de calidad incluye espacios para la participación activa de los destinatarios y apunta a la promoción social. En caso de ser una actividad exclusivamente asistencial, ésta está justificada suficientemente por el diagnóstico realizado (3.3.3).
– La *articulación y participación de organizaciones locales.* (6.3.2).
– *Evaluación:* el proyecto mide el impacto de lo realizado con datos objetivos y con métodos participativos que permiten relevar las opiniones de la comunidad atendida (6.2.3).

Algunos autores comienzan a analizar el impacto social de los proyectos de aprendizaje-servicio empleando variables que permiten mensurar impactos a escala. Por ejemplo, la evaluación de *Learn & Serve* calculó en términos monetarios el valor agregado de las actividades solidarias financiadas por el programa, y se llegó a la conclusión de que cada dólar invertido en proyectos de aprendizaje-servicio generaba otros cuatro en beneficios para las comunidades atendidas (MELCHIOR, 1999).

En América Latina y el Caribe se han documentado miles de casos en que los proyectos de aprendizaje-servicio han producido impactos visibles y mensurables en las comunidades atendidas. En muchos de ellos esos impactos son tan evidentes, que no requieren de mayores mediaciones para ser percibidos:

– Las personas no videntes de Cipoletti saben que ahora pueden orientarse con mayor facilidad y autonomía porque las calles están señalizadas en Braille, gracias a los niños de la Escuela Especial (5.2.3).
– Las familias del Barrio Solidaridad de Salta ven todos los días los árboles que plantaron con los estudiantes de la escuela "Juan Zorrilla de San Martín", y saben que cuando la barrera forestal crezca protegerá al barrio del viento de la Cordillera[24].

---

24. Premio Presidencial Escuelas Solidarias 2005, www.me.gov.ar/edusol

– La comunidad rural de Líbano, Provincia de Buenos Aires, cuenta con una biblioteca gracias a la iniciativa de los niños del Jardín de Infantes y sus familias[25].

Si bien aún no hay compilaciones sistemáticas a nivel regional, muchos proyectos y programas han comenzado a documentar lo realizado. Quisiera mencionar, simplemente a título de ejemplo, algunos casos en que se ha evaluado en términos objetivos los resultados de las actividades solidarias:

– El Programa BIN (Búsqueda, Identificación y Nutrición), de identificación y tratamiento de niños en situación de desnutrición aguda implementado por la Facultad de Medicina de la Universidad de Tucumán ha salvado la vida de casi 400 niños en 3 años de trabajo (5.3.3)[26].

– Sólo en la Comunidad de Trihue de Lafquelmapu (Chile), la escuela técnica de Remehue benefició a 52 familias con la construcción, ampliación o refacción de sus casas (5.2.5).

– Los 1254 estudiantes participantes en el Programa Nacional Aprender Enseñando ofrecieron apoyo escolar a 11177 niños y adolescentes en situación de vulnerabilidad socio-educativa. Al terminar el año escolar el 90% de ellos había permanecido en el sistema escolar, y 75% había promovido de curso en los plazos esperados (5.3.4).[27]

En el estado actual de nuestros conocimientos, resulta difícil de medir el impacto que tienen las prácticas de aprendizaje-servicio en la vida cotidiana de miles de comunidades en todo el mundo, y mucho más su impacto en la vida social en el mediano y largo plazo.

Sin embargo, y en base a lo que sabemos hoy, coincidimos con una obra recientemente publicada en Cataluña que afirma que, por las características que le son propias, el aprendizaje-servicio puede ser *"una fuente de producción de capital social y de cohesión social"* (PUIG-BATLLE-BOSCH-PALOS, 2006, p. 43).

---

25. Premio Presidencial Escuelas Solidarias 2003, www.me.gov.ar/edusol
26. Premio Presidencial Prácticas Solidarias en Educación Superior 2004, www.me.gov.ar/edusol
27. Datos correspondientes al informe preliminar 2005. Ver www.me.gov.ar/aprender_ense

CAPÍTULO 5:

EL APRENDIZAJE-SERVICIO EN EL TRAYECTO DE UNA EDUCACIÓN PERMANENTE

Hay hombres que luchan un día y son buenos.
Hay otros que luchan un año y son mejores.
Hay quienes luchan muchos años y son muy buenos.
Pero hay quienes luchan toda la vida.
Esos son los indispensables.
Bertolt Brecht

Hoy es un lugar común afirmar que el ser humano es capaz de aprender a lo largo de toda su vida y que en la "sociedad del conocimiento" la permanente actualización del estado de las cuestiones científicas, la rapidez de los cambios tecnológicos y de los contextos sociales vuelve indispensable ser capaces de aprender a aprender toda la vida. El concepto de educación permanente incluye no sólo la actualización de los conocimientos, sino también el permanente esfuerzo de realización personal, de crecimiento y de mejora de las propias competencias y actitudes aplicadas a la vida de relación social y al ejercicio de la ciudadanía (VIDAL, 2006).

Este trayecto se puede dar simultáneamente en ámbitos educativos con distinto grado de formalización, que convencionalmente se agrupan bajo las categorías de educación formal[1], no formal[2] e informal[3].

Los proyectos de aprendizaje-servicio pueden desarrollarse en los ámbitos de la educación formal o no formal a lo largo de todo el trayecto vital de una persona, e impactar decisivamente también en sus procesos educativos informales. Así como se desarrollan trayectos de actualización profesional permanente, en este capítulo quisiéramos considerar un posible trayecto de "educación solidaria permanente" y, en ese marco, las prácticas de aprendizaje-servicio que pueden jalonar diversas etapas vitales.

1. Es el sistema "altamente institucionalizado, cronológicamente graduado y jerárquicamente estructurado" (TRILLA, 1993, p. 19), usualmente asociado a las acreditaciones educativas reconocidas por el Estado, y que se extiende desde los primeros años de escolaridad hasta las eventuales maestrías y doctorados.

2. La "actividad organizada con finalidades educativas fuera del sistema oficial establecido… orientada a ofrecer unos objetivos de aprendizaje determinados a un público concreto" (VIDAL, 2006), generalmente ofrecida por organizaciones de la sociedad civil con mayor o menor grado de institucionalización. En América Latina un segmento importante de este sector se identifica como "educación popular". Entendemos que la educación popular se define más por una opción pedagógica y política que por el marco institucional en cual se verifica, ya que puede tener lugar tanto en el marco de la educación formal como no formal. Ver www.cinep.org.co; www.feyalegria.org

3. El proceso por el que a lo largo de la vida "se adquieren y acumulan conocimientos, habilidades, actitudes y modos de discernimiento mediante las experiencias diarias y su relación con el medio ambiente" (TRILLA, 1993, p. 19).

5.1 - EL APRENDIZAJE-SERVICIO COMO PARTE DE UN TRAYECTO DE EDUCACIÓN PERMANENTE

Como todo trayecto de educación permanente, el de la educación prosocial y para la ciudadanía es un trayecto complejo, en el que la motivación personal, las influencias familiares, los contextos educativos, las propias inquietudes y sensibilidades y la voluntad de autoconocimiento y superación personal son motores fundamentales.

Indudablemente, los fundamentos de las actitudes prosociales son puestos en los primeros años de vida, pero un número creciente de autores subraya que las conductas prosociales son educables a lo largo de toda la vida. Como se afirma en los estudios sobre resiliencia, aún en el caso de infancias traumáticas *"la historia explica el presente pero nunca cierra el futuro."* (MELILLO, 2005, p. 3).

Gardner ha vinculado el desarrollo de prácticas de aprendizaje-servicio con su concepto de "buen trabajo" (*"un trabajo de alta calidad, socialmente responsable y significativo para el trabajador"*[4]) y con las posibilidades de formar empresas y trabajadores que apunten no sólo a la dimensión económica, sino también a una ética de responsabilidad social:

"No sabemos con certeza qué atrae a ciertas personas a estos campos (del servicio comunitario y del aprendizaje-servicio) y por qué algunas de ellas perseveran a pesar de las dificultades. Hay personas que se dedican a una causa social, ya sea que otros la apoyen o no. Hay personas que actúan de modo egoísta, aun cuando hay sobradas razones para que sean altruistas. Participar en un buen proyecto de aprendizaje-servicio puede marcar la diferencia para la gran mayoría de las personas que no entra en ninguna de las dos categorías arriba mencionadas, ofreciéndoles las experiencias y oportunidades de reflexión que necesitan para ser 'buenos' trabajadores, comprometidos con su trabajo y con el conjunto de la sociedad." (GARDNER, 2005, p. 28)

Aunque a menudo se asocia el compromiso social con la etapa de la juventud y de las organizaciones sociales, es muy frecuente que

---

4. The GoodWork Project®: An Overview. January 2006. www.goodworkproject.org

los primeros contactos con la actividad solidaria se desarrollen en la infancia o la adolescencia y en el ámbito educativo formal (YOUNIS & YATES, 1997).

En una encuesta realizada en el año 2005 a 400 educadores participantes en el VIII Seminario Internacional de aprendizaje-servicio[5], el 46 % afirmó haber realizado sus primeras actividades solidarias en la escuela, el 63 % lo hizo antes de cumplir los 18 años y un 87 % antes de cumplir los 30.

FIGURA 12: Edad a la que comenzaron a realizar actividades solidarias docentes vinculados a proyectos de aprendizaje-servicio.

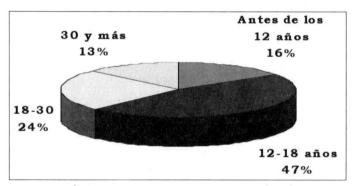

La etapa juvenil es ciertamente importante para la adquisición y consolidación de conductas prosociales, tanto en el marco de la educación formal como en otros ámbitos. En este sentido, y si bien la matrícula de Educación Superior se ha ampliado en los últimos años en casi todo el mundo, es necesario tener en cuenta que en la mayor parte del planeta el acceso a una educación terciaria o universitaria es todavía un privilegio minoritario. Por ello, para miles de jóvenes el trabajo y las organizaciones de la sociedad civil son los espacios donde pueden adquirir conocimientos, desarrollar competencias y consolidar o modificar actitudes. En cuanto a la práctica de aprendizaje-servicio, en la juventud se puede desarrollar tanto en la Educación Superior (4.3.1) como en las organizaciones juveniles (4.4.1).

Una visión tradicional de la misión de las organizaciones juveniles y de las instituciones educativas vincula a las primeras con la participación solidaria, la búsqueda del bien común y la movilización en favor de cambios sociales y políticos; a las segundas, con el aprendizaje y la transmisión de conocimientos a las nuevas generaciones.

---

5. Material de trabajo interno del Programa Nacional Educación Solidaria, UPE, Ministerio de Educación, Ciencia y Tecnología de la República Argentina.

FIGURA 13: Visión tradicional de la misión de organizaciones juveniles e instituciones educativas

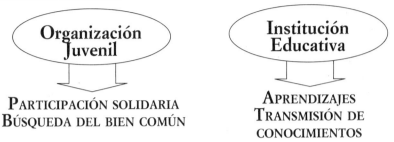

En cambio, desde la perspectiva del aprendizaje-servicio tanto participación como aprendizaje pueden –y deberían– darse tanto en el marco de las organizaciones como de las instituciones educativas. La misión compartida es promover la participación protagónica de los jóvenes para que puedan aprender y aplicar y desarrollar esos conocimientos al servicio del bien común y de la construcción de una sociedad más justa.

FIGURA 14: Las misiones de organizaciones juveniles e instituciones educativas desde la perspectiva integrada del aprendizaje-servicio

Esta perspectiva contribuye a abordar la integralidad de la vida de los adolescentes y jóvenes, que no son personas diferentes dentro y fuera del aula aunque a veces lo parezcan. Un mayor conocimiento recíproco y el intercambio de buenas prácticas entre docentes y líderes comunitarios permite enriquecimientos recíprocos al servicio de los jóvenes: por ejemplo, en la experiencia del Programa PaSo Joven[6], los docentes valoraron las dinámicas participativas practicadas en las organizaciones, y los líderes

6. www.pasojoven.org

comunitarios se enriquecieron de las estrategias de planificación y sistematización de los aprendizajes de los educadores.

Si bien la adolescencia y la juventud son tiempos vitales privilegiados para iniciar y sostener un activo compromiso social, también en la edad adulta, y aun en la "tercera edad" se puede iniciar y desarrollar un compromiso social y ciudadano intenso (5.4.4).

En el siguiente cuadro presentamos esquemáticamente los posibles trayectos educativos que se ofrecen a lo largo de la vida como oportunidades para el desarrollo de experiencias de aprendizaje-servicio. Pretende ser también una suerte de guía para la lectura, indicando entre paréntesis los puntos de este capítulo que se refieren específicamente a cada etapa e instancia formativas.

FIGURA 15: Trayectos educativos y posibilidades para el desarrollo de proyectos de aprendizaje-servicio.

	APRENDIZAJE-SERVICIO ⇔ EN INSTITUCIONES EDUCATIVAS FORMALES		APRENDIZAJE-SERVICIO EN LA EDUCACIÓN NO FORMAL(4.4.1/4.4.2)	
INFANCIA 0-12	Educación pre-escolar (5.2.1) Escuela primaria (5.2.2) Educación especial (5.2.3)		Alfabetización (5.4)	Organizaciones de la sociedad civil (juveniles) (5.4.3)
ADOLESCENCIA 13-17	Escuela media (5.2.4) Educación técnica (5.2.5) Educación especial (5.2.3)	Educación de adultos (5.2.6)	Educación no formal en instituciones (5.4)	
JUVENTUD 18-30	Educación Superior (5.3)	Formación laboral (5.2.5)		
EDAD ADULTA 31-65				Organizaciones de la sociedad civil (adultos) (5.4.4)
"TERCERA EDAD" 65-...				

Veremos a continuación algunas características específicas de la práctica del aprendizaje-servicio en diversos niveles y modalidades de la educación formal y no formal.

5.2 - EL APRENDIZAJE-SERVICIO EN LA ESCUELA

5.2.1 - EDUCACIÓN PROSOCIAL Y PROYECTOS DE APRENDIZAJE-SERVICIO EN EL NIVEL PRE-ESCOLAR *(4-5 AÑOS)*

Podría pensarse que en la educación pre-escolar los niños y niñas son "demasiado pequeños" como para prestar un servicio a la comunidad. Hay quienes piensan que el "natural egocentrismo infantil" vuelve imposible educar para las conductas prosociales a edad tan temprana.

Sin embargo, la experiencia documentada en los últimos años muestra que no es así[7]. Niños de muy temprana edad son sensibles a la idea de compartir y son capaces de generar una gran empatía con personas en necesidad y especialmente con otros niños. Si bien la posibilidad de actuar fuera del contexto escolar es obviamente más limitada en esta edad que en la adolescencia o la juventud, de todas maneras es posible generar salidas acotadas y orientar actividades normalmente presentes en la planificación hacia una finalidad comunitaria y generar excelentes proyectos de aprendizaje-servicio.

En el nivel inicial se desarrollan numerosos proyectos de aprendizaje-servicio relacionados con el ambiente cercano a la institución: pintura de murales en el hospital, cuidado de plantas e instalaciones en la plaza, actividades de forestación, de reciclado, etc. También se dan proyectos vinculados con temas alimentarios, como en los casos en que se elaboran recetarios para trasmitir a las familias modos de aprovechar productos económicos y nutritivos en el menú familiar. Son frecuentes también los proyectos vinculados al diálogo intergeneracional, como los de jardines que celebran las fiestas patrias con ancianos internados en un geriátrico, y desarrollan con ellos actividades de aprendizaje sobre historia y formas tradicionales de celebración, o los que realizan en forma conjunta actividades solidarias, como el cuidado de un parque.

En este nivel, las tradicionales "campañas de recolección" son protagonizadas básicamente por las familias, ya que son los adultos los que aportan los alimentos no perecederos, la ropa, o lo que se esté recolectando. Sin

---

7. Entre los proyectos de aprendizaje-servicio documentados por el Programa Nacional Educación Solidaria, los protagonistas más jóvenes fueron los niños y niñas de la sala de 4 años del Jardín maternal "Aventuras en pañales" de la ciudad de Corrientes.

embargo, la organización de la campaña puede también involucrar a los niños y ser motivo de aprendizaje: en un jardín de infantes utilizaron la clasificación de los paquetes de alimentos para aprender formas geométricas; en otro, la campaña era a beneficio de una comunidad wichi y se invitó al cacique a visitar la escuela y sostener una breve charla con los niños. Al finalizar el encuentro, una de las niñas, impresionada por el relato de pobreza y marginación escuchado, preguntó: "Señorita, pero entonces Colón al final fue bueno o fue malo?". En lugar de responder: "Lo vamos a hablar cuando llegue el 12 de octubre", la maestra tomó la pregunta como disparador de una reflexión que involucró contenidos de Ciencias Sociales y contribuyó a que los niños dieran nuevos sentidos al compromiso de sus familias y de su escuela con la comunidad wichi[8].

Al planificar un proyecto de aprendizaje-servicio en el nivel pre-escolar, convendría:

– Seleccionar los destinatarios del proyecto en un entorno cercano a los niños, de modo que pueda establecer un vínculo afectivo, teniendo siempre como prioridad la seguridad de los niños y niñas y la pertinencia de la actividad para su edad.

– Ofrecer distintas alternativas de acción basadas en los intereses, habilidades y capacidad de atención de las niñas y niños (pueden tener que ver con los distintos "rincones" de la salita).

– Fragmentar el proyecto en pequeños pasos o tareas, de modo que puedan mantener la atención e ir variando de actividades.

– Incorporar a las familias en todas o en alguna etapa del proyecto.

– Poder ver resultados inmediatos y tangibles de la acción solidaria, aunque sean pequeños.

– Promover la comunicación de lo actuado de múltiples formas (oralmente, a través de un diario, con dramatizaciones, etc.).

Veamos un ejemplo concreto de aprendizaje-servicio en el nivel inicial.

En Aluminé, una ciudad de la Patagonia crecientemente desertificada por la tala indiscriminada de bosques, los niños del Jardín Integral N° 20 comenzaron a fines de la década del '90 a cultivar en la huerta escolar plantines de pinos originarios (un tipo de araucaria llamada "pehuén") y a trabajar en el aula la importancia del cuidado del medio ambiente. Trabajaron en Plástica y en Lengua para diseñar folletos dibujados y pintados por los niños, con pequeños mensajes escritos para explicar a los adultos por qué es necesario cuidar los árboles. Luego acudieron a la Maternidad local,

---

8. Pido perdón a mi hija Paula por revelar una anécdota de su paso por salita amarilla del Colegio Sagrado Corazón de Almagro.

donde regalaron plantines de pehuén a los nuevos padres, acompañados por los folletos en que invitaban a plantar los arbolitos y a ayudarlos a crecer junto con sus hijos.

Como se advierte, el proyecto puso en juego contenidos de Ciencias Naturales, Sociales, Formación Ciudadana, Lengua y Plástica[9], y ofreció un servicio muy concreto a la comunidad. De hecho, la repercusión de la entrega de arbolitos cultivados por los niños tuvo mucho impacto, tanto en el proyecto educativo institucional, como en la comunidad.

Por un lado, el impacto de la entrega de arbolitos en la Maternidad fue grande y se multiplicó cuando la radio local le ofreció a los niños un espacio para que desarrollaran un "micro-programa": un sábado por mes, algunos de los niños transmiten sus "consejos ecológicos" a los oyentes y anuncian las próximas actividades a realizar. Por otra parte, se estableció un espacio de colaboración con el municipio: en el año 2005 se inauguró el primer parque local de especies originarias, que contó con la colaboración de numerosos plantines cultivados por los niños del Jardín.

Por otra parte, el impacto pedagógico y comunitario alcanzado por los primeros proyectos contribuyó a afianzar la opción institucional por trabajar con toda la comunidad educativa cuestiones ambientales, y también el compromiso de las familias. Como fruto de ese compromiso compartido surgió un nuevo proyecto de aprendizaje-servicio: el de siembra de truchas en el río Aluminé, para favorecer el desarrollo del ecosistema y del turismo local.

En su salita, los niños cuidan las peceras de los alevitos con rigor digno de pequeños científicos. Los niños han visitado las instalaciones del Parque Nacional donde se crían truchas en gran escala, han visto las diferentes etapas de crecimiento y han aprendido la importancia de los peces para el medio ambiente y para la pesca y el turismo de la región. Anualmente, los docentes, familias y niños contribuyen con los pececitos criados en la sala del Jardín a la siembra de truchas en el río Aluminé[10].

Es bueno subrayar que lo más extraordinario de esta experiencia es justamente cómo se aprovecharon actividades "normales" en una salita de Jardín (la huerta escolar, la pecera, los dibujitos...) para desarrollar proyectos de gran impacto, tanto en lo referente a su aporte solidario a la comunidad como en los aprendizajes de los niños.

La experiencia es particularmente sobresaliente en cuanto a la formación ciudadana, un aspecto a menudo considerado sólo superficialmente en el nivel inicial. En este caso, los niños tenían muy claro que aun siendo

9. www.me.gov.ar/edusol/pp2k3/pp2k3.html
10. www.me.gov.ar/edusol

pequeños podían contribuir a mejorar la vida de su ciudad, y no sólo habían estudiado el rol del intendente y otras autoridades e instituciones, sino que lo habían comprendido perfectamente porque habían interactuado con todos ellos.

5.2.2 - El aprendizaje-servicio en la escuela primaria (6-12 años)

Como en el Nivel Inicial, también en la escuela primaria es posible generar proyectos de aprendizaje-servicio que den proyección comunitaria a los contenidos previstos en el currículo.

En los primeros años de la primaria son frecuentes los proyectos de promoción de la lectura, las actividades de cuidado del medio ambiente, la aplicación de contenidos de Lengua a la escritura de cartas de lectores[11] o a las autoridades[12] en relación a problemáticas comunitarias, las campañas de concientización de la comunidad sobre temáticas de salud, medio ambiente, y otras. Como en el Nivel Inicial, los proyectos que involucran actividades compartidas con ancianos son muy frecuentes.

En muchas escuelas de América Latina –y no sólo en las rurales– la huerta escolar es muy habitualmente uno de los espacios privilegiados para el desarrollo de proyectos de aprendizaje-servicio, ya sea porque se generan actividades de huerta comunitaria con las familias para sostener el comedor escolar o barrial, o para distribuir productos de la huerta entre las familias que lo necesitan. En la Escuela Gral. José de San Martín de Villa Guillermina, Santa Fe, la huerta se convirtió en un espacio de interacción con los "abuelos" del geriátrico local, quienes transmiten sus conocimientos de horticultura a los niños y colaboran en la producción de alimentos para el comedor de la escuela y de los ancianos. Junto con la huerta, se desarrollan otros espacios recreativos y de diálogo intergeneracional[13].

También es habitual que se generen a partir de la huerta escolar o comunitaria pequeños microemprendimientos productivos, como producción de dulces o conservas, que abren para los niños valiosos espacios de aprendizaje de tecnología y de cultura del trabajo, y permiten a las familias generar ingresos alternativos.[14]

Son frecuentes los proyectos de "padrinazgo" a escuelas con menos recursos que –como hemos ya señalado– en ciertos casos pueden reforzar

11. Entre tantos ejemplos posibles, ver http://www.lanacion.com.ar/753060
12. Por ejemplo: cartas de primer grado al intendente de Achiras, Córdoba. En: EyC 2000, p. 65.
13. Experiencia finalista del Premio Presidencial "Escuelas Solidarias" 2000, www.me.gov.ar
14. Un caso ejemplar en este sentido es la Escuela N° 077 "Saturnino Sarassa" de Rawson, San Juan, Argentina, también finalista en el año 2000 y 2001.

miradas paternalistas y asistencialistas (3.3.3). En cambio, si están bien planificados, este tipo de campañas o viajes solidarios pueden apuntar más bien al "gemelazgo", es decir, a establecer una vinculación horizontal, de conocimiento recíproco y de reconocimiento y valoración de la diversidad. A menudo las maestras rurales hacen que sus alumnos escriban cartas de agradecimiento a los niños de la escuela "madrina". En el marco de un proyecto de aprendizaje-servicio, la correspondencia debería ser recíproca y podría incluir el intercambio entre los niños sobre cómo se celebran las festividades en cada ámbito, cómo son los medios de transporte, cuáles son las tradiciones, la flora y fauna... Casi todas las áreas de conocimiento pueden aplicarse en un buen proyecto de este tipo.

A medida que van creciendo, las niñas y niños pueden aproximarse cada vez con mayor conciencia a las realidades de la comunidad en la que viven, y también a las de la "aldea global" en la que –por su gran exposición a los medios masivos de comunicación y a Internet– se encuentran en permanente contacto. Internet brinda en este momento la posibilidad de establecer "gemelazgos" virtuales, como los que se dan en el marco de los proyectos "Aulas Hermanas"[15] o *"Schoolmates"*.[16]

En este nivel educativo es recomendable:

– Ofrecer actividades grupales variadas, de manera que diferentes equipos puedan organizarse para desarrollar diversas tareas de acuerdo a sus capacidades e intereses.
– Planificar con la mayor participación posible de los propios estudiantes proyectos que puedan desarrollarse en una sola vez o en plazos cortos.
– Privilegiar necesidades locales y visibles, cercanas a los intereses y vivencias de los niños y niñas.
– Apuntar a obtener resultados inmediatos, tangibles o cuantificables, que permitan a las niñas y niños percibir el impacto de sus acciones en la realidad.
– Vincular claramente el servicio con lo aprendido en el aula.

Son muchos y variados los proyectos de aprendizaje-servicio de calidad protagonizados por alumnos y alumnas de primaria. Veamos a continuación dos ejemplos.

En la Escuela Nº 2 "José Pedro Varela" de Colonia, Uruguay (CVU, 2004b), los alumnos de 5º y 6º grado fueron invitados a investigar un ecosistema muy próximo: detrás del edificio escolar se encuentra la playa

15. www.educarchile.cl/aulashermanas/Main/index.htm
16. http://www.school-mates.org

de Rowling, que por la cantidad de basura y escombros acumulada, había dejado de atraer desde hacía mucho a turistas y niños.

En primer lugar los niños recorrieron la playa y tomaron muestras para analizar los residuos y elementos contaminantes. A partir de allí, por equipos identificaron problemas y propusieron soluciones, aplicando conocimientos de Matemática, Lengua, Ciencias Naturales, Ciencias Sociales. Por ejemplo, un equipo señaló como problema que "no hay donde tirar la basura porque hay gente que patea los cestos de basura al río". La propuesta implicó diseñar, con la ayuda de regla, compás y conocimientos de Geometría, unos cestos que pudieran fijarse a los muros del balneario para evitar su pérdida o destrucción.

Los niños acudieron a la televisión a comunicar sus hallazgos y propuestas, y la escuela invitó al Intendente de la ciudad y a un hotel cercano a escuchar las propuestas de los niños y contribuir a su realización. Con el apoyo del municipio y de otras instituciones locales, que contribuyeron con la iluminación y la limpieza de escombros, los estudiantes organizaron grupos de trabajo para contribuir a mantener la limpieza de la playa que ahora pueden disfrutar, al igual que sus vecinos.

Alumnas y docentes de sexto grado del *Colegio Michael Ham*[17] (Vicente López, Buenos Aires) participaron de actividades de intercambio y conocimiento recíproco con los alumnos de una vecina escuela pública para no-videntes, la *Escuela 505 del Instituto "Roman Rosell"*. En ese intercambio las docentes de la escuela especial les comentaron que si bien contaban con materiales para el aprendizaje de Braille, era muy difícil encontrar materiales didácticos apropiados para la enseñanza de las áreas comunes. Los pocos materiales extranjeros disponibles en el mercado eran muy caros y no siempre se adaptaban a los programas de estudio locales.

Así nació el proyecto *"Lo esencial es invisible a los ojos"*. En todas las áreas se propusieron trabajar a partir de la pregunta: "¿Cómo podría alguien no vidente, que cursara sexto grado como yo, aprender estos mismos temas que estoy estudiando?". Con la ayuda de la escuela especial se diseñaron tareas para cada área curricular. Así, por ejemplo, en Geografía la tarea fue dibujar mapas con punzón, para poder ser leídos al tacto, o diseñar mapas en relieve con plastilina; en Geometría se construyeron cuerpos geométricos en materiales resistentes; en Ciencias Naturales hicieron láminas en relieve de los aparatos digestivo y respiratorio; en Lengua se grabaron cuentos y textos de estudio. Al terminar el año, las alumnas habían aprendido todo lo previsto en los programas y, además, habían producido un gran volumen de material didáctico para sus amigos de la Escuela Especial.

17. Experiencia finalista del Premio Presidencial "Escuelas Solidarias" 2003, www.me.gov.ar/edusol

Uno de los aspectos más interesantes de este proyecto es que no hay "articulación" entre aprendizaje y servicio solidario, sino que la actividad de aprendizaje *es en sí misma* la actividad solidaria. Otro aspecto importante es que la escuela no consideró que el espacio de intercambio con niños con capacidades diferentes constituyera por sí misma la "actividad solidaria".

Demasiado frecuentemente las escuelas "normales" piensan que sólo por visitar a las "especiales" están haciéndoles un favor o realizando un gesto solidario. Visitar a personas con capacidades diferentes e interactuar con ellas es para los estudiantes una actividad específicamente educativa, que los ayuda a practicar la convivencia en la diversidad. Para que se verifique una acción efectivamente solidaria debería haber, como en el caso que acabamos de relatar, actividades específicas que apunten a satisfacer demandas concretas de la escuela o de las personas destinatarias, o actividades solidarias desarrolladas en forma conjunta: por ejemplo, en el caso del Instituto Nuestra Señora de Fátima de Cipolletti, Río Negro, los estudiantes comparten con los alumnos de una escuela especial un proyecto de panificación al servicio de un hogar comunitario[18].

5.2.3 - APRENDIZAJE-SERVICIO EN LA EDUCACIÓN ESPECIAL

Como acabamos de señalar, los estudiantes con capacidades diferentes suelen ser vistos más frecuentemente como destinatarios de proyectos solidarios que como posibles protagonistas. Sin embargo, un número creciente de escuelas especiales está descubriendo el aprendizaje-servicio como una pedagogía particularmente apta para esta modalidad.

El aprendizaje-servicio en las escuelas especiales permite focalizar en las habilidades y potencialidades de los estudiantes, y revertir el paradigma del discapacitado como destinatario pasivo, para enfatizar su protagonismo y desarrollar su autoestima. Los proyectos de aprendizaje-servicio también permiten promover el desarrollo de competencias para la vida cotidiana y para la inserción laboral y, en algunos casos, facilitan la interacción con otros niños y jóvenes, así como con otras instituciones.

Por ejemplo, los y las estudiantes del *Instituto Terapéutico Recreativo Especial* de la ciudad de Buenos Aires asumieron el rol de "padrinos"[19] de una plaza cercana a la escuela, desarrollando todas las actividades de mantenimiento que la misma requiere. Concurren acompañados de sus docentes y auxiliares, para realizar tareas de cuidado y mantenimiento de canteros

---

18. *Ídem.*
19. El alto grado de deterioro de los espacios públicos llevó al Gobierno de la Ciudad de Buenos Aires a iniciar en la década del '90 un programa de "padrinazgo" de plazas y parques, por el cual empresas, organizaciones vecinales y en algunos casos escuelas contribuyen al mantenimiento de los espacios verdes.

y senderos internos, reparación y pintura de bancos, limpieza, rastrillado del arenero, mantenimiento de los juegos para chicos y mantenimiento y restitución del alambrado perimetral y de los senderos. Pedagógicamente, el proyecto apuntó a propiciar un ámbito donde se reprodujeran situaciones de trabajo reales, favoreciendo la internalización de hábitos laborales. El proyecto implicó repasar conocimientos de medidas, seriación, clasificación, nociones de espacio y tiempo, aprender a manejar herramientas de corte y pintura, así como corregir posturas y realizar movimientos para agacharse y levantarse. El trabajo de los estudiantes fue reconocido por las organizaciones vecinales y por el Gobierno de la Ciudad, que le otorgó el Premio "Escuelas Solidarias" en 2002.

En el caso de la Escuela Especial de Vera, Santa Fe, a través de los distintos espacios de capacitación laboral (panadería, huerta), proveen diariamente de pan, masas y verdura a hogares para madres solteras, geriátricos y comedores comunitarios. Los docentes estimulan a los estudiantes a entregar personalmente las donaciones, para que puedan recibir las muestras de reconocimiento y agradecimiento de los destinatarios de su trabajo. La institución ha registrado impactos muy positivos en los estudiantes a partir del inicio de la experiencia[20].

En algunos casos los estudiantes con capacidades diferentes pueden generar iniciativas de alto impacto social, como la mencionada al inicio del libro: los niños de la Escuela para No Videntes de la ciudad de General Roca, Río Negro, señalizaron en Braille las calles y los principales monumentos de la ciudad, para que tanto ellos como las demás personas no videntes pudieran desplazarse con mayor autonomía en su ciudad. Los niños (de entre 10 y 13 años) hicieron sus prácticas de escritura Braille escribiendo las matrices para la nueva señalización de la ciudad. Desde 2005 su ciudad es la primera en Argentina que está totalmente señalizada en Braille, gracias a los dos años de esfuerzo de los niños no videntes y las escuelas y organizaciones que colaboraron con ellos. Actualmente, la experiencia está siendo replicada en la vecina ciudad de Cipolletti.

En los últimos años hemos visto desarrollarse numerosos proyectos solidarios compartidos entre escuelas "especiales" y escuelas "normales": producción conjunta entre una escuela especial y una técnica de herramientas de jardinería para ser distribuidas entre personas desocupadas; organización de obras teatrales conjuntas a beneficio de víctimas de una inundación, y muchas otras[21].

En algunos casos la interacción consiste en que los niños "especiales" se conviertan en "instructores" de otros niños. Uno de los casos más nota-

20. Proyecto presentado al Premio Presidencial "Escuelas Solidarias" 2000.
21. Experiencias presentadas al Premio Presidencial "Escuelas Solidarias", 2000-2005.

bles en este sentido fue el proyecto *"Ecoleños"*, desarrollado por la Escuela Especial N° 9 "Ruca Antu" de Junín de los Andes:

"El proyecto nace de la necesidad de muchos hogares de la comunidad que no cuentan con leña suficiente para calefaccionarse. Por encontrarse en la zona de Parques Nacionales no está permitida la tala de árboles, lo cual agrava aún más esta problemática, común a muchas regiones patagónicas.

En 1999, los alumnos comenzaron a investigar cómo reemplazar la leña, compactando diarios y cartones. Luego de experimentar con diversos materiales y comparar su rendimiento calórico a través de sencillas experiencias desarrolladas por los mismos niños con necesidades especiales, nacieron los "ecoleños", troncos de papel compactado con diversos materiales reciclados (aserrín, hojas secas, cáscaras, harina, etc.). La investigación, premiada en la Feria de Ciencias, ahora ha comenzado a proyectarse hacia la comunidad.

Los niños de la Escuela Especial están capacitando a sus familias, a alumnos de escuelas comunes y a otras instituciones, difundiendo la técnica de fabricación de los "ecoleños" como una alternativa eficaz a las problemáticas de la calefacción y la preservación del medio ambiente."[22]

5.2.4 - EL APRENDIZAJE-SERVICIO EN LA ESCUELA MEDIA *(13-18 AÑOS)*

Como ya se ha señalado, la pubertad y la adolescencia son edades especialmente propicias para alentar el compromiso con la realidad y el desarrollo de competencias para la participación ciudadana.

En la escuela media son frecuentes los proyectos solidarios vinculados a la promoción de la calidad y la equidad educativa, ya sea a través de proyectos de apoyo escolar, de alfabetización, promoción de la lectura, capacitación en informática, y otros. También son muy frecuentes los proyectos que apuntan a atender situaciones de pobreza a través de programas de desarrollo local, de mejora de la alimentación, la vivienda y la mejora de la calidad de vida; a la integración de la diversidad; la protección del medio ambiente y de la salud; a la preservación del patrimonio histórico y la promoción de circuitos turísticos locales y a la animación socio-cultural y la promoción comunitaria del deporte, la recreación y el uso positivo del tiempo libre.

La mayor autonomía de los adolescentes permite frecuentemente encarar proyectos en zonas alejadas de la institución educativa y a menudo

---

22. Experiencia ganadora del Premio Presidencial "Escuelas Solidarias" 2001. Síntesis de prensa, Programa Escuela y Comunidad, Secretaría de Educación Básica, Ministerio de Educación, 2001.

los proyectos de aprendizaje-servicio están vinculados a la planificación y desarrollo de viajes de estudio o de egresados con objetivos solidarios.

Por ejemplo, los estudiantes de la Escuela Media N° 3 "Fortunato Bonelli" de San Nicolás, Provincia de Buenos Aires, titularon a su viaje de egresados "El otro Sur", porque viajaron a la Patagonia argentina para visitar a otras escuelas que realizan proyectos de aprendizaje-servicio en la zona, efectuar actividades de intercambio con los niños y adolescentes de esas escuelas, y colaborar con ellos en sus proyectos.

En esta etapa los proyectos de aprendizaje-servicio deberían permitir:

– *Brindar una comprensión de las problemáticas sociales y de posibles estrategias para enfrentarlas desde múltiples perspectivas disciplinarias:* la educación secundaria tiende a convertir a los aprendizajes disciplinares en compartimentos estancos, y muchos intentos de trabajo interdisciplinario naufragan ante las dificultades operativas de articular artificialmente programas de estudio que no fueron diseñados para ello. La aproximación a la realidad que implica el aprendizaje-servicio debería contribuir a revertir esta tendencia.

– *Conectar actividades y resultados tangibles con necesidades de cambio estructurales.* En este nivel los estudiantes están en condiciones de comprender la vinculación entre problemas emergentes y cuestiones estructurales, entre el sufrimiento de una persona o comunidad y situaciones de injusticia social y económica, y también algo que no todos los adultos están dispuestos a asumir: la necesaria conexión entre la acción social y el compromiso ciudadano y político.

– *Alentar el compromiso extendido en el tiempo con un proyecto o lugar.* A diferencia de los niños, a quienes resulta más adecuado ofrecer proyectos a corto plazo, los adolescentes necesitan desarrollar su sentido de la responsabilidad y su capacidad de sostener una tarea más allá del entusiasmo inicial. Proyectos desarrollados a lo largo de varios meses o de todo un ciclo lectivo pueden contribuir en este sentido, así como el requerir un porcentaje mínimo de asistencia a los lugares de trabajo solidario para seguir siendo parte del proyecto.

– *Involucrar directamente a los estudiantes en el planeamiento y evaluación.* Los púberes y adolescentes reaccionarán con apatía y rechazo si perciben que el proyecto les es impuesto por los adultos, pero normalmente asumirán con entusiasmo las responsabilidades que implique un proyecto que sientan como propio.

– *Permitir desarrollar actividades vinculadas a la orientación vocacional:* para los adolescentes los proyectos de aprendizaje-servicio pueden ser una ocasión privilegiada para involucrarse en campos de actividad propios de la vida adulta. En algunas escuelas el proyecto de apren-

dizaje-servicio es organizado desde las áreas de orientación, o como parte de programas de orientación vocacional, ya que permiten a los estudiantes rotar entre trabajos voluntarios en escuelas, hospitales, hogares de ancianos y otras instituciones, en las que pueden conocer e interactuar con diversos campos de actividad profesional o laboral.
– *Ofrecer posibilidades de trabajo compartido con adultos y jóvenes mayores.* Una de las ventajas más reales y a veces menos percibidas de este tipo de iniciativas es que pone a los púberes y adolescentes en contacto más cercano con algunos de sus docentes, y al desarrollar juntos un proyecto solidario, los acerca a figuras adultas que pueden tomar como punto de referencia y convertirse en adultos significativos (4.2.1f).

En cuanto a la inserción curricular de los proyectos de aprendizaje-servicio, en algunos casos los currículos nacionales permiten a las escuelas disponer de espacios de diseño institucional, o espacios específicos para el desarrollo de proyectos, o para materias vinculadas a la modalidad u orientación específica del proyecto escolar. En el caso de Argentina, los currículos provinciales de la Educación Polimodal (tres últimos años de la escuela media) incluyen tanto la posibilidad de definir espacios institucionales, como espacios obligatorios para el desarrollo de proyectos orientados al perfil específico de cada una de las cinco modalidades, como se ve en el siguiente cuadro.

FIGURA 16: Proyectos orientados a las cinco modalidades de la Educación Polimodal en Argentina (MINISTERIO DE CULTURA Y EDUCACIÓN, 1997).

MODALIDAD	PROYECTO
Economía y Gestión de las Organizaciones	*Proyecto de microemprendimiento*
Producción de Bienes y Servicio	*Proyecto tecnológico*
Comunicación, Artes y Diseño	*Proyecto de producción y gestión comunicacional*
Ciencias Naturales / Humanidades y Ciencias Sociales	*Proyecto de investigación e intervención comunitaria*

Estos cuatro tipos de proyectos son plataformas adecuadas para el desarrollo de experiencias de aprendizaje-servicio y pueden desarrollarse prescindiendo del tipo de estructura curricular que los contenga[23]:

23. Para más alternativas de implementación de proyectos de aprendizaje-servicio en los espacios de proyectos de la Educación Polimodal, ver TAPIA, 2000, pp. 109-137.

a) *Microemprendimientos solidarios:* son "microempresas" o "microemprendimientos económicos" desarrollados al servicio de una organización comunitaria, de necesidades específicas de una comunidad, emprendimientos reales y no solamente simulacros de negocios desarrollados dentro del aula. Por ejemplo, los estudiantes del Colegio Alemán de Villa General Belgrano (Córdoba) generaron un microemprendimiento de venta y promoción de las artesanías de una población toba en Villa Gral. Belgrano, que por su carácter de localidad turística cuenta con un dinámico mercado artesanal. La venta se acompaña de acciones de difusión de la cultura toba, mediante la confección y distribución de un libro con leyendas, costumbres, comidas y la descripción de las artesanías, confeccionado por los estudiantes. Todas las ganancias del microemprendimiento se envían a los artesanos chaqueños. El emprendimiento da continuidad a la vinculación establecida por los viajes solidarios y de intercambio cultural realizados anualmente por la escuela cordobesa a la Escuela Rural 910 de "Lote 60", Chaco, ubicada en una zona predominantemente toba.

b) *Proyectos tecnológicos de aprendizaje-servicio:* en el punto siguiente (4.2.5) nos referiremos específicamente a los proyectos de aprendizaje-servicio en las escuelas técnicas. Aquí sólo quisiéramos señalar que la asignatura Tecnología puede permitir a estudiantes de escuelas medias desarrollar proyectos tecnológicos de gran impacto en la comunidad, aun careciendo de la formación especializada propia de las escuelas técnicas. Por ejemplo, los estudiantes de la Escuela Albergue N° 8-404 de San Miguel, Mendoza, investigaron en Ciencias Sociales sobre el pasado de su comunidad huarpe y descubrieron que sus ancestros habían sido agricultores, mientras que en la actualidad sus tierras se han desertificado, reduciendo al 80% de los pobladores a vivir principalmente de la crianza de cabras y de la producción de artesanías. En clase de Tecnología los alumnos decidieron poner sus conocimientos al servicio de la construcción de un acueducto que permitiera recuperar la vida y la memoria agrícola del pueblo huarpe. Con el apoyo de sus docentes, diseñaron una maqueta con el recorrido posible para un acueducto que proveyera de agua a la localidad. La Asociación de Padrinos de Escuelas Rurales (APAER) colaboró con los fondos para los materiales. Así comenzó, con la asesoría de profesionales y de los ancianos de la comunidad y la mano de obra de padres y madres, estudiantes, docentes y ex-alumnos, la construcción del acueducto "Río San Juan", que devolvió a la comunidad no sólo el agua, sino la esperanza de recuperar su identidad y construir un futuro mejor[24].

---

24. Premio Presidencial "Escuelas Solidarias" 2003, www.me.gov.ar/edusol

c) *Proyectos de producción y gestión comunicacional y artística:* numerosas escuelas con especialidades en estos campos desarrollan campañas de promoción, diseñan logos y materiales de difusión para organizaciones sin fines de lucro, y aplican sus conocimientos en proyectos comunitarios. Veamos apenas dos ejemplos:

– Los alumnos del nivel medio de la Escuela de Danzas N° 1 comparten sus aprendizajes enseñando danzas a niños y ancianos en diversas organizaciones comunitarias, y haciendo presentaciones en eventos comunitarios barriales, celebraciones de la ciudad, así como en jardines de infantes y otras escuelas. Para los estudiantes la experiencia resultó importante para desarrollar la creatividad ante situaciones novedosas y para aprender a planificar y desarrollar sus actividades artísticas en diversos contextos (SECRETARÍA DE EDUCACIÓN, 2002)[25].

– Los estudiantes de la modalidad de Comunicación, Arte y Diseño del Colegio Parroquial San Francisco de Asís (Francisco Álvarez, Moreno, Provincia de Buenos Aires) han producido un CD musical a beneficio de un compañero enfermo, organizan actividades culturales para el barrio y diseñan y producen murales para organizaciones comunitarias, cuyos diseños tienen que ver con la reflexión de los estudiantes sobre la historia y la vida de su comunidad y las problemáticas locales y nacionales[26].

d) *Proyectos de investigación en Ciencias Exactas y Naturales e intervención comunitaria:* la enseñanza de las asignaturas del campo de las Ciencias Exactas y Naturales habitualmente está asociada a la ejercitación en problemas teóricos y a la experimentación en laboratorio más que a la aplicación de conocimientos en el terreno comunitario. Sin embargo, numerosas investigaciones escolares en estos campos del saber pueden ser aplicadas a la mejora de la calidad de vida de la comunidad. Veamos dos ejemplos:

– En la Escuela Media "Abel Acosta" N° 824, de Santa María de Catamarca, los estudiantes aplicaron sus conocimientos de Química al estudio del agotamiento de los suelos de la localidad, y analizaron estadísticas que mostraban claramente el consecuente descenso de la productividad de los pequeños agricultores locales. En el área de Ciencias Naturales llevaron a cabo una investigación en búsqueda de posibles soluciones y desarrollaron un proyecto de aprendizaje-servicio que apuntó a revertir el problema a través de la difusión de la

---

25. Premio Ciudad de Buenos Aires "Escuelas Solidarias" 2002.
26. Premio Presidencial "Escuelas Solidarias" 2005, www.me.gov.ar/edusol

práctica de la lumbricultura. Los estudiantes generaron en la escuela un sitio de experimentación en el que verificaron la efectividad de la técnica, y en el que crían planteles de lombrices que luego distribuyen entre los productores de la zona para quienes desarrollaron materiales de difusión y capacitación[27].

– Los estudiantes del Colegio del Salvador de la ciudad de Buenos Aires investigan y aprenden sobre técnicas de cultivo hidropónicas y orgánicas. En base a esos aprendizajes desarrollaron un vivero y una huerta escolar con los que colaboran en un comedor para personas deambulantes en la zona céntrica de Buenos Aires. Con los conocimientos adquiridos contribuyen a capacitar a estudiantes de la zona de San Miguel, en la provincia de Buenos Aires, una zona con altos niveles de pobreza, para contribuir a la creación de una red de huertas orgánicas. Los estudiantes del Salvador distribuyen los plantines desarrollados en el vivero de la institución, contribuyendo a que la comunidad acceda a sus propios cultivos y mejore la calidad de su alimentación[28].

e) *Proyectos de investigación en Humanidades y Ciencias Sociales e intervención comunitaria:* estos campos del conocimiento son especialmente adecuados para conocer y desarrollar una reflexión crítica sobre la realidad social. Sin embargo, a menudo esa reflexión se agota en el diagnóstico y –por parte de los estudiantes– en la condena de los lejanos adultos responsables de los problemas, sin llegar nunca a la reflexión sobre las responsabilidades personales en cuanto a su entorno inmediato. Los proyectos de aprendizaje-servicio permiten ofrecer a los estudiantes campos reales de intervención y modificación de las condiciones de vida de una comunidad, y poner a prueba sus discursos e intenciones en la vida real. Los proyectos de aprendizaje-servicio son adecuados especialmente para ejercitar a los estudiantes en herramientas propias de la investigación en Ciencias Sociales y del planeamiento de proyectos de intervención social.

Veamos un proyecto que pone en juego especialmente Ciencias Sociales, Lengua y Literatura: los estudiantes del Polimodal de la Escuela Media N° 10 de José C. Paz, Buenos Aires, en el espacio de "Metodología de investigación e intervención comunitaria" de la modalidad de Humanidades y Ciencias Sociales desarrollaron un diagnóstico sobre las múltiples problemáticas socio-económicas y culturales que aquejan a su barrio. En una zona que no cuenta con librerías ni bibliotecas, los estudiantes decidieron consagrar su proyecto de intervención comunitaria a la promoción de

27. Premio Presidencial "Escuelas Solidarias" 2000. www.me.gov.ar/edusol
28. www.colegiodelsalvador.esc.edu.ar. Ver Espacios Transversales/aprendizaje y servicio.

la lectura. Luego de hacer una encuesta para relevar el interés de la comunidad por el proyecto, se recolectaron, restauraron e inventariaron libros que debieron leer en profundidad para poder clasificar y seleccionar los adecuados a diferentes edades e intereses. Con un "carrito-biblioteca" que llevan por las calles del barrio visitan mensualmente un jardín de infantes, el centro comunitario, una escuela especial y un hogar de ancianos de la zona. Allí promueven la lectura a través de narraciones orales, dramatizaciones y lecturas grupales organizadas por los estudiantes. Para facilitar la integración de compañeros de estudio no-videntes, aprendieron Braille y comenzaron a integrar al proyecto audiolibros y material en Braille. En 2005 los estudiantes usaron su viaje de egresados para "apadrinar" una escuela rural de Misiones, donde también desarrollaron actividades de promoción de la lectura. La experiencia ha contribuido a mejorar los aprendizajes y la motivación por permanecer en la escuela en adolescentes y jóvenes antes proclives a abandonar los estudios (EDUSOL, 2004)[29].

5.2.5 - APRENDIZAJE-SERVICIO EN LA EDUCACIÓN TÉCNICA Y LA FORMACIÓN LABORAL

Las escuelas medias técnicas y agrotécnicas, así como los centros de formación laboral, constituyen espacios privilegiados para generar una cultura del trabajo y una actitud emprendedora en los jóvenes. El desarrollo de proyectos de aprendizaje-servicio permite formar a los estudiantes también como emprendedores sociales.

En los centros de formación laboral, orientar los productos de los talleres de capacitación hacia una finalidad comunitaria contribuye a fortalecer la autoestima de jóvenes y adultos, y a motivarlos para optimizar su formación.

Los aprendizajes específicos de las diversas tecnicaturas y los equipamientos propios de este tipo de instituciones ofrecen un potencial especialmente adecuado para el desarrollo de proyectos productivos y tecnológicos de aprendizaje-servicio que ofrezcan respuestas eficaces a problemáticas comunitarias. Muy habitualmente los proyectos desarrollados desde escuelas técnicas tienen la posibilidad de alcanzar impactos visibles en una comunidad en tiempos relativamente breves, y de obtener resultados que serían mucho más difíciles de alcanzar desde otro tipo de escuelas medias.

En muchas partes del mundo, y especialmente en América Latina, es posible verificar numerosos casos en que las escuelas técnicas y agrotécnicas se han involucrado en las necesidades de sus propias comunidades o

29. Premio Presidencial 2003. www.me.gov.ar/edusol

de otras alejadas, y a partir de la especificidad de su misión, han sabido construir redes solidarias y desarrollar acciones solidarias eficaces de transformación de la realidad.

Entre los proyectos más frecuentes en las escuelas técnicas argentinas[30] podrían incluirse:

– La producción de implementos de ortopedia para ancianos o personas con necesidades especiales.
– La instalación de paneles solares, generadores eólicos y otras fuentes de energía renovables.
– El mantenimiento o mejora de construcciones, instalaciones eléctricas o equipamientos informáticos de escuelas y centros comunitarios.
– El reciclado de computadoras, electrodomésticos y otros elementos útiles para escuelas, hospitales y organizaciones de la sociedad civil.
– Actividades de capacitación laboral y difusión de conocimientos tecnológicos, y muchos otros.

Los proyectos de aprendizaje-servicio en las escuelas técnicas y agropecuarias deberían desarrollar las características ya señaladas para el nivel medio, pero además deberían permitir desarrollar pasantías y prácticas pre-profesionales que simultáneamente tengan contenidos formativos en cuanto a la educación en valores y para la práctica de la ciudadanía.

En este sentido es recomendable:

– Vincular actividades específicas de las asignaturas de taller a tareas orientadas al servicio solidario.
– Articular los aspectos tecnológicos del proyecto con espacios de reflexión vinculados a las asignaturas relacionadas con a las Ciencias Sociales y las Humanidades.

Veamos dos experiencias desarrolladas en los últimos años en escuelas técnicas de Argentina y Chile:

En las horas de taller de la Escuela de Educación Técnica N° 2 "Luciano Fortabat" (Olavarría, Buenos Aires) los estudiantes repararon y pusieron en marcha una máquina muy especial: una calesita. Una organización local que trabaja al servicio de personas con capacidades diferentes había recibido en donación una calesita en desuso. Tenía el permiso municipal para operarla, pero no los recursos para repararla y ponerla en marcha, por lo que solicitaron la ayuda de la escuela. Los estudiantes no sólo la repararon sino que la rediseñaron, incluyendo una original rampa de acceso para discapacitados motores, y la redecoración con personajes de humoristas

---

30. Según lo relevado de la Base de datos del Programa Nacional Educación Solidaria, 2006.

argentinos. También incorporaron al proyecto una biblioteca que ofrece libros infantiles a los niños que concurren a la calesita. Para concretar su proyecto, los estudiantes debieron capacitarse en una industria local en lo referente al moldeado de fibra de vidrio, y aprender a manipular el complejo sistema mecánico original. La calesita funciona a beneficio de la ONG "Ilusiones" en un predio cedido por el Municipio de Olavarría[31].

La Escuela Industrial Remehue (Osorno, Chile), un colegio técnico católico con especialidad en construcción y carpintería, atiende a una comunidad rural constituída predominantemente por las etnias Mapuche y Huiliche, ubicada en uno de los sectores más pobres del extremo sur de Chile. A partir de 1995 los estudiantes realizan sus pasantías en comunidades rurales vecinas, al servicio de las necesidades constructivas planteadas por los líderes de esas comunidades (ALIAGA PIZARRO, 2002).

Los objetivos planteados fueron *"Desarrollar pasantías sistemáticas en las comunidades rurales del entorno local a la escuela, para ejecutar proyectos tecnológicos que favorezcan la identidad e inserción de los jóvenes en sus comunidades de origen como agentes de desarrollo y mejoramiento de la calidad de vida, e incorporarle a la escuela los referentes educativos y culturales que de ellas emanan, fomentando la creación de microempresas de alumnos egresados que participen de la búsqueda de soluciones habitacionales apropiadas al sector".*[32]

En los *"Proyectos de Desarrollo Tecnológico-Construcción de Viviendas Rurales"* los estudiantes utilizan su conocimiento académico y sus habilidades prácticas para el diseño y la construcción de viviendas requeridas por los líderes comunitarios locales. Los estudiantes construyen casas nuevas, en otras viviendas edifican nuevas habitaciones o realizan trabajos de mantenimiento. A demanda de diversas comunidades, también han construido centros comunitarios, una capilla y otros edificios. Durante su estadía en cada comunidad, los estudiantes investigan su historia y tradiciones, y preparan una celebración cultural final, con música folklórica, juegos y artesanías típicas, para celebrar su herencia nativa. Las conexiones curriculares del proyecto incluyen, además de las materias técnicas, la asignatura de Lengua extranjera: los alumnos deben preparar un glosario en inglés con el vocabulario técnico usado en el proyecto, para enriquecer la biblioteca del colegio.

Por la calidad de su proyecto, la Escuela de Remehue fue seleccionada en 2004 para el "Premio Bicentenario de Escuelas Solidarias"[33].

---

31. Premio Presidencial Escuelas Solidarias 2003. www.me.gov.ar/edusol
32. Cf. Formulario de Postulación-Proyecto Montegrande, pag. 18. Punto 3.4 Objetivo general.
33. http://www.mineduc.cl/montegrande ; http://www.bicentenario.gov.cl/inicio/ganadores.php

Las escuelas agropecuarias suelen tener estrechos vínculos con las poblaciones rurales más postergadas y pueden cumplir un rol decisivo en la difusión de prácticas productivas innovadoras y en el desarrollo local. Muchas de ellas generan espacios de capacitación para los pequeños productores locales y, cuando los capacitadores son los propios alumnos, se generan excelentes proyectos de aprendizaje-servicio.

Por ejemplo, los estudiantes del Complejo Educativo Agropecuario N° 1 "Ing. Ricardo J. Hueda" de Perico, Jujuy, comenzaron por establecer una cooperativa propia, con la que desarrollaron un microemprendimiento de producción de dulces al servicio de la cooperadora escolar. Más tarde, y como parte de la aplicación de algunas de las asignaturas prácticas, comenzaron a colaborar con huertas comunitarias de la ciudad, a las que contribuyen con plantines y capacitación. A partir de 2004 en el establecimiento escolar generaron un importante emprendimiento de cría de conejos, con el cual entregan planteles criados en la escuela y capacitan para generar microemprendimientos cunículas en el asilo de ancianos local y en hogares de personas desempleadas de la zona.

En los centros de formación laboral las necesarias prácticas laborales pueden orientarse con relativa sencillez a una finalidad solidaria:

– En el taller de corte y confección del Taller de Capacitación Integral "Enrique Angelelli" (Bariloche, Río Negro) se confeccionan prendas de abrigo para los ancianos de la comunidad que lo necesitan.
– En el espacio de metalurgia del Centro Monotécnico N° 73 de Gral. Roca, Río Negro, los estudiantes investigaron cómo reciclar los termotanques que se desechaban, y fabricaron con ellos calefactores para la población de la zona, que por cocinar a leña en habitaciones cerradas sufre múltiples problemas de salud.

5.2.6 - *EL APRENDIZAJE-SERVICIO EN LA EDUCACIÓN DE ADULTOS*

En Argentina y en muchos países latinoamericanos, las instituciones de "educación de adultos" reciben a un gran número de adolescentes y jóvenes que no han podido permanecer en la escuela secundaria tradicional. Si bien en muchos casos la acumulación de compromisos laborales y familiares no permite desarrollar ningún tipo de actividad extracurricular, numerosas instituciones de educación de adultos están incorporando prácticas de aprendizaje-servicio, especialmente las que pueden desarrollarse en el marco de una o más asignaturas específicas.

– Los jóvenes del Colegio Secundario para Adultos "Don Jaime de Nevares" de San Carlos de Bariloche, Río Negro –que en su mayoría

vienen de fracasos escolares en otras escuelas y viven en condiciones de extrema pobreza–, se plantearon como proyecto de la asignatura Tecnología solucionar la falta de energía eléctrica en la localidad de origen de un compañero. Compartiendo saberes y con ayuda de varias instituciones lograron diseñar, construir e instalar un generador eólico que actualmente brinda energía a un paraje rural (Edusol, 2006b).
– La escuela de adultos CEM 41 de Pilcaniyeu, Río Negro, sostiene una radio que es el principal medio de comunicación de esa aislada localidad patagónica. La radio es también un importante espacio formativo que permite a los estudiantes aplicar y desarrollar sus competencias comunicacionales y de gestión.

En un número creciente de establecimientos penitenciarios se están estableciendo escuelas primarias y medias para jóvenes y adultos que desean terminar sus estudios mientras cumplen su pena. Aun cuando pueda resultar sorprendente, estudiantes en situación de encierro pueden generar excelentes proyectos de aprendizaje-servicio que se constituyen también en una oportunidad para verse a sí mismos como personas útiles para otros y capaces de desarrollar un proyecto de vida constructivo.

Uno de los ejemplos más notables es el de la Escuela de Educación Media N° 3, localizada en la Unidad Penitenciaria de Máxima Seguridad N° 30 de General Alvear (Buenos Aires). Los internos que asisten a clase se capacitaron para diseñar y editar libros en Braille, y trabajan voluntariamente en la transcripción de obras literarias para la Biblioteca de Ciegos, para la que han producido un gran número de libros y audiolibros. La experiencia ha impactado fuertemente en la percepción de los protagonistas y sus comunidades de referencia sobre su capacidad de desarrollar proyectos de vida constructivos. Los estudiantes también publican una revista de comunicación interna que se distribuye dentro del penal[34].

34. Premio Presidencial "Escuelas Solidarias" 2005. www.me.gov.ar/edusol

5.3 - EL APRENDIZAJE-SERVICIO
EN LA EDUCACIÓN SUPERIOR

La Educación Superior constituye quizás uno de los ámbitos más propicios y naturales para el desarrollo de proyectos de aprendizaje-servicio de alto impacto en la comunidad. El concepto mismo de "aprendizaje-servicio" nació en las instituciones de Educación Superior, y la cantidad y variedad de la bibliografía, así como la multiplicidad de centros académicos y organizaciones dedicadas específicamente al aprendizaje-servicio en la Educación Superior hace prácticamente imposible agotar en el espacio disponible siquiera una breve aproximación al tema[35].

Entre los múltiples abordajes y perspectivas posibles, quisiera detenerme sólo en cuatro temas que considero centrales para el desarrollo del aprendizaje-servicio en las instituciones de Educación Superior, especialmente en América Latina:

1. La relación entre la pedagogía del aprendizaje-servicio y el concepto de "responsabilidad social universitaria".

2. La relación entre aprendizaje-servicio y calidad académica.

3. Las principales modalidades de inserción curricular del aprendizaje-servicio en la Educación Superior.

4. La importancia de las prácticas de aprendizaje-servicio en los Institutos de formación docente.

5.3.1 - *APRENDIZAJE-SERVICIO, RESPONSABILIDAD SOCIAL UNIVERSITARIA Y PERFIL INSTITUCIONAL*

En los últimos años en casi todo el mundo ha crecido la conciencia en cuanto a la responsabilidad de las instituciones de Educación Superior de aportar su caudal de conocimientos y recursos al servicio del conjunto de la comunidad.

Como afirma un documento de la UNESCO:

"La educación superior debe reforzar sus funciones de servicio a la sociedad, y más concretamente sus actividades encaminadas a erradicar la pobreza, la intolerancia, la violencia, el analfabetismo, el hambre,

---

35. En el sitio de Campus Compact se puede encontrar gran número de publicaciones, ejemplos de cursos que desarrollan aprendizaje-servicio y otros materiales útiles. www.compact.org

el deterioro del medio ambiente y las enfermedades, principalmente mediante un planteamiento interdisciplinario y transdisciplinario para analizar los problemas y las cuestiones planteados." (Declaración Mundial sobre la Educación Superior en el siglo XXI de la UNESCO, París, 1998).

En esta línea, en los últimos años el concepto tradicional de "extensión" universitaria se ha visto enriquecido o reemplazado por el concepto de "responsabilidad social universitaria" (RSU).

Son muchas las definiciones que circulan en cuanto a los alcances de este término. Para el *II Diálogo Global sobre Responsabilidad Social Universitaria*[36], es *"la gerencia ética e inteligente de los impactos que genera la organización en su entorno humano, social y natural"*.

En otra definición, abarca:

"(...) la capacidad que tiene la universidad como institución de difundir y poner en práctica un conjunto de principios y valores, por medio de cuatro procesos claves: gestión, docencia, investigación y extensión". (UNIVERSIDAD CONSTRUYE PAÍS, 2006, p. 25)

Este concepto implica la revisión, a la luz del bien común, de los modelos de gestión de las instituciones de Educación Superior, de sus sistemas de financiamiento, administración de sus recursos humanos, financieros y materiales, sistemas de selección y manutención de sus estudiantes, entre muchos otros. Desde una visión compartida por muchas instituciones latinoamericanas, el concepto de RSU es también:

"(...) un camino por recorrer en el desarrollo de una visión de país que sea referente interno para orientar la propia acción de la universidad y la de otros actores en función de esa visión".[37]

En algunos contextos, el concepto de RSU se emparenta con la responsabilidad de "devolver" a la sociedad el sostén social que hace posible la existencia misma de la universidad pública. Esta responsabilidad debería ser especialmente sentida en países donde los jóvenes que están en condiciones de acceder y permanecer en la Educación Superior siguen siendo una minoría, y donde los estudios de esa minoría son financiados total o parcialmente por el Estado, es decir por los impuestos de todos, incluidos los menos privilegiados.

36. Organizado de manera conjunta por la Iniciativa Interamericana de Capital Social, Ética y Desarrollo del Banco Interamericano de Desarrollo (BID/SDS) y la Red Global de Aprendizaje para el Desarrollo del Banco Mundial en noviembre de 2005.
37. Discurso inaugural del Seminario-taller "Visión Chile Regional 2020". Mónica Jiménez de la Jara Rectora Universidad Católica de Temuco. Proyecto "Universidad Construye País". www.construyepais.cl

Dentro de los programas de RSU suelen encontrarse acciones institucionales protagonizadas básicamente por funcionarios o docentes, programas de voluntariado organizado por el conjunto de la universidad o por los centros de estudiantes, y también proyectos de aprendizaje-servicio con un gran protagonismo estudiantil y una fuerte articulación con la formación académica.

De hecho, la novedad que aporta el aprendizaje-servicio al concepto tradicional de RSU es justamente que articula la misión de "extensión" y de "responsabilidad social" con la de alcanzar la excelencia académica, superando las habituales tensiones entre estas dos misiones básicas de las instituciones de Educación Superior.

Por otra parte, y a diferencia de ciertos programas de RSU gerenciados directamente por las máximas autoridades o por sectores de la institución desvinculados de la docencia, en los proyectos de aprendizaje-servicio el protagonismo reside en los estudiantes que desarrollan las acciones y en las cátedras que articulan contenidos académicos específicos con esas actividades solidarias.

En definitiva, lo que se pone en juego en la introducción y promoción de políticas institucionales de responsabilidad social y de promoción del aprendizaje-servicio es la definición o redefinición estratégica en cuanto a la misión y visión de cada universidad o instituto de Educación Superior. Hay instituciones que han quedado ancladas en la vieja imaginería del "templo del saber"; otras que intentan cambios cosméticos, pero que siguen siendo periféricos a las funciones siempre centrales de la docencia y la investigación. La introducción del aprendizaje-servicio en una institución de Educación Superior apunta a generar cambios justamente en ese núcleo, vinculando estrechamente la responsabilidad social y la contribución al desarrollo con la excelencia académica (YUPIEC, 1993).

5.3.2 - APRENDIZAJE-SERVICIO Y CALIDAD ACADÉMICA

Como hemos señalado anteriormente, para la pedagogía del aprendizaje-servicio no hay contradicción entre la búsqueda de excelencia académica y la proyección solidaria hacia la comunidad.

"Para algunas universidades el objeto de su existencia es la excelencia académica. Nosotros consideramos que la razón de nuestra existencia es el servicio a la gente y la excelencia académica su mejor instrumento." (EDUSOL, 2006, p. 11)[38]

---

38. Programa BIN, Facultad de Medicina, Universidad de Tucumán.

De hecho, numerosas investigaciones han mostrado los consistentes impactos que el aprendizaje-servicio produce tanto en el aprendizaje como en el desarrollo de competencias y actitudes en los estudiantes terciarios y universitarios (Jacoby, 1996; Eyler-Giles, 1999; Furco, 2005; Ehrlich, 2000).

"Lejos de preparar a los estudiantes para un trabajo en particular, (el aprendizaje-servicio) *los prepara para resolver los problemas de su comunidad. Les ofrece la posibilidad de explorar las interconexiones entre la teoría del aula y la práctica enfocada a necesidades comunitarias."* (Herrero, 2002, p. 37)

La estructura de producción del conocimiento en las universidades, por la lógica de la especialización, tiende a compartimentalizarse y aislarse de la realidad. Ésa es una de las principales razones por las cuales el aprendizaje-servicio es particularmente innovador en la Educación Superior, ya que contribuye a superar la brecha entre teoría y práctica que tantas veces los graduados recientes y sus empleadores señalan como una de las falencias más serias de la enseñanza universitaria tradicional.

"La especialización es la consecuencia de la producción de la investigación y del conocimiento dentro de la lógica de cada disciplina. La necesidad de obtener respuestas lleva a mayor especialización, perdiendo la visión de que solamente se está respondiendo a una parte de los problemas. La producción de conocimientos también ocurre en los intersticios de las disciplinas. El desarrollo de temas complejos permite la creación de un híbrido que va generando formas estables de creación de conocimientos formados a partir del contacto con el verdadero problema." (Herrero, 2002, p. 32)

La investigación y la acción solidaria en torno a problemas contribuye no sólo a romper el aislamiento entre los compartimentos estancos disciplinares, sino que también permite generar nuevas instancias de diálogo entre los especialistas que producen el conocimiento y sus usuarios en la realidad local:

"Un nuevo desafío para las instituciones universitarias es la comprensión de que el logro no es siempre la verdad en sí misma, sino la comprensión por parte de todos sobre la naturaleza compleja del problema y los cambios a partir de los cuales se dimensionará su solución. Un reto necesario es obtener un balance ideal entre la identidad disciplinaria y la competencia transdisciplinaria. (GIBBONS, M.; 1994), pero sin olvidarse de que los principales actores de los cambios, es decir los usuarios de conocimiento y los responsables de las políticas públicas y de decisión local, deben ser participados". (LYNN, 2000).

"Esta metodología trata de romper con la cultura del trabajo aislado, llevándolo hacia la cultura del trabajo colectivo, incorporando a su vez la cultura del diálogo, no sólo dentro de la institución sino hacia la comunidad. El tipo de reflexión pedagógica requiere que el docente piense sobre las conexiones específicas entre los objetivos de los cursos y del departamento en el cual se insertan, entre la misión de la universidad y las expectativas de la comunidad y entre los objetivos esperados del curso y las expectativas de los estudiantes". (Herrero, 2002, p. 37)

Desde una concepción integral de excelencia académica, en los últimos años se advierte en las instituciones de Educación Superior una mayor preocupación por la educación en valores y para la participación ciudadana de los jóvenes (Ehrlich, 2000). El éxodo de profesionales de los países latinoamericanos hacia los países más desarrollados no deja de plantear la permanente necesidad de fortalecer en los estudiantes el sentido de responsabilidad social y de compromiso con las necesidades de desarrollo nacional.

Al conectar las prácticas solidarias con posibilidades de acción profesional que permitan cambios sociales a mediano y largo plazos, los proyectos de aprendizaje-servicio pueden contribuir a superar una visión exclusivamente individualista de la propia profesión, y a formar graduados conocedores y comprometidos solidariamente con las necesidades de su comunidad, de su país y de la comunidad internacional (Younis & Yates, 1993).

El aprendizaje-servicio en la Educación Superior:

"Reconoce a la democracia como una activa participación de aprendizaje, y privilegia la activa participación en la vida de la comunidad como un puente para ejercer la ciudadanía. Dada esta estrecha relación con los valores cívicos, refuerza aquellos aspectos de la currícula vinculados al pensamiento crítico, el discurso público, las actividades grupales y la vinculación con la comunidad." (Herrero, 2002, p. 37)

Como se ha señalado en el capítulo anterior, no cualquier proyecto de aprendizaje-servicio genera el mismo tipo de impacto en la excelencia académica (4.2). En este sentido pueden ser orientadores los "principios para una buena práctica" desarrollados por Howard:

1. El crédito académico es para el aprendizaje, no para el servicio.
2. No se debe comprometer el rigor académico.
3. Debe haber objetivos de aprendizaje claros para los estudiantes.
4. Es necesario establecer criterios claros para seleccionar los lugares donde se desarrollará el servicio a la comunidad.
5. Se deben prever mecanismos académicamente probados para evaluar los aprendizajes que tienen lugar en la comunidad.

6. Se debe proveer a los estudiantes de herramientas para identificar los aprendizajes que desarrollan en el terreno comunitario.

7. Es necesario minimizar las diferencias entre el rol de los estudiantes dentro y fuera del aula: tanto en el aula como en la comunidad deben ser protagonistas de sus propios aprendizajes.

8. El aprendizaje-servicio debe ayudar a repensar el rol del docente.

9. Es necesario prever el grado de incertidumbres y variaciones que genera el aprendizaje en la comunidad.

10. Se debe maximizar la orientación de los cursos a una perspectiva de responsabilidad social (Howard, 1993, pp. 5-9).

5.3.3 - Diversos modos de inserción curricular del aprendizaje-servicio en la Educación Superior

Desde los años '60 se han multiplicado en la Educación Superior los intentos de superar didácticas enciclopedistas y estáticas, que ya no se adecuan a las demandas de profesionales capaces de enfrentarse eficazmente con una realidad cambiante.

Abordajes pedagógicos hoy cada vez más frecuentes, como el estudio de casos o el aprendizaje a partir de problemas (PBL), facilitan la incorporación de prácticas de aprendizaje-servicio, cuando los casos y problemas analizados son simultáneamente objeto de proyectos de intervención socio-comunitaria que permiten abordar alternativas efectivas de solución a los mismos. La proliferación de ámbitos de práctica pre-profesional, pasantías, *stages* y otras modalidades de aprendizaje "en el terreno" han abierto también numerosas ocasiones para el desarrollo de proyectos de aprendizaje-servicio.

Las prácticas de aprendizaje-servicio enriquecen estos abordajes pedagógicos con la posibilidad de involucrar no sólo perspectivas interdisciplinarias y prácticas "en el terreno", sino que permiten la formación de competencias que apuntan simultáneamente a la integración en el mundo del trabajo y a una práctica conciente y participativa de la ciudadanía.

Las prácticas de aprendizaje-servicio pueden insertarse en el currículo de las más variadas carreras, y con muy diversas modalidades (Jacoby, 1996). Veamos algunas de las alternativas más frecuentes:

– *Prácticas de aprendizaje-servicio como requisito opcional de un curso:* en numerosos casos las cátedras ofrecen la posibilidad de participar en proyectos de aprendizaje-servicio como parte o en reemplazo de otro tipo de prácticas.

    o En la sede de Tartagal de la carrera de Comunicación Social de la Facultad de Humanidades de la Universidad Nacional de Salta los estudiantes desarrollan voluntariamente con acompañamiento de la cátedra un programa de capacitación de poblaciones indígenas de la región para que puedan producir y emitir programas radiofónicos en lenguas originarias. Los programas contribuyen a recuperar y valorar las identidades originarias y han dado origen a otras actividades como la publicación de dos compilaciones de narraciones tradicionales de las diversas etnias[39].

o En numerosos institutos de formación docente las futuras maestras pueden reemplazar parte de las tradicionales horas de "Observación de prácticas" por la participación en proyectos de apoyo escolar en centros comunitarios.

– *Prácticas de aprendizaje-servicio como requisito obligatorio de un curso:* hemos visto varios ejemplos de cátedras que incluyen, como parte de las prácticas obligatorias, experiencias de aprendizaje-servicio:

o La carrera de Odontología de la Universidad de La Plata, en Argentina, ha incluido en el currículo prácticas solidarias dedicadas a la educación odontológica y a la promoción de la salud bucal de la población. Se fortaleció la investigación participativa como método de trabajo para la formación de los estudiantes, poniéndola al servicio de las necesidades comunitarias de salud oral. La Facultad ha firmado convenios con organizaciones de la sociedad civil y del sector público para ofrecer programas preventivos, de atención primaria y educación para la salud en los que participan los estudiantes en la última etapa de la carrera.

o La Facultad de Arquitectura de la Universidad Católica de Córdoba desarrolla las prácticas constructivas colaborando con el diseño y construcción de viviendas populares[40].

– *Horas de servicio o prácticas de aprendizaje-servicio como requisito obligatorio para la graduación:* como hemos visto, en varios países de América Latina, al igual que en numerosas universidades norteamericanas, hay requisitos de servicio obligatorios para obtener un diploma universitario. La obligatoriedad no necesariamente está ligada al aprendizaje-servicio, ya que en demasiados casos el "servicio" puede ser simplemente una formalidad, o estar desvinculado del perfil profesional del futuro graduado. Sin embargo, como sucede en numerosas universidades mexicanas, y como sucede en Costa

39. Premio Presidencial "Prácticas Solidarias en Educación Superior" 2004. www.me.ov.ar/edusol
40. Facultad de Arquitectura, Universidad Católica de Córdoba, Premio Presidencial Prácticas Solidarias en Educación Superior 2004, www.me.gov.ar/edusol

Rica, el requisito de obligatoriedad puede ser una plataforma para el desarrollo de excelentes proyectos de aprendizaje-servicio.

Las modalidades más frecuentes para este tipo de obligatoriedad suelen ser las de:

- o Estipular un número mínimo de horas de servicio que deben cumplirse (éste es el caso de México, Venezuela y de la mayoría de las universidades norteamericanas con requisitos de servicio obligatorios), dando libertad a los estudiantes para elegir dónde y cómo cumplirlas.
- o Establecer un número mínimo de horas y un determinado número o tipo de proyectos en los que se pueden cumplir (Costa Rica).
- o Incluir las prácticas obligatorias de servicio en materias indispensables para la graduación, como la asignatura de Prácticas constructivas, en el caso ya mencionado de la Facultad de Arquitectura de Córdoba.

En las dos primeras alternativas, las prácticas de aprendizaje-servicio pueden ser expresión de políticas institucionales, o estar desarrolladas por iniciativa de una cátedra o incluso de un solo docente, sin incidir en el nivel de institucionalización del aprendizaje-servicio.

Cuando las prácticas de aprendizaje-servicio son promovidas como parte del proyecto pedagógico de la universidad o instituto de Educación Superior, el grado de institucionalización es muy superior, y es posible modificar los diseños curriculares para adecuarlos a este tipo de prácticas, revisar los marcos normativos, desarrollar instancias de capacitación docente, de sistematización y difusión de las prácticas con mayor alcance que en otros casos.

En la mayoría de las universidades norteamericanas hay departamentos especiales para la coordinación y la promoción de los múltiples cursos con componentes de aprendizaje-servicio que se dictan en las diversas carreras. Por ejemplo, en la Universidad de Stanford, California, son alrededor de 30 los cursos que incluyen prácticas de servicio a la comunidad[41]. Tanto en Stanford como en UC Berkeley la coordinación y capacitación para estos cursos es provista por prestigiosos centros de investigación[42].

En América Latina esta función coordinadora o promotora de las actividades de aprendizaje-servicio y otras actividades sociales es cumplida por diversas áreas de la universidad según los casos: las secretarías de extensión,

41. http://haas.stanford.edu/index.php/item/339
42. El *Haas Center for Public Service* en el caso de Stanford, http://haas.stanford.edu, y el *Service-learning Research and Development Center* en el caso de Berkeley, http://www-gse.berkeley.edu/research/slc/

los centros de responsabilidad social universitaria, desde el propio rectorado, como en el caso del Instituto Tecnológico de Monterrey, México, o a través de espacios creados especialmente, como la "Iniciativa de Capital Social" de la Universidad Metropolitana de Venezuela, el Centro Coordinador de Apoyo al Tercer Sector de la Universidad Católica de Buenos Aires, o el Departamento de Aprendizaje-servicio de la Universidad Católica de Chile.

El lugar que ocupe este tipo de organismos en el organigrama de una institución suele determinar su grado real de incidencia. En muchos casos una oficina desvinculada de las áreas de docencia no puede incidir tanto en la difusión del aprendizaje-servicio como la realización de un proyecto exitoso por parte de una cátedra con prestigio entre sus pares. En las políticas universitarias, una oficina creada por un rector puede ser cerrada por el siguiente. En cambio, la transferencia horizontal de buenas prácticas y la convicción por parte de los docentes usualmente genera expansiones más lentas pero más seguras de institucionalizar la pedagogía del aprendizaje-servicio en una institución de Educación Superior.

En la experiencia latinoamericana, el grado de capacitación y motivación de los docentes, la decisión política de las máximas autoridades y el establecimiento de redes y alianzas con socios clave dentro y fuera de la institución siguen siendo factores críticos para la institucionalización del aprendizaje-servicio en las instituciones de Educación Superior.

Veamos un caso en que la pedagogía del aprendizaje-servicio se institucionalizó como parte del currículo.

La Facultad de Medicina de la Universidad de Tucumán, Argentina, tomó como consigna para su reforma curricular la afirmación de Charles Boelens, ex Director de la Organización Mundial de la Salud:

"Las escuelas médicas deberán en el futuro rendir cuentas, no sólo de la idoneidad de sus graduados, sino también del nivel de salud de sus zonas de influencia"[43].

Como parte del nuevo modelo de prácticas médicas de la Universidad, además de realizar la tradicional residencia en el hospital-escuela, se requiere de los estudiantes que desarrollen seis meses de práctica en centros de salud rurales o de barrios periféricos. Teniendo en cuenta la crisis de muertes infantiles por desnutrición que sufría la provincia, y en el marco de las prácticas en zonas urbanas marginales, se implementó con los estudiantes del último año de Medicina el programa "BIN" de identificación, diagnóstico y tratamiento de la desnutrición infantil.

---

43. Citado en la presentación Power Point del Programa BIN en el VII Seminario Internacional de Aprendizaje-servicio, Buenos Aires, octubre 2004. EDUSOL, 2005b.

Teniendo en cuenta que a menudo las familias más pobres y menos educadas sólo recurren al hospital cuando ya la situación es irreversible, los futuros médicos efectúan visitas domiciliarias en la zona de influencia del centro de salud en el que realizan su residencia para identificar a los niños que sufren de desnutrición. Bajo la supervisión de los profesores y con recursos provistos por el sistema de salud y por la propia Universidad, cada estudiante se hace cargo de uno o más casos hasta que los niños salen de la situación de riesgo.

En sus primeros dos años de vida, el Programa BIN atendió a 380 niños en situación de riesgo grave por desnutrición, y logró salvar la vida de todos salvo a 5.

Según el testimonio de los estudiantes, el nivel de investigación y rigor científico, y también de creatividad y empatía que se habían vistos obligados a poner en juego para poder salvar las vidas de los niños asistidos, había constituido la experiencia más rica de toda su carrera, y para muchos había significado un saludable encuentro con una realidad local que les había sido desconocida.

Es necesario resaltar que en el origen del programa hubo una decisión institucional en cuanto a los marcos ofrecidos para realizar la práctica profesional. El hecho de haber sumado al tradicional hospital-escuela la práctica en centros de salud comunitarios y la atención domiciliaria, brindó el marco normativo apropiado como para generar una práctica innovadora de aprendizaje-servicio, y una formación profesional de calidad con perfiles más amplios y más adecuados a la realidad local.[44]

5.3.4 - *El aprendizaje-servicio en la formación docente*

Como es obvio, la difusión del aprendizaje-servicio en los sistemas educativos latinoamericanos y su sustentabilidad en el futuro depende en gran medida de su inserción en la formación docente de grado.

No se trata solamente de que se introduzcan contenidos y bibliografía sobre el tema en los programas de estudio, como está sucediendo en forma cada vez más frecuente. La manera más eficaz de aprender el aprendizaje-servicio es practicándolo, y empiezan a registrarse casos en que ex-alumnos del aprendizaje-servicio en institutos de formación docente se convierten luego en profesores y maestros que lo promueven con sus estudiantes.

Los estudiantes de carreras vinculadas con la educación pueden desarrollar sus prácticas de aprendizaje-servicio en el marco de programas

---

44. Sobre la institucionalización del aprendizaje-servicio en la Educación Superior, ver: CAMPUS COMPACT (2004), y FURCO, A. (In press). *"Institutionalizing service-learning in higher education"*. *Journal of Public Affairs.*

nacionales, como en el caso de las campañas nacionales de alfabetización de Ecuador y Argentina, o como en el caso del "Programa Nacional Aprender Enseñando" de Argentina[45], que promueve las tutorías a niños y adolescentes en situación de riesgo socio-educativo.

Las prácticas de aprendizaje-servicio para la formación docente también pueden darse en el marco de organizaciones de la sociedad civil. Por ejemplo, en Chile muchos futuros docentes actúan como tutores de niños y adolescentes en riesgo a través del programa *"Adopta un herman@"* de la Fundación para la Superación de la Pobreza (FUNDASUPO).[46]

Finalmente, las prácticas de aprendizaje-servicio pueden ser parte de las opciones o de los requisitos obligatorios de los institutos de formación docente.

– En el caso de los estudiantes del Profesorado de Letras del Instituto Joaquín V. González de Buenos Aires, pueden realizar parte de sus prácticas docentes actuando como formadores de promotores de la lectura y animadores socio-culturales en barrios marginales de la ciudad.

– El Instituto de Educación Física de Rosario[47] incluye como parte de la residencia de práctica docente obligatoria el desarrollo de proyectos de aprendizaje-servicio. Los estudiantes deben diseñar un proyecto ofreciendo a centros comunitarios de la periferia rosarina servicios vinculados al deporte y la recreación. A partir de este programa se han desarrollado iniciativas de gimnasia para la tercera edad, actividades deportivas para niños en situación de riesgo, educación física para no videntes y otras actividades. Este tipo de prácticas no sólo contribuye a mejorar la calidad de vida de comunidades que no pueden acceder a clubes privados para hacer deporte sino que simultáneamente también contribuye a fortalecer perfiles profesionales alternativos al del ejercicio de la docencia en instituciones.

45. www.me.gov.ar/aprender_ense
46. www.adoptaunhermano.cl
47. Premio Presidencial Prácticas Solidarias en Educación Superior 2004, www.me.gov.ar/edusol

5.4 - LA EDUCACIÓN NO FORMAL: EL APRENDIZAJE-SERVICIO EN LAS ORGANIZACIONES DE LA SOCIEDAD CIVIL

Como hemos señalado, en un trayecto de educación permanente los espacios educativos no son sólo los de las instituciones educativas formales. Veremos en este punto cómo se producen los aprendizajes y cómo éstos se articulan con las actividades solidarias en el contexto de las organizaciones de la sociedad civil.

5.4.1 - APRENDIZAJE Y SOLIDARIDAD EN LAS ORGANIZACIONES DE LA SOCIEDAD CIVIL: ¿QUÉ SE APRENDE CUANDO SE PARTICIPA?

Comencemos por analizar los ámbitos definidos como de educación "no-formal" donde se ofrecen más intencionadamente contenidos educativos específicos: centros de alfabetización de adultos, de apoyo escolar, de capacitación laboral, casas de la juventud, etc. Estos ámbitos institucionales pueden estar gestionados por organizaciones comunitarias, iglesias, sindicatos u otros; pueden contar con educadores profesionales o voluntarios, pero en todos los casos hay objetivos de aprendizaje definidos que alcanzar y, frecuentemente, también acreditaciones de esos saberes.

Lo que se aprende está directamente vinculado al espacio de pertenencia que brinda la organización en que se participa: en las parroquias se aprende el Catecismo, y en la mezquita el Corán; en las escuelas de idiomas de las colectividades china o griega se transmite la lengua y la cultura de esas comunidades inmigrantes; la escuela de oficios de un sindicato prepara para el ejercicio en ese campo de actividad profesional... En todos los casos, hay evaluaciones y acreditaciones de los saberes adquiridos que tienen un nivel de formalidad semejante a los de la educación formal.

También son mínimas las diferencias entre este tipo de espacios educativos comunitarios con el sistema de educación formal en cuanto a los métodos pedagógicos empleados y la sistematización de los saberes a enseñar y es, por lo tanto, muy semejante la dinámica de articulación entre aprendizaje y servicio solidario. Por ejemplo:

– Los niños que acuden a la sinagoga para prepararse para el *bar-mitzvah* aplican el principio bíblico de *tzedaká* organizando una recolección de ropa y una jornada recreativa para los ancianos internados en el geriátrico de la comunidad judía local.

– Jóvenes latinoamericanos que cursan una escuela virtual de formación política culminan sus estudios organizando proyectos participativos en sus localidades[48].

– El Programa "Adopta un Herman@" de la Fundación para la
Superación de la Pobreza (Chile) consiste en tutorías educativas
desarrolladas por estudiantes universitarios que acompañan a adolescentes en riesgo de abandonar la escuela media. Como parte de
las actividades vinculadas a la tutoría, los adolescentes que reciben
el apoyo escolar organizan un proyecto solidario hacia su comunidad.[49]

– Adultos desocupados desarrollan prácticas de carpintería y simultáneamente contribuyen a la edificación de un centro comunitario.

Más compleja es la articulación entre aprendizaje y servicio en organizaciones con menor grado de formalidad que las anteriormente nombra-
das.

Quienes se integran al scoutismo, a movimientos religiosos, a organizaciones ecologistas o a grupos barriales, no lo hacen primariamente
para obtener una acreditación de saberes ni para "capacitarse", aunque el
impacto formativo de estas actividades en los trayectos de vida juveniles
sea un dato suficientemente probado (NYLC, 2006). Los aprendizajes se
producen informalmente, en forma no siempre intencionada.

Intentando sistematizar algunos de los principales aprendizajes que
pueden desarrollarse en el marco de las organizaciones juveniles[50], se
podría decir que éstos podrían agruparse en:

– *Educación en valores:* así como en el sistema educativo se considera
que los valores y las actitudes se enseñan "transversalmente" a todas
las asignaturas, pero también puede haber una materia específica
que aborde este campo, como "Educación Cívica" o "Formación
Ética y Ciudadana", en toda organización juvenil se enseña –por
acción u omisión– valores. En general, el valor de la solidaridad
hacia los miembros del grupo y hacia la comunidad en general es
uno de los principales puntos en común de la mayoría de las organizaciones juveniles sin fines de lucro. En algunos casos –como en

48. www.mppu.org.ar/escueladejovenesmpu.htm
49. www.adoptaunhermano.cl/
50. Para desarrollar este punto me he basado, además de en mi experiencia personal, en las
investigaciones del Consejo de Juventud de España (VIDAL, 2006), en los materiales elaborados por
CLAYSS para la Organización internacional del Guidismo, en los manuales de Paso Joven (2004),
y en aportes desarrollados por la Fundación SES, www.fundses.org.ar y la Fundación Gente Nueva
www.fundaciongentenueva.org.ar

el scoutismo y las organizaciones religiosas– hay también espacios formales de educación en valores.

– *Desarrollo personal y social:* así como en el sistema educativo formal, el fortalecimiento de la autoestima y el desarrollo de actitudes prosociales se da, sobre todo, por la interacción positiva con pares y adultos significativos. Entre los impactos que produce el aprendizaje-servicio en este campo según las investigaciones, varias podrían aplicarse también al impacto de las actividades solidarias desarrolladas en las organizaciones juveniles: desarrollo del sentido de responsabilidad personal, de una actitud más positiva hacia los pares, mayor sentido de los derechos humanos y la responsabilidad ciudadana, fortalecimiento de su sentido moral, y otras (CONRAD-HEDIN, 1989, 1991; YOUNIS-YATES, 1997; NHN, 1998) .

– *Competencias vinculadas a la participación ciudadana y la inserción en el mundo del trabajo:* la capacidad de análisis crítico del contexto; de identificación y resolución de problemas; las competencias vinculadas a la integración en el marco de una organización, con su cultura institucional, sus mecanismos para la toma de decisiones, normas de convivencia, etc.; las competencias para la gestión de proyectos, para el desarrollo y administración de fondos; las competencias comunicacionales y para el liderazgo de pequeños y grandes grupos son otras tantas fortalezas promovidas en las organizaciones juveniles y que son aplicables tanto en el mundo del trabajo como en el de la participación ciudadana.

– *Contenidos conceptuales:* de acuerdo a la misión de cada organización y a las temáticas abordadas en los proyectos que se desarrollan, hay también contenidos conceptuales o "ejes temáticos" (PASO JOVEN, 2004, p. 57) que forman parte del aprendizaje:

   o En una organización ambientalista se aprenden contenidos vinculados al calentamiento global, a la preservación de especies en riesgo, a las políticas ambientales y otros.

   o En una organización vinculada al scoutismo se aprenden los principios del guidismo, la historia de Baden Powell y contenidos y competencias específicos vinculados a la recreación y la animación de niños, adolescentes y jóvenes.

   o En una organización religiosa se aprenden los contenidos vinculados a los principios de la propia fe, a la liturgia, la espiritualidad propia de esa comunidad, etc.

Estos contenidos, competencias y actitudes forman parte de un "currículo" que se desarrolla en las organizaciones, a veces oculto, otras parcialmente explícito, y en ocasiones sumamente formalizado.

5.4.2 - LOS CUADRANTES DEL APRENDIZAJE Y EL SERVICIO EN LAS ORGANIZACIONES DE LA SOCIEDAD CIVIL

Podemos concluir entonces que como en las instituciones educativas formales, en las actividades desarrolladas en las organizaciones pueden encontrarse diversos equilibrios entre los objetivos solidarios y los objetivos educativos o de formación personal.

FIGURA 17: Los cuadrantes del aprendizaje y el servicio en las organizaciones de la sociedad civil

"Prácticas en en terreno": consideramos en este cuadrante a las actividades que se realizan para adquirir o practicar un conocimiento o competencia, que aunque impliquen interacción con la comunidad, no tienen como finalidad modificarla: por ejemplo, los Scouts salen de campamento para poner en práctica lo aprendido a lo largo del año en la "patrulla", o el grupo ambientalista visita a la reserva ecológica para identificar especies propias de ese ecosistema.

II - *Iniciativas solidarias asistemáticas:* al igual que en las instituciones educativas, las "campañas" solidarias pueden surgir espontáneamente, y concluir con la misma rapidez con que se iniciaron, sin constituir ni una intervención social planificada, ni desarrollar aprendizajes intencionadamente.

III. *Servicio solidario sin intencionalidad formativa explícita:* probablemente, este sea el tipo de actividad más característica de un gran número de programas solidarios desarrollados desde organizaciones de la sociedad civil. En estos casos el objetivo primordial apunta a solucionar un problema o atender una necesidad, no a la formación de los participantes en la iniciativa.

IV - *Aprendizaje-servicio:* Para que se verifique aprendizaje-servicio en el marco de una organización juvenil es necesario que se verifiquen simultáneamente los tres elementos característicos que hemos señalado en el capítulo 3:

– *Protagonismo juvenil:* muy pocos jóvenes estarán dispuestos a permanecer en una organización de voluntariado si sienten que no tienen espacio para desarrollar su iniciativa. En todo caso, una organización de voluntariado que no estimule la participación sería una contradicción en los términos, y aun en el caso de que sobreviva, lo hará con jóvenes sobreadaptados y pasivos, más propensos a recibir órdenes que a desarrollar todo su potencial.

– *Servicio solidario efectivo:* en este aspecto hay pocas diferencias entre los proyectos desarrollados en el marco de la educación no formal y formal, si bien en general las organizaciones juveniles deberían contar con menos barreras burocráticas y mayores facilidades de interlocución con la propia comunidad y, por lo tanto, para el desarrollo de diagnósticos participativos, para identificar las necesidades más sentidas, y para establecer alianzas con otras organizaciones o miembros de la comunidad.

– *Articulación de la práctica solidaria con una intencionalidad formativa:* aquí la palabra clave es "intencionalidad". Consideramos que para que se verifique efectivamente la articulación entre aprendizaje y actividad solidaria es necesario que las actividades hacia la comunidad tengan una intencionalidad formativa explícita, que sea clara tanto para los líderes como para los miembros de la organización. Los contenidos formativos pueden estar vinculados con la visión y misión propias de la organización, con contenidos conceptuales o competencias necesarios para desarrollar adecuadamente la actividad, y pueden ser parte de un trayecto de desarrollo humano y de fortalecimiento de la idoneidad de los voluntarios para el desarrollo de las tareas que se les propone.

Veremos a continuación algunas de las características propias del aprendizaje-servicio en organizaciones juveniles y de adultos.

5.4.3 - PROYECTOS DE APRENDIZAJE-SERVICIO EN ORGANIZACIONES JUVENILES

Partimos del supuesto de que cualquier forma de organización que nuclea a jóvenes, adolescentes o niños es de por sí un espacio educativo en el que se desarrollan un sinnúmero de aprendizajes, ya sea que éstos sean planificados e intencionales o no[51]. Cuanta mayor conciencia tengan los líderes y los miembros de esas organizaciones en cuanto al peso formativo de las actividades que desarrollan, mejor podrán planificarlas y rescatar todo su potencial para el desarrollo personal y social de los jóvenes, y mejor podrán articular esos aprendizajes con las actividades solidarias.

Y así como en el contexto de la educación formal la motivación a aprender aumenta cuando los contenidos de aprendizaje se vinculan con problemáticas reales y proyectos solidarios, también en las organizaciones juveniles los aprendizajes se fortalecen cuando intencionalmente se los integra con los proyectos solidarios. No es lo mismo aprender en catequesis que hay que amar al prójimo y luego salir al patio parroquial a pelearse con los compañeritos, que salir juntos a practicar el mandamiento del amor sirviendo a los ancianos o a los más pobres del barrio.

Veamos la articulación entre aprendizaje y servicio solidario tomando como ejemplo una de las actividades clásicas: más temprano que tarde, todo grupo juvenil que se precie tendrá que organizar alguna actividad para recaudar fondos con alguna finalidad solidaria. No importa que se trate de una campaña a beneficio de los inundados, o de costear el campamento de verano para los que no pueden pagarlo. En primer lugar habrá que saber cuánto dinero se necesita, luego habrá que ponerse de acuerdo en los medios a implementar, ejecutarlos, evaluar si se alcanzó el objetivo fijado y finalmente decidir cómo se distribuyen los fondos.

Si los propios jóvenes son los protagonistas de ese proceso, los aprendizajes desarrollados serán varios:

– *Desarrollo personal y social:* organizando la campaña se desarrollará el sentido de iniciativa, capacidad de presentar y defender las propias ideas, capacidad de trabajo en equipo, entre otras.
– *Competencias* comunicacionales y de gestión y administración de recursos, y –según el método elegido para recaudar fondos– competencias artísticas, de animación socio-cultural u otras.
– *Valores:* el proceso pondrá en juego los valores de la responsabilidad y solidaridad, y promoverá la discusión sobre diversos criterios de equidad a la hora de decidir quiénes y cómo se beneficiarán con lo recaudado.

Desde la perspectiva de articulación entre aprendizaje y servicio solidario, podría decirse que no en todos los casos la calidad educativa de la actividad será la misma.

---

51. Aun las agrupaciones más nefastas, como las "maras" y otros tipos de pandillas, son espacios donde se transmiten conocimientos, competencias y actitudes, vinculados a actividades ilegales pero "aprendidos".

Siguiendo con el mismo ejemplo de la recolección de fondos, puede suceder que el peso del planeamiento y las decisiones sea asumido por los líderes adultos, y que simplemente se les comunique a los niños o jóvenes cuántas rifas deben vender. En ese caso, los aprendizajes vinculados a la planificación y la toma de decisiones no tendrán la calidad que tendrían en un proyecto en el que los mismos niños o jóvenes contaran con mayor posibilidad de iniciativa. Aun así, los tímidos tendrán de todos modos que sobreponerse a su timidez para lograr vender al menos alguna rifa, aprenderán a participar solidariamente de una labor en equipo, a enfrentar situaciones inesperadas y a celebrar logros personales y grupales fuera del ámbito más protegido de la familia o la escuela.

Algo similar sucede en cuanto a la educación en valores: no toda actividad solidaria implica la misma carga de valores, ni necesariamente prioriza el mismo tipo de actitudes. Siguiendo el ejemplo de la venta de rifas a beneficio de una actividad solidaria, el valor de "ayudar a los más pobres" seguramente estará presente. Sin embargo, si la venta se organiza como un concurso entre los niños o jóvenes para premiar al que más venda, probablemente el valor solidario quede opacado por el valor de la iniciativa individual, y las actitudes competitivas serán premiadas más que las que apunten a la convivencia armónica y al esfuerzo compartido.

Veremos a continuación algunos casos donde se verifica la integración entre aprendizaje y servicio solidario en el marco de organizaciones juveniles.

– La *red mundial de fútbol callejero:* la idea nació en 1994 en Colombia[52] y actualmente agrupa en los cinco continentes a miles de equipos que practican esta particular modalidad de fútbol en las calles. La propuesta implica la práctica del deporte y también contenidos educativos y objetivos de inclusión social para jóvenes que viven en contextos de pobreza, violencia y marginación social, y apunta a formar en valores y a "educar para la vida a través del deporte". Antes de cada partido, niños, adolescentes y jóvenes (varones y mujeres, que en esta modalidad forman equipos juntos) deben acordar las reglas de juego que aplicarán y luego del partido se reúnen a evaluar su cumplimiento de las reglas acordadas. No hay árbitros, sino que los participantes aprenden a mediar en los conflictos y a acordar soluciones pacíficas. Los participantes mayores enseñan a los niños y coordinan actividades de entrenamiento.

---

52. El nombre original fue "Fútbol para la paz" y surgió luego del asesinato del jugador del seleccionado colombiano Andrés Escobar, a quien un gol en contra en el Mundial de Fútbol le costó la vida.

En cada país las iniciativas ponen diferentes acentos en cuanto a los aprendizajes a promover: en Kenya, trabajar en la protección del medio ambiente, contribuyendo a erradicar basureros o a construir alcantarillas, es premiado con puntos para el campeonato. En Nigeria y Ruanda, el fútbol callejero es combinado con talleres de orientación e información sobre el SIDA. En Colombia sólo puede entrar en el campo de juego quien no traiga armas o drogas. En Alemania, los goles de los varones sólo cuentan si una chica marcó un gol.

En 2006, en ocasión del Mundial de Fútbol de la FIFA en Alemania, se realizó también el primer Mundial de Fútbol Callejero en Berlín, con 24 equipos de los 5 continentes, donde futbolistas de una favela en Kenia jugaron contra un equipo mixto israelí-palestino, y chicos de Afganistán con los de la Argentina. Simultáneamente, y como parte del Programa Oficial Artístico y Cultural para la Copa Mundial de la FIFA, los participantes tuvieron oportunidad de presentar sus proyectos sociales a través de cortometrajes, fotografías e incluso una "murga" organizada entre jóvenes argentinos y alemanes[53].

– *La Red Juvenil –ehueñtun* de Bariloche, Argentina[54], está formada por más de 30 grupos juveniles barriales que trabajan en las áreas con más altos niveles de pobreza de la ciudad y sus alrededores, así como en localidades rurales de la "línea sur" de Río Negro. Más de 1.200 jóvenes participan en la elaboración de proyectos educativos, artísticos, deportivos y solidarios. Por ejemplo, analizando los altos niveles de violencia en su barrio, uno de los grupos concluyó que la música que escuchaban habitualmente ("cumbia villera") alentaba la violencia y el uso de armas, por lo que se propusieron incorporar a la oferta de su centro comunitario dos cursos: uno de salsa, para proponer divertirse sin alentar la violencia, y otro de artes marciales, para educar en el autocontrol. Para poder dictar esos cursos, los jóvenes líderes tuvieron primero que capacitarse, y actualmente los imparten con gran éxito[55].

– *En República Dominicana, REDOVIH (Red Dominicana de Personas Afectadas por el VIH/SIDA)* capacita en la prevención del VIH/SIDA a jóvenes voluntarios, quienes luego actúan como agentes de concientización y colaboración en poblaciones en riesgo para la dis-

---

53. www.streetfootballworld.org. En Argentina ver: www.defensoresdelchaco.org.ar/LigaFutbol/LigaFutbol.html
54. www.fundaciongentenueva.org.ar/red_juvenil.htm
55. Experiencia presentada en la celebración del Día Global del Servicio Voluntario Juvenil, Buenos Aires, 2005.

tribución de materiales informativos, medicamentos antiretrovirales genéricos y otras acciones a favor de la prevención y atención de esta epidemia. Con el mismo modelo, en 2004 desarrollaron también un programa destinado a la detección y tratamiento de la tuberculosis en todo el país (PASO JOVEN, 2004, pp. 97-98).

– *Las Guías de Costa del Marfil* comenzaron a trabajar en una comunidad rural y se propusieron contribuir a mejorar las condiciones de vida de las mujeres locales. A través de desfiles, charlas y diversas actividades convocaron a jóvenes y adultas, a quienes luego comenzaron a transmitir lo aprendido en la organización sobre características y medios de prevención del SIDA y ETS. Habiendo ganado su confianza, pudieron ayudarlas a organizarse en grupos para generar pequeños emprendimientos productivos para ellas y sus familias[56].

5.4.4 - *EL APRENDIZAJE-SERVICIO EN LAS ORGANIZACIONES DE LA SOCIEDAD CIVIL DE ADULTOS*

Si es escasa la bibliografía sobre aprendizaje-servicio en las organizaciones juveniles, podría decirse que es casi inexistente en el caso de las organizaciones de adultos. De todos modos, y como conclusión algo provocadora de este capítulo, quisiera señalar que no sólo los jóvenes aprenden cuando se ponen solidariamente al servicio del prójimo.

Resulta obvio que en la vida adulta las actividades de voluntariado no tienen la misma carga formativa que en la juventud. De todos modos, eso no significa que el contacto con las realidades sociales y la interacción con otros voluntarios y con las personas atendidas por la organización no implique también descubrimientos y aprendizajes para las personas adultas.

En un sentido amplio, podría decirse que la gran mayoría de las actividades de voluntariado en la vida adulta son de alguna manera de aprendizaje-servicio, en cuanto constituyen la aplicación con una intencionalidad solidaria de conocimientos y competencias adquiridos en la educación formal y no formal y como fruto de la propia experiencia de vida, y en cuanto son ocasiones de aprendizaje y crecimiento personal.

Podría afirmarse que estas experiencias de aprendizaje-servicio en la vida adulta contribuirían a desarrollar lo que Erikson denomina *"generatividad"*:

"La evolución ha hecho del hombre no sólo un 'animal que aprende' sino también un 'animal educador'. La persona madura necesita ser

---

56. Experiencia compilada para un manual de aprendizaje-servicio en curso de edición CICG-CLAYSS.

necesitada, y la madurez está guiada por la naturaleza de lo que debemos atender. Generatividad, *entonces, es primariamente la preocupación por establecer y guiar a la siguiente generación".* (ERIKSON, 1968, p. 138)

Para Erikson, el concepto de generatividad no se agota, ni siquiera se realiza en *"el solo hecho de tener o desear hijos"* (ERIKSON, 1968, p. 139), sino que incluye formas de vinculación "generativa" no establecidas biológicamente, y considera expresiones de generatividad la creación artística, la contribución a la ciencia y la participación social (BERGLAS, 2001).

Investigaciones desarrolladas en los últimos años muestran el impacto positivo que tienen en los adultos y adultos mayores el desarrollo de actividades de voluntariado al servicio de niños, adolescentes y jóvenes, así como el convertirse en "mentores" de jóvenes a quienes puedan transmitirles sus saberes (MORROW-HORRELL & TANG, 2003). Desde el campo de la psicología y la psiquiatría incluso se han propuesto este tipo de actividades como caminos terapéuticos de superación de cuadros de *burn out* y de depresión para personas adultas y mayores (BERGLAS, 2001; SKOVHOLT, 2001).

En los últimos años diversas organizaciones en todo el mundo han comenzado a alentar sistemáticamente las actividades de voluntariado de los adultos mayores. Estas actividades benefician simultáneamente a la comunidad, que recupera socialmente el aporte de las personas con mayor experiencia vital, y también a los adultos mayores, quienes fortalecen su autoestima, reencuentran posibilidades de desarrollarse personalmente y de hacer aportes significativos a la comunidad, y encuentran espacios de pertenencia significativos, de envejecimiento activo y de inclusión social (MORROW-HORRELL & TANG, 2003).

Uno de los programas más masivos en el campo del voluntariado de adultos mayores es, seguramente, el *Senior Citizen Corps* de los Estados Unidos, que desarrolla numerosos programas de voluntariado protagonizado por adultos jubilados. Por ejemplo, el Programa de "Abuelos adoptivos" ofreció en un año tutorías educativas a 92.000 estudiantes y apoyo a 43.000 niños con capacidades diferentes y problemas de aprendizaje[57].

Aun en países como los latinoamericanos, donde los adultos mayores no cuentan con las redes de seguridad social ni las mismas posibilidades de retirarse que en algunas sociedades del norte, numerosas organizaciones están generando espacios de participación y de activa contribución solidaria a la comunidad destinados a adultos mayores. Veamos algunos ejemplos:

– A partir de una sencilla técnica para construir instrumentos musicales utilizando sólo papel y goma de pegar, en 1989 se creó

---

57. www.seniorcorps.gov/pdf/FGP_final.pdf

en la ciudad de Mar del Plata una orquesta integrada por adultos mayores, a partir de la cual se generó el "Programa de Desarrollo Humano, Creatividad y Expresión *Papelnonos*". La Fundación Papelnonos promueve actividades protagonizadas por personas mayores, orientadas –a partir de la música y otras expresiones del arte– a impactar favorablemente en la salud física y mental, a construir una mejor calidad de vida para los ancianos y a prestar una colaboración solidaria con otras personas y organizaciones. A partir de las doce personas que formaban la orquesta inicial, actualmente los programas alcanza a más de 1500 personas, nucleadas en casi treinta centros en todas las regiones de Argentina. Los miembros de "Papelnonos" han desarrollado numerosos proyectos que impactan en el conjunto de la comunidad, como la creación de la Biblioteca Pública de Música "Astor Piazzolla" y la realización de numerosos conciertos a beneficio de causas solidarias[58].

– En Bariloche, la Fundación Gente Nueva promueve proyectos solidarios protagonizados por adultos mayores, quienes ofrecen contención y apoyo educativo a adolescentes y jóvenes en situaciones de pobreza[59].

– En el Hogar de Día para ancianos de Río Grande, Tierra del Fuego, los "abuelos solidarios" realizaron una campaña de recolección de alimentos para el comedor de una capilla cercana y les ofrecieron a los niños que concurren un espectáculo de música, canciones y coreografías[60].

– En el taller comunitario del Hogar San Felipe de Gonnet, Provincia de Buenos Aires, los abuelos confeccionaron juguetes para entregarlos durante el Día del Niño a los niños del Hogar "La Rayuela".[61]

---

58. www.papelnonos.org.ar
59. Experiencia presentada en el I Encuentro de Capacitación para OSC del Programa Nacional Educación Solidaria, 7 de junio de 2006. www.me.gov.ar/edusol
60. http://www.tiempofueguino.com.ar/main/modules.php?name=News&file=print&sid=9438
61. www.eldia.com.ar/ediciones/20050812/laciudad10.asp

CAPÍTULO 6:

UN ITINERARIO POSIBLE PARA EL DESARROLLO DE EXPERIENCIAS DE APRENDIZAJE-SERVICIO

Nos adentraremos ahora en el proceso que implica desarrollar paso a paso un proyecto de aprendizaje-servicio. Considerando que la pedagogía del aprendizaje-servicio puede desarrollarse tanto en instituciones educativas como en organizaciones de voluntariado juvenil, a continuación quisiéramos ofrecer algunas herramientas indicativas que puedan servir para orientar el desarrollo de un proyecto de aprendizaje-servicio tanto a directivos y docentes de instituciones educativas, como a líderes y educadores de organizaciones de la sociedad civil.

Algunas de las indicaciones presentadas en este capítulo pueden resultar muy obvias para los docentes, y otras innecesarias para quienes tienen experiencia en trabajo social. De todas maneras, preferimos partir de los principios más básicos, subrayando las cuestiones más específicamente ligadas al aprendizaje-servicio.

Este "itinerario" pretende, sobre todo, enfatizar la posibilidad de generar un trayecto común para los proyectos de aprendizaje-servicio, más allá de que se desarrollen en un ámbito de educación formal o en una organización no gubernamental. Los protagonistas, después de todo, son niños, jóvenes o adolescentes, ya sea que actúen acompañados por la escuela, la universidad, o un movimiento juvenil.

Todo este capítulo retoma y sintetiza lo desarrollado en los módulos de capacitación docente publicados entre 2000 y 2001 por el entonces Programa Nacional Escuela y Comunidad (EyC, 2000 b y c), así como también el más reciente trabajo de síntesis entre prácticas educativas y prácticas en organizaciones juveniles desarrollado por *"PaSo Joven, Participación Solidaria Joven para América Latina"* (PASO JOVEN, 2004)[1], Programa de promoción del protagonismo juvenil y el aprendizaje-servicio en América Latina y el Caribe desarrollado entre 2004 y 2005 por iniciativa del Banco Interamericano de Desarrollo, con la participación de CLAYSS[2], Fundación SES[3], CEBOFIL[4] y Alianza ONG de República Dominicana[5].

1. www.pasojoven.org
2. Centro Latinoamericano de Aprendizaje y Servicio Solidario, www.clayss.org
3. Fundación Sustentabilidad, Educación, Solidaridad. www.fundses.org.ar
4. Centro Boliviano de Filantropía. www.cebofil.net
5. http://www.alianzaong.org.do

Sin embargo, el itinerario aquí presentado difiere en algunos puntos de estos antecedentes, ya que intenta recuperar aportes, evaluaciones y prácticas posteriores a dichas publicaciones.

6.1 - UN "ITINERARIO" COMÚN PARA LOS PROYECTOS DE APRENDIZAJE-SERVICIO EN EL SISTEMA EDUCATIVO Y LAS ORGANIZACIONES JUVENILES

6.1.1 - ANTES DE EMPEZAR: CONOCIMIENTO Y COMPRENSIÓN DEL CONCEPTO DE APRENDIZAJE-SERVICIO Y MOTIVACIÓN PARA DESARROLLAR EL PROYECTO

Un proyecto, antes de serlo, empieza por la decisión personal o grupal de "hacer algo". En algunas instituciones educativas, esta decisión surge luego de haber tomado conocimiento de la pedagogía del aprendizaje-servicio a través de cursos o de bibliografía. En otros casos, se empieza por realizar un proyecto y sólo más tarde se llega al conocimiento sistemático de la pedagogía del aprendizaje-servicio.

A continuación analizaremos ambas cuestiones prescindiendo de la secuencia en que se den en cada caso.

a) Conocimiento y comprensión del concepto de aprendizaje-servicio

El conocimiento y la comprensión del concepto de aprendizaje-servicio, de sus diferencias con respecto a otras alternativas de trabajo y de sus alcances pedagógicos, contribuyen a que todos los protagonistas del proyecto puedan ser protagonistas tanto del servicio solidario como del aprendizaje.

La capacitación de los educadores permite enriquecer el planeamiento del proyecto y sus marcos conceptuales y metodológicos, ayuda a repensar las prácticas, a articular en forma sistemática las actividades solidaria con el proyecto educativo y contribuye, no sólo a la calidad de las prácticas, sino también a su continuidad en el tiempo. Es un elemento clave también en cuanto puede contribuir a anticipar y disipar los temores y posibles críticas que toda novedad suele generar, especialmente en instituciones apegadas a prácticas pedagógicas más tradicionales.

b) Motivación para desarrollar el proyecto

En la historia de un proyecto de aprendizaje-servicio, la motivación es el primer impulso que lleva a proponer su realización a otros.

En cada caso, la motivación inicial tiene algo de único e irrepetible. Puede surgir de un directivo o de un niño. Puede nacer del impulso por responder a una demanda planteada desde la comunidad, o como una herramienta para mejorar la convivencia escolar o la excelencia académica. Hay universidades donde la iniciativa surge desde el área de "responsabilidad social", otras en el marco de la optimización de las prácticas profesionales... Las variantes pueden ser innumerables y es importante que los protagonistas tengan claro qué es lo que los motiva a la acción en su caso particular.

En general, la motivación es compartida inicialmente por un número reducido de personas que se constituyen en los "líderes naturales" del proyecto. Esa motivación debería ser contagiada a todos los actores del proyecto, y paulatinamente al resto de la comunidad, para garantizar la continuidad y sustentabilidad del proyecto.

En algunos casos será evidente para todos por qué es necesario organizar el proyecto y no harán falta demasiadas explicaciones: estudiantes que pasan hambre tendrán muy clara la importancia de organizar una panadería solidaria; ante la evidencia cotidiana de la contaminación producida por un basural, será natural trabajar para erradicarlo. En otros casos la necesidad del proyecto no será tan evidente o cercana y será necesario invertir mayor tiempo y esfuerzo para motivar a los posibles participantes.

6.1.2 - Un itinerario único para cada proyecto

Una vez claras la decisión y motivación para desarrollar el proyecto, veremos a continuación los pasos que suele recorrer una experiencia de aprendizaje-servicio en una institución educativa o en una organización juvenil.

Partimos de concebir el desarrollo de un proyecto como un camino a recorrer, y por eso hemos denominado a ese proceso como "itinerario" y lo hemos dividido en grandes etapas a su vez fragmentadas en "pasos".

No por sabido es menos importante enfatizar que la trayectoria de cada proyecto es única y que los pasos tomarán el ritmo y la forma de los caminantes, en función de las características propias de cada contexto. La etapa de motivación institucional puede tomar unos pocos días en una escuela y llevar años en otra; la "celebración" puede ser una verdadera "superproducción" o una pequeña fiesta espontánea, y en algunos casos no se la considera necesaria. Excelentes experiencias de aprendizaje-servicio nunca han llegado al paso de la "continuidad y multiplicación de los proyectos".

Algunos autores simplifican en tres o cuatro pasos el desarrollo de un proyecto y otros, en cambio, presentan modelos sumamente complejos. El modelo que presentamos a continuación presenta en primer lugar un esquema muy simple: tres etapas y tres procesos trasversales, para a continuación desmenuzar cada etapa en pasos detallados.

El modelo está pensado para poder ser amoldado al grado de detalle y de formalidad que se necesite, porque en definitiva los planes deben servir para la acción, y no ahogarla. En estos años me ha tocado evaluar planificaciones de varias páginas, hermosamente redactadas y encarpetadas para proyectos con escasísimo impacto en la vida de los estudiantes y la comunidad, y también planificaciones escritas en un pobre vocabulario en dos hojas de cuaderno, pero llenos de sabiduría y sentido común, y que dieron muchísimo fruto.

Por lo tanto, insistimos en que el itinerario presentado a continuación es simplemente una propuesta orientativa, pensada para ser recreada y reformulada por cada grupo de protagonistas.

Finalmente, quisiéramos señalar que muchos proyectos fracasan porque los adultos pretenden cargar sobre sí todas las tareas de planeamiento, seguimiento y evaluación. Esto puede generar situaciones de agobio y sobrecarga de trabajo que terminan desalentando a los educadores, pero sobre todo priva a los estudiantes de algunos de los aprendizajes centrales que puede ofrecer un proyecto de aprendizaje-servicio.

Niños, adolescentes y jóvenes pueden participar de todo el itinerario de un proyecto con actividades acordes a las diversas edades, desde el diagnóstico inicial hasta la evaluación final. En los mejores proyectos de aprendizaje-servicio los chicos buscan presupuestos, arman cronogramas, diseñan volantes, van a la radio a pedir colaboración y a difundir lo realizado... Estas y muchas otras actividades posibles son otras tantas ocasiones para el desarrollo de actividades de aprendizaje valiosas para y desde lo educativo y para el éxito del proyecto.

Por ello invito a los educadores que lean este capítulo a hacerlo pensando no *"cuánto trabajo es esto"*, sino *"cuántas cosas interesantes para proponerles a los chicos"*.

6.1.3: *Etapas, pasos y procesos transversales en el itinerario de un proyecto de aprendizaje-servicio*

Muy esquemáticamente, todo proyecto de intervención social tiene tres grandes etapas: un momento en el que nos acercamos a la realidad, reconocemos problemas, emergencias, desafíos y planeamos qué quisiéramos hacer para atenderlos; un segundo momento en el que actuamos, y un tercer momento de cierre en el que evaluamos lo actuado, celebramos los logros, aprendemos de los errores y planeamos si volvemos a empezar. Cada una de estas tres etapas puede desarrollarse en forma más o menos compleja y requerir más o menos *pasos* intermedios para ser completada.

En función de ello, el itinerario que muestra el gráfico implica tres grandes *etapas:*

A - Diagnóstico y planificación
B - Ejecución del proyecto
C - Evaluación y sistematización finales

Ahora bien: hay aspectos de un proyecto que no se dan en orden crono-lógico, un paso después del otro, sino que lo atraviesan permanentemente. Por ello el gráfico nos muestra las tres grandes etapas "atravesadas" por tres *procesos* simultáneos que involucran al conjunto del proyecto:

– Reflexión
– Registro y comunicación
– Evaluación

FIGURA 18: Itinerario de un proyecto de Aprendizaje-servicio

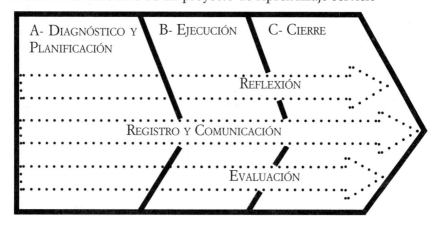

Los tres procesos y las tres etapas, a su vez segmentadas en "pasos", se presentan sintéticamente en la siguiente tabla.

FIGURA 19: Itinerario de un proyecto de Aprendizaje-servicio

Antes de empezar: Conocimiento y comprensión del concepto de aprendi-zaje-servicio y motivación para desarrollar el proyecto.
ETAPA A. Diagnóstico y Planificación

Paso 1. Diagnóstico participativo:
    a) Identificación de necesidades/problemas/desafíos
    b) Análisis de la posibilidad de respuesta desde la institución educativa

Paso 2. Diseño y Planificación del proyecto.
    a) Fundamentación
    b) Objetivos del servicio solidario y del aprendizaje

c) Destinatarios del servicio solidario d) Actividades del servicio solidario e) Contenidos y actividades del aprendizaje f) Tiempos-Cronograma tentativo g) Responsables y protagonistas h) Fuentes de recursos i) Evaluación del diseño y coherencia interna del proyecto
ETAPA B. Ejecución
Paso 3. Establecimiento de alianzas institucionales y obtención de recursos
Paso 4. Implementación y gestión del proyecto de servicio solidario y desarrollo de los contenidos de aprendizaje asociados al mismo
ETAPA C. Cierre y multiplicación
Paso 5. Evaluación y sistematización finales
Paso 6. Celebración y reconocimiento a los protagonistas
Paso 7. Continuidad y multiplicación de los proyectos de aprendizaje-servicio
Procesos transversales
· Reflexión · Registro y Comunicación · Evaluación

A continuación desarrollaremos más detenidamente cada una de las etapas y procesos transversales.

Para su aplicación práctica, importará seguramente la creatividad de cada educador y de cada grupo. También se puede aprovechar la experiencia ajena y encontrar muchas ideas y herramientas prácticas para replicar o readaptar en dos publicaciones recientes (PaSo Joven, 2004; Edusol, 2005). Estas y otras compilaciones de herramientas para el desarrollo de proyectos pueden obtenerse gratuitamente en Internet[6].

6. En castellano, ver en www.pasojoven.org/biblioteca.php y en www.me.gov.ar/edusol, Educación Solidaria: Itinerario y herramientas para desarrollar un proyecto de aprendizaje-servicio. En inglés, www.nylc.org/rc_toolkits.cfm y www.servicelearning.org/resources/index.php

6.2 - LOS PROCESOS TRANSVERSALES

Reflexión, registro y comunicación son procesos que están estrechamente ligados en la vida real de un proyecto, y si los distinguimos es para señalar con mayor claridad sus aspectos específicos.

6.2.1- REFLEXIÓN

En la bibliografía sobre aprendizaje-servicio se entiende generalmente por "reflexión" a los procesos y actividades a través de los cuales los protagonistas del proyecto pueden pensar críticamente sus experiencias y apropiarse del sentido del servicio (CAIRN-KIELSMEIER, 1995; CSV, 2000; EyC, 2000; PASO JOVEN, 2004; EDUSOL, 2005c).

> *"La reflexión es una competencia, o más precisamente un conjunto de competencias que involucran observar, interrogar, y articular hechos, ideas y experiencias para sumarles nuevos significados. Aprender a aprender de esta manera y hacer de esta práctica un hábito ayuda a los jóvenes a hacerse cargo de sus vidas.*
> *Ahora bien, el reflexionar seriamente no suele ser el pasatiempo preferido de jóvenes activos, y ésa es la razón por la que el líder del proyecto debe coordinar espacios de reflexión a lo largo de la experiencia de aprendizaje-servicio".* (NHN, 1994, p. 10)

Como hemos señalado anteriormente (2.2.2), la reflexión es uno de los elementos distintivos y más centrales de la pedagogía del aprendizaje-servicio. Parafraseando a Aldous Huxley, que sostenía que *"experiencia no es lo que le sucede a una persona, sino lo que ella hace con lo que le sucedió"*, la experiencia educativa del aprendizaje-servicio no es sólo lo que pasa en el lugar de la acción solidaria, sino lo que los estudiantes "hacen" con esa experiencia.

Los espacios de reflexión permiten conectar la teoría con la práctica, los contenidos de aprendizaje formales con las experiencias en el terreno, tomar distancia de las propias prácticas y repensarlas críticamente, encarar cuestiones vinculares o de funcionamiento grupal surgidas a lo largo del trabajo. Constituyen un espacio para compartir inquietudes y dudas; reconocer las características de la actividad y su impacto en las vivencias personales.

En un buen proyecto de aprendizaje-servicio, los espacios de reflexión jalonan todo el itinerario del proyecto:

– *en la preparación:* actividades de reflexión y concientización previas al desarrollo del servicio
– *durante el desarrollo del proyecto:* apuntando a reflexionar sobre la experiencia en curso, generando espacios para comprender, expresar reflexiones y sentimientos, resolver situaciones problemáticas y pensar alternativas
– *durante el cierre y el servicio final:* espacios para extraer conclusiones de la experiencia, articulando con la evaluación

Las mejores prácticas de reflexión contribuyen a desafiar a los participantes en el proyecto a participar activamente en su propio aprendizaje, generan un mayor sentido de pertenencia y tienen consecuencias concretas en la marcha del proyecto (NHN, 1998).

La reflexión puede desarrollarse a través de múltiples actividades: escribiendo, hablando, escuchando, desarrollando actividades plásticas o creativas. En un relevamiento de las actividades de reflexión más frecuentes en Educación Superior[7], se detectaron, por ejemplo:

– Discusiones grupales en clase
– Diarios de trabajo de los estudiantes
– Monografías de investigación sobre temas vinculados al servicio
– Presentaciones orales y escritas sobre reflexiones personales
– Escritura creativa
– Proyectos creativos

La variedad de actividades posibles es tan amplia como la creatividad de cada grupo. Numerosas publicaciones han compilado, en distintas partes del mundo, actividades de reflexión dirigidas a distintos niveles educativos[8].

6.2.2 - REGISTRO Y COMUNICACIÓN

El registro de lo vivido a medida que va trascurriendo el proyecto es un aspecto fundamental –y a menudo descuidado– de una experiencia de aprendizaje-servicio de calidad. Registrar lo actuado a lo largo del proceso, y no sólo cuando el proyecto está concluyendo, constituye un insumo

7. http://www.aacc.nche.edu/Content/NavigationMenu/ResourceCenter/Projects_Partnerships/Current/HorizonsServiceLearningProject/Publications/2003_Survey_RB.pdf
8. Ver, entre otras: NHN, 1994; EyC, 2000c; CSV, 2000; CAMPUS COMPACT, 1996, EDUSOL, 2005, entre otras.

importante para los procesos de reflexión y evaluación, y es indispensable para la comunicación del proyecto.

Hay múltiples maneras de ir registrando los pasos del proyecto, y todas pueden contribuir a estimular el protagonismo juvenil y desarrollar actividades de aprendizaje y de reflexión: habrá quien saque fotos, quien recopile anécdotas, quien grabe testimonios de miembros de la comunidad, o quien reúna recortes de periódicos. Como hemos visto, muchas actividades de reflexión son simultáneamente instancias de registro de lo actuado: diarios de trabajo, proyectos creativos, etc.

Ordenar y sistematizar con todo el equipo de trabajo lo que se va registrando individual y grupalmente en cada etapa del proyecto constituye también una importante actividad de reflexión, ya que facilitará recrear lo vivido, incorporar a la construcción colectiva lo registrado individualmente y valorar los pasos cumplidos. Al ir jerarquizando y sistematizando la información reunida, se irá descubriendo la fisonomía propia de "ese" proyecto y también será más sencillo ir evaluando sus fortalezas y los aspectos a corregir.

Según la edad, la creatividad y las características de cada grupo, el registro de la experiencia será un mural en la salita del jardín de infantes, una cartelera donde se van colocando imágenes y comentarios, un álbum de fotos, una colección de videos, o un informe de avance al titular de la cátedra.

El ir reuniendo sistemáticamente estos insumos facilita la comunicabilidad del proyecto, tanto entre los miembros del grupo de trabajo como hacia el conjunto de la comunidad, las organizaciones con las que se colabora, los donantes, los destinatarios, los medios, etc.

Las actividades de comunicación permiten desarrollar la espontánea capacidad de los jóvenes para manejar diversos soportes multimediales, generar nuevas oportunidades de integración al equipo de trabajo. A menudo jóvenes que no responden tan inmediatamente a la necesidad de una actividad social, se sienten atraídos en cambio a actuar como "reporteros" de la actividad de otros, y ese espacio de pertenencia al proyecto resulta también válido.

En definitiva, un buen proyecto de aprendizaje-servicio implica generar buenos canales de comunicación entre los participantes del proyecto y de ellos con la comunidad, haciendo circular la información, invitando a la participación, concientizando sobre las problemáticas en torno a las que se desarrolla el proyecto, difundiendo las actividades y los logros, etc.

Learning in Deed, una organización que promueve el aprendizaje-servicio en los Estados Unidos, compiló las siguientes diez recomendaciones para comunicar proyectos de aprendizaje-servicio (LEARNING IN DEED, *Perceptions*), que pueden ser útiles como punto de referencia:

Las 10 mejores maneras de comunicar el aprendizaje-servicio

1. Deje que los estudiantes cuenten la historia.
2. Ofrezca una adecuada descripción visual de los proyectos.
3. Describa qué es el aprendizaje-servicio en una frase de 30 segundos y no use jerga pedagógica con los padres y líderes comunitarios.
4. Haga coincidir sus mensajes con eventos educativos mayores y significativos.
5. Haga que el proyecto sea relevante para los intereses y preocupaciones de su comunidad.
6. Vincule su programa a una iniciativa nacional.
7. Haga la "tarea para el hogar": reúna evidencias de que el aprendizaje-servicio funciona.
8. Conozca los argumentos de sus críticos y esté preparado para responderlos.
9. Construya alianzas con instituciones educativas y organizaciones de la sociedad civil que compartan sus intereses.
10. Sea paciente y persistente: cambiar las percepciones lleva tiempo.

A menudo resulta difícil comunicar lo hecho más allá de la comunidad educativa. En la vinculación con los medios masivos de comunicación pueden ser útiles los consejos del *"Proyecto Salisbury"* desarrollado en Gran Bretaña[9]:

"Los medios no siempre nos apoyan. Sin embargo, si los periódicos locales no responden a las usuales gacetillas de prensa, un estudiante enviando una historia o una carta de lectores tal vez pueda despertar la respuesta que se necesita. La mayoría de las publicaciones gratuitas reciben con agrado material publicable. Las radios locales pueden interesarse: una visita al estudio puede ser el punto de partida para el contacto. Conviene reservar los contactos en televisión para una historia de gran interés humano. Vale la pena buscar cobertura en los medios para atraer a nuevas alianzas y recursos. Una cobertura de calidad ayuda a garantizar que una gran parte de la comunidad conozca nuestros planes."[10]

Es importante subrayar que la visibilidad mediática de un proyecto no tiene que ver exclusiva ni principalmente con obtener *marketing* para la institución educativa ni con obtener los proverbiales "15 segundos de fama". La visibilidad pública de jóvenes desarrollando actividades solidarias tiene que ver con la posibilidad de que se la reconozca y valore el

9. http://www.communitypartners.org.uk/sen/sen_pif.html
10. http://www.communitypartners.org.uk/sen/sen_bestpractice.html

aporte de las nuevas generaciones, se reviertan prejuicios instalados y se motive a otros jóvenes a la participación.

Recuerdo la expresión del alumno de una escuela secundaria situada en un barrio muy marginado. Una hermosa foto que había tomado su profesora en las etapas iniciales del proyecto de aprendizaje-servicio había salido en la edición dominical del diario de mayor circulación de la Argentina, con comentarios elogiosos para el proyecto. El adolescente me sintetizó el impacto en el barrio con una sonrisa y pocas palabras: *"Ahora dejaron de mirarnos como los pibes chorros"*.[11]

6.2.3 - EVALUACIÓN

Como en todo proceso educativo, la evaluación es un aspecto central en un proyecto de aprendizaje-servicio.

Sabemos que evaluar significa reflexionar sobre los logros e impactos de las acciones realizadas para poder corregir errores, valorar los aciertos y, eventualmente, hacer las modificaciones que se consideren necesarias. También implica analizar si se cumplieron las etapas previstas y se alcanzaron los objetivos a través de los indicadores establecidos previamente. La experiencia indica que la evaluación debe ser un proceso permanente, planificado desde el primer momento a través de encuentros y herramientas adecuadas, y con la suficiente elasticidad como para adecuarla a los emergentes del proyecto.

Como señala M. Poggi: *"No todo podría ser capturado o aprehendido sólo desde los objetivos previstos; hay que proponerse evaluar los objetivos que originalmente fueron previstos desde el diseño del proyecto pero también tener la apertura suficiente como para poder capturar aquéllos que tienen que ver con el devenir del proyecto, muchas veces rebasando el diseño mismo".* (EDUSOL, 2004, p. 90)

En el caso de los proyectos de aprendizaje-servicio, su doble intencionalidad involucra dos grandes tipos de evaluación. Por un lado, la evaluación de los resultados del proyecto solidario en sí, en lo que hace al cumplimiento de las metas fijadas al servicio de la comunidad y, por otro, el logro de los objetivos pedagógicos del proyecto. En este aspecto, es igualmente importante la evaluación de los conocimientos y competencias adquiridos y aplicados en el proyecto, tanto como el impacto personal del proyecto en cada alumno, incluyendo su propia evaluación de los logros alcanzados, o de los cambios personales surgidos como fruto de la experiencia.

---

11. Para quienes requieran traducción del "argentino" al español: "dejaron de mirarnos como jóvenes ladrones".

La evaluación de los aprendizajes desarrollados a lo largo del proyecto implica básicamente la evaluación y autoevaluación de:

– *los contenidos académicos aprendidos:* si en el proyecto se han identificado claramente los contenidos curriculares involucrados en el mismo será sencillo señalar en las planificaciones de las áreas o asignaturas involucradas los tiempos y formas de evaluación de lo aprendido. La más tradicional de las pruebas escritas puede revelar si los estudiantes que participaron en un proyecto de preservación del medio ambiente han aprendido los contenidos propios del área de Ciencias Naturales o de Biología.

– *las competencias desarrolladas:* si bien éstas pueden evidenciarse también en el aula, los docentes que hayan estado en contacto directo con los estudiantes en la realización del proyecto serán quienes estén en mejores condiciones para evaluar las competencias y habilidades efectivamente desarrolladas por los estudiantes. En numerosos casos, las instituciones educativas acuerdan con los líderes de las organizaciones sociales receptoras del servicio de los estudiantes que sean ellos los que evalúen su desempeño a través de instrumentos previamente convenidos.

– *las actitudes prosociales desarrolladas y la concientización adquirida sobre los problemas sociales vinculados al proyecto:* el docente coordinador del proyecto puede evaluar el grado de apertura al diálogo, la responsabilidad y el compromiso demostrado por un estudiantes a lo largo del proyecto, así como el grado de comprensión de las cuestiones sociales que enmarcan la actividad. Es importante brindar herramientas a los estudiantes para que ellos mismos evalúen el impacto que el proyecto produjo en su percepción de la realidad y en sus actitudes hacia los demás.

– *impacto personal del proyecto en cada estudiante:* elevación de autoestima, seguridad y confianza en sus propias capacidades, reconocimiento de dichas capacidades, por ejemplo.

En cuanto al impacto del servicio solidario en los destinatarios, es importante tener en cuenta:

– la evaluación, en función de parámetros lo más objetivos posibles, en el cumplimiento de los objetivos fijados al inicio del proyecto;
– la evaluación por parte de los destinatarios, personas y organizaciones involucradas en el proyecto;
– los impactos esperados y los eventuales resultados emergentes no previstos.

Algunos requisitos para llevar a cabo el proceso de evaluación son:
– identificar instancias de evaluación posibles,
– distinguir la evaluación de los aprendizajes de la evaluación del servicio,

– indicar metodologías, responsables, participantes y su rol,
– seleccionar instrumentos de evaluación (planillas de registro, entrevistas, cuestionarios de autoevaluación, etc).

La evaluación de las vivencias del proceso, la participación personal y grupal y la situación derivada (por ejemplo, cómo se modificaron las relaciones con la comunidad), es lo que dará lugar a la apertura de nuevos proyectos, al reconocimiento del aprendizaje compartido y al "valor agregado" que la actividad ha permitido.

Por otro lado, al evaluar se tendrá en cuenta la flexibilidad con la que se cumplió la planificación, la coherencia entre los objetivos iniciales y las actividades efectivamente desarrolladas y la asignación eficiente de recursos y tiempos disponibles.

En todo el proceso es necesario garantizar la participación de todos los actores de forma activa, a través de técnicas y espacios que incluyan tanto a directivos, docentes y alumnos como a los destinatarios del servicio y otros representantes de la comunidad.

Esta evaluación también permitirá a la escuela valorar cómo impacta el proyecto aprendizaje-servicio en el rendimiento académico de sus estudiantes, en su participación institucional y eventualmente en la retención escolar y el mejoramiento del rendimiento académico.

6.3 - LAS TRES GRANDES ETAPAS DE UN PROYECTO

Habiendo considerado los tres procesos transversales al conjunto del proyecto, veamos a continuación en más detalle los pasos involucrados en las tres grandes etapas de nuestro "itinerario":

6.3.1 - ETAPA A: DIAGNÓSTICO Y PLANIFICACIÓN

Paso 1 - Diagnóstico participativo:

Por "diagnóstico" entendemos una mirada analítica sobre una realidad determinada, tal como se realiza en la ejecución de proyectos sociales. El diagnóstico nos permite aproximarnos a las problemáticas y características de una comunidad concreta, entender los diversos factores que interactúan y, en definitiva, nos permite conocerla lo suficiente como para plantearnos posibles alternativas para la acción.

Un proyecto con buenas intenciones, pero sin un buen diagnóstico de la realidad, corre el riesgo de fracasar. Un diagnóstico que se agote en lo simplemente descriptivo tampoco será útil a la hora de la toma de decisiones.

En el caso de un proyecto de aprendizaje-servicio, el diagnóstico apunta a identificar las necesidades reales y sentidas por la comunidad que puedan ser atendidas por los niños, adolescentes o jóvenes, y simultáneamente a identificar entre ellas las mejores oportunidades para desarrollar aprendizajes significativos. En función de ambas facetas del diagnóstico se decidirá, en definitiva, la necesidad, problema o desafío a abordar.

a) Identificación de necesidades, problemas o desafíos que pueden ser atendidos

Para identificar el problema que será el eje del proyecto, es necesaria una visión lo más clara posible acerca de la realidad sobre la que se va a actuar. Para ello habrá que buscar información, consultar con personas representativas de la comunidad, con los grupos e instituciones que se desempeñan en ese ámbito. Una metodología participativa permite aprovechar mejor los saberes de todos y puede constituir un sano ejercicio democrático.

Es importante que el diagnóstico registre las necesidades realmente sentidas por la comunidad y que se tenga muy en cuenta la opinión de los potenciales destinatarios/co-protagonistas del proyecto, especialmente en los casos en que se atiende a una comunidad diferente de la de pertenencia, como en los "viajes solidarios".

Las necesidades y problemas en una comunidad suelen ser múltiples, y un diagnóstico participativo contribuye a identificar mejor las actividades que pueden ser más valoradas por una comunidad y, por lo tanto, también más significativas para los niños o jóvenes.

En el caso de una escuela primaria rural del Uruguay, los docentes pensaban consagrar el proyecto de aprendizaje-servicio a difundir técnicas de huerta entre los pequeños productores agrícolas de la zona. Sin embargo, luego de realizar con los alumnos una encuesta, y de algunas reuniones con los vecinos, quedó claro que las familias del lugar deseaban prioritariamente tener un lugar de recreación seguro para los niños. El proyecto se orientó a generar el primer parque de juegos infantiles de la localidad y produjo un alto impacto tanto en los aprendizajes de los niños como en la satisfacción de la comunidad (CVU, 2004).

Como hemos señalado, es importante que los jóvenes sean los protagonistas desde el inicio del proyecto. En este sentido, las actividades de diagnóstico protagonizadas por estudiantes o miembros de la organización juvenil pueden incluir: trabajos de investigación sobre las problemáticas a atender, compilaciones de material periodístico, búsquedas bibliográficas y en Internet, debates en distintos ámbitos de la comunidad educativa, jornadas institucionales de "puertas abiertas", consultas a organizaciones vinculadas a una temática determinada, entrevistas a informantes clave, diseño y compilación de encuestas y otras técnicas de recolección de datos.

b) Análisis de la posibilidad de respuesta desde la institución educativa u organización juvenil

En el proceso de identificación de la problemática a abordar, esta faceta del diagnóstico tiene que ver con identificar entre los múltiples problemas o necesidades susceptibles de ser abordados, cuáles ofrecen mejores oportunidades para el aprendizaje y están más al alcance de las posibilidades reales de acción de los niños, adolescentes o jóvenes.

Será necesario tener en cuenta la edad e intereses de los jóvenes: hay proyectos que pueden ser interesantes y desafiantes para segundo grado, pero no para sexto, y actividades de rescate que son pertinentes para los clubes de la Cruz Roja, pero no para cualquier grupo de adolescentes.

También hay que considerar las potencialidades de la actividad desde el punto de vista del aprendizaje: ensobrar miles de cartas puede ser muy necesario para una organización y una clásica tarea de voluntariado, pero difícilmente tenga el suficiente valor pedagógico agregado como para justificar un proyecto de aprendizaje-servicio. En las instituciones educativas también habrá que considerar las posibilidades reales de articulación entre necesidades y contenidos curriculares: los estudiantes de Medicina pueden colaborar en el centro de salud comunitario, y los estudiantes de Arquitectura diseñar los planos de la nueva biblioteca. Si los de Medicina se ponen a pintar paredes, puede ser una buena actividad de voluntariado, pero no de aprendizaje-servicio.

Como cierre de la etapa de diagnóstico, la decisión final sobre la temática a atender deberá entonces armonizar los intereses y motivaciones de las y los protagonistas del servicio, las expectativas de la comunidad, los recursos y posibilidades reales de la institución educativa u organización juvenil de atender a esas expectativas, la pertinencia del proyecto desde un proyecto educativo y las oportunidades de aprendizaje que pueda brindar la acción solidaria propuesta. En este proceso será necesario encontrar el adecuado equilibrio entre los deseos de los jóvenes y la responsabilidad de los adultos de garantizar condiciones básicas de seguridad y oportunidades efectivas de aprendizaje.

Paso 2 - Diseño y planeamiento:

El diseño de un proyecto de aprendizaje-servicio es el proceso de elaboración de la propuesta de trabajo que articula una intencionalidad pedagógica y una intencionalidad social, y por lo tanto incorpora las herramientas básicas de la planificación pedagógica, como también caracteres propios del diseño y planificación de proyectos sociales.

Un buen diseño facilita la ejecución exitosa del proyecto y brinda indicadores para evaluar el abordaje del problema y los aprendizajes curriculares producidos. Para el diseño del proyecto pueden tenerse en cuenta las preguntas clásicas de la planificación (ANDER-EGG-AGUILAR IDÁÑEZ, 1996):

¿QUÉ? --------→	se quiere hacer -----→	Naturaleza del proyecto.
¿POR QUÉ?	se quiere hacer	Origen y fundamentación
¿PARA QUÉ?	se quiere hacer	Objetivos, propósitos
¿CUÁNTO?	se quiere hacer	Metas
¿DÓNDE?	se va a hacer	Localización física Cobertura espacial
¿CÓMO?	se va a hacer	Actividades y tareas
¿CUÁNDO?	se va a hacer	Cronograma (Ubicación en el tiempo)
¿A QUIÉNES?	va dirigido	Destinatarios o beneficiarios
¿QUIÉNES?	lo van a hacer	Recursos humanos
¿CON QUÉ?	se va a hacer	Recursos materiales
	se va a costear	Recursos financieros

A continuación consideraremos algunas de estas grandes preguntas en su aplicación a la planificación de un proyecto de aprendizaje-servicio.

a) ¿Por qué?: Fundamentación

Cada institución educativa y cada organización, en función de la motivación específica a partir de la cual desarrolla el proyecto (4.2.1), puede generar una argumentación lógica que justifique la elección del problema para desarrollar el servicio y el marco institucional. Esta fundamentación es particularmente necesaria cuando el proyecto debe ser presentado ante autoridades educativas o potenciales donantes. Aun en el caso de los proyectos más informales, poner por escrito lo planeado y su fundamentación contribuye a que todos los participantes puedan tener claras las razones últimas de la actividad y cómo ésta se desenvolverá.

La fundamentación del proyecto debería incluir la situación problemática a atender y por qué se considera pertinente la acción propuesta y las causas por las cuales se prioriza una problemática, teniendo en cuenta las características de la institución educativa u organización social, el ideario o la misión que se plantea, la capacidad de los diversos sectores involucrados para desarrollar con eficacia el proyecto y los contenidos educativos seleccionados.

La fundamentación debería además hacer referencia a la metodología propia del aprendizaje-servicio y por qué la institución considera que el proyecto es beneficioso para la comunidad y para la formación de los estudiantes o jóvenes involucrados.

b) ¿Para qué?: Objetivos del servicio y del aprendizaje

Proponerse objetivos claros y realizables es siempre uno de los pilares de un buen proyecto. Los líderes de organizaciones sociales están acostumbrados a trazar objetivos para los proyectos comunitarios; los docentes han sido formados para definir objetivos pedagógicos. En el caso de los proyectos de aprendizaje-servicio, será necesario sumar los dos tipos de objetivos para hacer realidad su doble intencionalidad: solidaria y educativa.

Los objetivos deberán explicitar qué se propone hacer de la manera más clara y precisa posible. Es importante redactarlos de manera que sean concretos y evaluables en un tiempo determinado, y que tengan en cuenta de manera realista los tiempos efectivos de que se dispondrá, los recursos disponibles y las personas e instituciones que participarán del proyecto. *"Ofrecer una mejor educación al barrio"* o *"mejorar la calidad de vida de la ciudad"* son buenos propósitos, pero no buenos objetivos. En cambio, *"Ofrecer apoyo escolar a los niños que concurren al centro comunitario todos los jueves"* o *"establecer una barrera forestal en los límites este y sur del*

Barrio Solidaridad, plantando un millar de árboles"[12], son objetivos que nos dan una idea más precisa de lo que se desea realizar.

c) ¿Dónde? Localización física y cobertura espacial

Una de las opciones que definen más claramente un proyecto es, sin duda, el "dónde". Básicamente, el proyecto puede localizarse en la propia comunidad o apuntar a comunidades alejadas. Cada una de estas opciones implica decisiones muy diversas en cuanto a la motivación, a la logística, a las vinculaciones con los destinatarios, etc.

El trabajar al servicio de la propia comunidad de referencia de la institución educativa o de la organización juvenil facilita, sin duda, muchas de las cuestiones más cruciales de un proyecto: el diagnóstico participativo es más sencillo, el conocimiento de la realidad es más directo y la cercanía física permite que aun niños de corta edad puedan participar en el proyecto.

En toda comunidad –aun en aquéllas que se consideran más "ricas"– hay problemas sociales que requieren de atención: bolsones de pobreza en barrios con altos niveles de ingreso, ancianos solos, personas enfermas, problemas de contaminación, de discriminación, y tantos otros. En este sentido, un proyecto realizado en la propia comunidad contribuye a que los niños, adolescentes o jóvenes sean capaces de "leer" la propia realidad, puedan identificar las necesidades que los rodean y sus propias posibilidades de mejorar la vida de sus vecinos.

En la segunda opción, la actividad solidaria apunta a poblaciones alejadas físicamente de la comunidad de quienes la organizan. Este tipo de proyectos exige, en general, dedicar más tiempo al diagnóstico y poner especial atención en el establecimiento de vinculaciones auténticamente prosociales y no paternalistas con la población destinataria. También exigirá prever con mayor cuidado los aspectos logísticos y presupuestarios. En relación a esto último, será necesario evaluar la relación entre los recursos invertidos en el viaje y los que se emplearán para atender las necesidades de los destinatarios.

Se entiende por "cobertura" del proyecto, la extensión del área geográfica que se atenderá: no es lo mismo forestar la avenida principal del barrio que todas las calles; ofrecer apoyo escolar en un centro comunitario que en tres. Esta definición en muchos casos se vincula directamente con la de cuál será la población destinataria del proyecto.

---

12. Objetivos del Proyecto "Verde Esperanza". Escuela N° 5047 "Dr. Benjamín Zorrilla", ciudad de Salta. Premio Presidencial 2005. www.me.gov.ar/edusol.

d) ¿Para quiénes / Con quiénes? Destinatarios del servicio solidario

En los proyectos de aprendizaje-servicio los "destinatarios del proyecto" son tanto los beneficiarios del servicio solidario como los propios estudiantes o jóvenes que lo protagonizan. Es posible constatar que tanto el crecimiento personal como los beneficios que derivan de la implementación del proyecto para estudiantes, docentes y líderes comunitarios son múltiples, y tanto o más mensurables que los impactos en la calidad de vida de las comunidades atendidas.

En ese sentido, los "destinatarios" o "beneficiarios" del servicio solidario son también "donantes" y "benefactores" de los niños, adolescentes o jóvenes solidarios y deberían ser percibidos como "co-protagonistas" del proyecto.

Hecha esta salvedad, es importante definir con la mayor precisión posible para quiénes/con quiénes desarrollaremos el proyecto. Según la calidad del diagnóstico realizado, se podrá especificar el número aproximado de personas a las que se pretende alcanzar ("35 niños que concurren al apoyo escolar"; "400 habitantes del barrio a forestar", etc.) y las características de esa población que sean importantes para el proyecto, como nivel de escolaridad, ocupación, tipo de población (urbana o rural) y, si corresponde, tipo de vivienda, condiciones de salud, etc.

e) ¿Cómo? Actividades de servicio solidario y de aprendizaje

De acuerdo al doble objetivo del proyecto de aprendizaje-servicio se definirán dos tipos de actividades a realizar:

– las actividades solidarias a desarrollar en la comunidad seleccionada, con los destinatarios/co-protagonistas elegidos.
– las actividades de aprendizaje de los protagonistas juveniles del proyecto.

Muchos grupos juveniles son reacios a formalizar sus planes en un papel y muchos docentes tienden a volcar esfuerzos desmedidos en sus planificaciones escritas. De todos modos, escribir la planificación de un proyecto ayuda a tener más claras las actividades a realizar, los recursos y tiempos necesarios, contribuye a recordar quién asumió la responsabilidad de cada actividad y facilita su comunicación.

Un esquema muy simple para organizar este plan podría ser el siguiente:

Objetivos	Actividades		Resultados esperados	Responsables	Recursos
	Solidarias	Aprendizaje			

En función de los objetivos del proyecto, se definirán las grandes líneas de actividad, desagregadas en actividades concretas, que luego servirán para establecer el cronograma de tareas, ajustar el presupuesto, etc. Es importante relacionar cada actividad con un resultado esperado.

Por ejemplo, en el caso de un proyecto de forestación, tendrá como grandes actividades la siembra, riego y cuidado de plantines, su plantación y seguimiento. En la primera línea de actividad, una de las actividades solidarias podría ser "Siembra de 150 plantines con los niños del merendero del barrio". Un resultado esperado de esa actividad sería "disponer de 150 plantines para trasplantar en el mes de octubre" y también "involucrar a las organizaciones y especialmente a los niños del barrio en la actividad promovida desde la escuela". En lo que se refiere a los recursos, la actividad implicará entre otras cosas haber obtenido previamente las semillas, contar con 150 recipientes (lo cual puede exigir una actividad de recolección de envases de gaseosa en la escuela y el barrio) y prever el costo del transporte hasta el merendero.

En cuanto a las actividades de aprendizaje, en Ciencias Naturales se podrá realizar una monografía analizando los efectos de la forestación o su ausencia en la salud de la comunidad y, en Ciencias Sociales, una encuesta entre los habitantes del barrio. Los resultados esperados estarán en relación con el aprendizaje de contenidos conceptuales, procedimentales y actitudinales, y serán evaluados como cualquier otra actividad de aprendizaje.

En el caso de los proyectos que se desarrollan en instituciones educativas, es útil identificar las asignaturas o áreas del conocimiento que se involucrarán en el proyecto, y también vincular de la forma más concreta posible cada actividad con contenidos de aprendizaje específicos. En el caso de las organizaciones juveniles, identificar los aprendizajes esperados puede ser un buen ejercicio para reconocer cuánto se aprende en una actividad solidaria, y también qué necesitamos aprender para hacerla más eficaz.

Los mejores planificadores saben que es importante prever en forma precisa las acciones a desarrollar, pero también que es necesario dejar margen para los imprevistos y no encorsetar el proyecto por exceso de detalle en el planeamiento.

f) Tiempos

Una vez definidas las actividades, pueden organizarse en una secuencia temporal que permita organizar las tareas y fijar etapas y plazos para cada una de ellas.

En el caso de las instituciones educativas, el cronograma se articulará con el calendario académico y será importante consignar qué actividades se realizarán en horarios de clase (horas de las asignaturas o de planes especiales, de acuerdo con la organización de cada institución) y cuáles en horarios extraescolares, de pasantías, viajes de estudio, u otros.

En las organizaciones juveniles será importante tener en cuenta las fechas significativas para la organización y sus ritmos internos.

g) Responsables y protagonistas:

En cualquier proyecto se indican los responsables, tanto del desarrollo de actividades específicas como de la ejecución en general del mismo. En el caso de un proyecto de aprendizaje-servicio conviene distinguir:

– la participación de los y las estudiantes en cada paso del proyecto, desde el diagnóstico a la evaluación, cuántos participan y de qué curso.

– las tareas o responsabilidades que corresponden a los educadores.

– el rol de los directivos de la institución educativa o de los líderes de la organización comunitaria, quienes son los responsables últimos de la actividad, y además pueden involucrarse de distintas formas en las actividades concretas y en la evaluación.

– la participación de otros miembros de la comunidad, tanto de la comunidad educativa (padres de familia, personal no docente, otros) como de los miembros de organizaciones de la sociedad civil, gubernamentales o empresariales, especialmente si han de tener alguna responsabilidad específica y si se han firmado acuerdos de trabajo conjunto.

h) Recursos materiales y humanos

Es sabido que todo proyecto –aun el más acotado– requiere de algún recurso material o humano para poder concretarse.

En algunos casos, todos o la mayor parte de los recursos necesarios para el proyecto están al alcance de la mano: una escuela que dispone de una huerta escolar y decide ofrecer lo producido a un refugio para personas sin techo, no tendrá que prever ningún recurso adicional, exceptuando quizás el transporte de las verduras. Otros proyectos, en cambio, requerirán de la elaboración de presupuestos y de un proceso de obtención y gestión de recursos más o menos complejos.

Cada caso es único y, según el contexto y los recursos disponibles, organizar un recital de rock a beneficio o una rifa puede ser muy sencillo, o casi imposible. Es responsabilidad de los educadores y líderes adultos evitar que los niños, adolescentes o jóvenes se planteen metas que excedan demasiado lo que pueden obtener en un tiempo acotado.

Una evaluación de viabilidad puede incluir varios aspectos, desde los técnicos y económicos hasta los legales y socioculturales. Deberán considerarse, por ejemplo, los recursos materiales necesarios (espacios físicos, herramientas, maquinarias, libros, papelería, etc.), teniendo claro de cuáles ya se dispone, cuáles se pueden obtener gratuitamente y cuáles requerirán gastos.

Un buen proyecto tiene en cuenta no sólo lo que ya se tiene, sino también lo que se puede obtener articulando esfuerzos con otras organizaciones o instituciones: si el grupo juvenil no cuenta con un salón para organizar el festival a beneficio, lo puede pedir prestado a la escuela, y si la escuela quiere dar apoyo escolar en el barrio, puede compartir la sala multiuso con el centro comunitario.

En cuanto a los recursos humanos, también tener en cuenta la posible colaboración de personas o instituciones diversas, y de ser necesario por las características del proyecto, deberá preverse capacitación específica para algunos o todos los participantes. Cuando los estudiantes del secundario con orientación en Economía "Jaime de Nevares" de Bariloche quisieron construir como proyecto de Tecnología un molino de viento para poder darle energía eléctrica a una comunidad aislada, tuvieron que recurrir a los ingenieros del Centro Atómico para que los ayudaran en el diseño, y el único estudiante que sabía usar el soldador se lo enseñó a sus compañeros y compañeras, para que todos pudieran colaborar en la construcción del molino (ver 4.2.4).

i) Evaluación del diseño y coherencia interna del proyecto

Un repaso final del proyecto permitirá considerar si se han cumplido los pasos considerados como necesarios y si se ha tenido en cuenta el espíritu del aprendizaje-servicio: la participación de todos los sectores, el protagonismo estudiantil, el reconocimiento de las necesidades reales y sentidas de la comunidad, el planteo de un servicio solidario efectivo, la articulación plena con los aprendizajes curriculares.

Una última revisión también permitirá analizar la coherencia interna del proyecto y considerar si hay adecuación y pertinencia entre conceptos y actividades en función de la fundamentación, los objetivos, las actividades, la evaluación y los resultados.

Ofrecemos a continuación dos listados de preguntas que pueden servir de guía para esta revisión final.

"Un listado de preguntas que pueden guiar este control:

– ¿Fue claramente identificado y definido el problema?
– ¿Es suficientemente sólida la fundamentación?
– ¿Es precisa la definición de los objetivos de aprendizaje?
– ¿Es clara la definición de los objetivos en relación con el problema comunitario detectado?

– *Las actividades planificadas ¿responden a los objetivos enunciados?*
– *¿Están identificados con la mayor precisión posible los destinatarios?*
– *¿Están definidas en forma clara las tareas y las responsabilidades de cada uno de los participantes?*
– *¿Están previstos tiempos dentro y/o fuera del horario escolar para el desarrollo del proyecto?*
– *¿Están contemplados los espacios que se destinan al desarrollo de las actividades del proyecto dentro y fuera de la escuela?*
– *¿Con qué recursos materiales se cuenta? ¿Resultan suficientes? ¿Cuál es el origen de los recursos financieros? ¿Se solicita financiamiento de otras instituciones?*
– *¿Se corresponden las actividades planificadas con los tiempos previstos?*
– *¿Se contemplan espacios de reflexión, sistematización y evaluación durante el proceso?*
– *¿Se tienen en cuenta diferentes instancias e instrumentos de evaluación?*
– *¿Se evalúan los aprendizajes curriculares de manera explícita?*
– *¿Se evalúa la calidad del servicio y los resultados?*
– *¿Los estudiantes tienen un rol protagónico? ¿Lo conservan en todas las etapas del proyecto?"*. (PASO JOVEN, 2004, pp. 16-17)

"10 preguntas para mejores proyectos de servicio":
Cuando planee su próximo proyecto de servicio, hágase a usted o a su grupo las siguientes preguntas:
1. ¿Los participantes se entusiasmarán con el proyecto? ¿Ha incorporado algún componente de socialización o "diversión"?
2. ¿El proyecto ofrece oportunidades para que los estudiantes desarrollen sus capacidades de liderazgo, aprendizajes reales y para compartir y generar amistades?
3. ¿Ha reservado tiempo para la orientación, la reflexión y la evaluación?
4. ¿El servicio será desafiante, significativo, valioso y necesario?
5. ¿Hay suficiente trabajo como para que todos tengan qué hacer? ¿Hay una fórmula balanceada: voluntarios/horas de trabajo=resultados esperados?
6. ¿El proyecto está dentro de los recursos (tiempo, personas, dinero, expertise) *del que disponen usted, su grupo, los voluntarios? ¿Se requiere de alguna capacitación, orientación, trámite, chequeo médico, cuotas o revisión del lugar previos?*
7. ¿El proyecto entrará en conflicto con algún otro grupo o evento en la escuela, la universidad, la organización? ¿Habrá alguna posible oposición?
8. ¿Hay potencialidades como para construir alianzas con algún otro grupo?

9. ¿Tenemos estrategias claras, entendemos los roles y responsabilidades de nuestros voluntarios, estamos preparados para la experiencia? ¿Necesitamos una breve orientación antes de iniciar el proyecto?

10. ¿Cuidamos la seguridad? ¿Ha ejercitado la "necesaria preocupación" para intentar prever todos los potenciales riesgos y tomado las precauciones necesarias? ¿Estamos cubiertos por el seguro? ¿Hemos consultado a las autoridades o abogados de la escuela/ universidad/organización? ¿Hemos revisado previamente el lugar de trabajo?"[13].

ETAPA B -EJECUCIÓN DEL PROYECTO DE APRENDIZAJE-SERVICIO

Paso 3 - Establecimiento de alianzas institucionales y obtención de recursos:

Las primeras actividades vinculadas al desarrollo de un proyecto de aprendizaje-servicio, y que en algunos casos se dan mientras se concluye el período de planificación, normalmente tienen que ver con garantizar dos cuestiones clave para el futuro desarrollo del proyecto: el establecimiento de alianzas institucionales y la obtención de los recursos necesarios para el desarrollo del proyecto.

a) Alianzas institucionales:

Numerosas instituciones educativas y grupos juveniles realizan proyectos por sí solos, sin ningún tipo de alianza o articulación con otras organizaciones. Si bien este modo de trabajo se justifica en muchos casos, establecer alianzas normalmente permite generar vínculos más eficaces con la comunidad destinataria, ampliar las posibilidades de incidencia en el terreno elegido y, en muchos casos, acceder a recursos económicos y humanos con los que de otra manera no se podría contar.

Hay proyectos de aprendizaje-servicio que son promovidos por redes muy extensas, y otros que son llevados adelante sólo por dos "socios". Las posibilidades son muy variadas y las alianzas se establecen tanto con organismos gubernamentales, con o entre instituciones educativas, como con organizaciones de la sociedad civil.

Un contacto fluido y cordial con las organizaciones de la localidad o comunidad atendida y con sus líderes naturales, suele ser una de las claves del éxito de un programa de aprendizaje-servicio.

---

13. www.fiu.edu/~time4chg/Library/planning.html

b) Obtención de recursos

Las fuentes de financiamiento posibles para un proyecto de aprendizaje-servicio pueden ser muy variadas e incluir: desde recursos propios de la escuela, universidad u organización; recursos estatales, donaciones de empresas, organizaciones o personas; o fondos obtenidos a través de diversas actividades realizadas específicamente para el proyecto.

Los proceso de planeamiento, obtención y gestión de los recursos pueden constituirse en uno de los procesos de aprendizaje más valiosos asociados al proyecto de aprendizaje-servicio. Sea cual sea el nivel socioeconómico de los protagonistas, el aprendizaje de que toda transformación de la realidad exige calcular costos, planear los recursos necesarios y establecer estrategias para obtenerlos resulta sumamente valioso y permite poner en juego competencias cruciales para la futura inserción en el mundo del trabajo, así como un sinnúmero de contenidos de aprendizaje.

Conocer y aprovechar los recursos existentes a nivel nacional, regional o local, tanto provenientes del Estado como de organizaciones y empresas, constituye una primera investigación a la que pueden estar asociados los jóvenes protagonistas del proyecto.

En función de lo planificado, al inicio o durante el proyecto, se organizarán actividades para reunir fondos, que también pueden constituirse en un espacio importante para el protagonismo y los aprendizajes de los niños y jóvenes.

Estas actividades de recolección de fondos pueden ser al mismo tiempo un valioso medio de expresión de la creatividad de los jóvenes y de comunicación del proyecto hacia la comunidad. En el caso de una escuela media situada en José C. Paz, un barrio en la periferia del Gran Buenos Aires, sin librerías ni bibliotecas, el proyecto de aprendizaje-servicio consistió en armar un "carrito-biblioteca" para desarrollar actividades de promoción de la lectura en el barrio (EDUSOL, 2004, pp. 144 y ss.). Los adolescentes decidieron organizar un festival de bandas de "rock pesado" en beneficio de su biblioteca ambulante. Para sorpresa de muchos docentes, se sumaron a la propuesta conjuntos formados por algunos de los jóvenes considerados más "peligrosos" en el barrio. Atraídos inicialmente por la posibilidad de tocar ante un público numeroso, los músicos comenzaron a interesarse después por el objetivo del recital, y algunos de ellos se convirtieron luego en promotores de la replicación del proyecto de aprendizaje-servicio en sus propias escuelas.

Una vez obtenidos los recursos necesarios, es importante tanto desde el punto de vista de la transparencia del proyecto como del aprendizaje de los estudiantes, realizar un registro ordenado de los gastos y los ingresos.

Paso 4 - Implementación y gestión del proyecto de aprendizaje-servicio:

Durante la implementación del proyecto, todos los participantes –desde los responsables y los estudiantes hasta las organizaciones comunitarias incluidas en la planificación– constituirán una red de trabajo que hará efectivas las actividades previstas. En esta instancia de concreción del proyecto, los "pasos" y los procesos transversales (reflexión, evaluación, comunicación, sistematización) tienden a superponerse, pero una buena planificación y el adecuado seguimiento contribuirán a que todas las actividades puedan desarrollarse en forma armónica.

De todas maneras, a lo largo de todo proyecto surgirán inconvenientes no previstos, dificultades, pequeñas y grandes crisis, que pondrán a prueba la capacidad de educadores y jóvenes para enfrentar dificultades imprevistas y para reorientar, si fuera necesario, lo planificado y ajustarlo a la realidad. También en esta etapa habrá ocasión de relevar frutos positivos no previstos, de renovar la capacidad de asombro ante talentos antes desconocidos y de estrechar vínculos no planeados.

Las actividades de reflexión de los estudiantes, así como un diálogo frecuente con los referentes comunitarios, permitirán recoger las dificultades y logros que vayan emergiendo. Un seguimiento regular tanto de los aprendizajes como del servicio solidario y las cuestiones operativas contribuirá a facilitar los eventuales ajustes del cronograma de tareas o de los objetivos planificados.

ETAPA C - *CIERRE Y MULTIPLICACIÓN*

Paso 5 - Evaluación y sistematización final:

a) Evaluación de cierre

Al concluir un proyecto de aprendizaje-servicio, y de acuerdo con lo previsto en el diseño, corresponde realizar una evaluación final, que es mucho más que la suma de instancias evaluativas "de proceso".

De acuerdo a los objetivos fijados al inicio del proyecto, se evaluará por un lado los resultados educativos de la experiencia y por otro, el cumplimiento de los objetivos fijados en cuanto a la comunidad destinataria. En función de las ya mencionadas "notas características" del aprendizaje-servicio, será especialmente importante evaluar el grado de protagonismo de los estudiantes en el proyecto y el grado de integración que se produjo entre el aprendizaje y el servicio solidario.

La autoevaluación final de los estudiantes o jóvenes protagonistas es una herramienta clave a la hora de evaluar el conjunto del proyecto. Asimismo, la evaluación será más rica si incluye la percepción y las opiniones de los destinatarios del proyecto, así como la de los líderes de las organizaciones con las que se hayan establecido alianzas.

b) Sistematización final

Los resultados de la evaluación, todo lo reflexionado a lo largo del proyecto, toda la información registrada, converge al final del proyecto en un momento de cierre y sistematización de todo lo actuado.

"La sistematización es un proceso que permite recuperar la riqueza del proyecto y aportar a la construcción colectiva de aprendizajes. Es indispensable para los participantes porque dimensionan realmente su tarea; para las instituciones comprometidas, porque les permite registrar su compromiso y las acciones desarrolladas y funciona como un "escalón" para pensar nuevos proyectos; para la comunidad en general, porque podrán aprovechar la sistematización de la experiencia desarrollada que será un insumo valioso para replicar proyectos exitosos, y decidirse a implementar sus propios proyectos para concretar un servicio determinado." (PASO JOVEN, 2004, p. 8)

Para la sistematización final puede ser aconsejable:

– Sintetizar la experiencia, haciendo un esfuerzo por identificar las características más destacadas. A menudo es fácil perderse en lo anecdótico y no lograr la distancia necesaria como para hacer una verdadera síntesis. Por eso resulta útil identificar algunos ejes en torno a los cuales organizar el relato, o acordar algunos aspectos a priorizar.
– Recoger de la evaluación no sólo las actividades más logradas o los impactos positivos, sino también las experiencias fallidas. Es fácil al término de un proyecto solidario hacer síntesis algo optimistas y lineales, que recojan sólo lo positivo, pero en cambio es bueno tratar de asumir los aspectos menos logrados, ver si pudimos aprender de nuestros errores, si encontramos caminos alternativos a los recorridos, y también poder señalar las dudas e incertidumbres que nos pudo haber dejado el proyecto.
– Como en el caso de la evaluación, es importante asegurar la participación de todos los actores relevantes en el momento de la sistematización final: docentes, directivos, estudiantes, destinatarios, organizaciones intervinientes.

El producto final de este trabajo de sistematización quedará como testimonio acabado del proyecto. Según los casos, puede ser un informe, una carpeta, un CD, un video o afiche, o un programa de radio o de televisión. De acuerdo con la modalidad de los participantes, puede ser un dinámico video-clip con música elegida por los jóvenes o –como en el caso de un proyecto de aprendizaje-servicio universitario que me tocó evaluar– seis voluminosos tomos anillados con una detallada síntesis de todo lo actuado, con documentación respaldatoria incluida.

La sistematización de la información y la compilación de un informe o síntesis de cierre es muy importante porque –por más positiva que haya sido la experiencia para sus protagonistas– si no queda ningún registro de ella será más difícil que pueda ser valorada, que alcance algún impacto institucional, que adquiera continuidad y pueda ser replicada por otros.

A menudo las experiencias que obtienen mayor reconocimiento no son las más exitosas, sino las mejor registradas, y en este sentido la documentación de lo actuado es importante para que los estudiantes puedan obtener el reconocimiento que merecen por las acciones desarrolladas.

También es fundamental en función de la comunicación y difusión del proyecto dentro y desde la institución hacia la comunidad. Para obtener el apoyo y la participación de otros miembros de la comunidad, necesitamos transmitirles con la claridad quiénes y por qué estamos trabajando, qué logros hemos alcanzado y en qué podrían ayudarnos.

Si se han establecido vínculos con otras instituciones (escuelas, universidades, organizaciones de la sociedad civil, empresas o donantes particulares, organismos oficiales) es conveniente enviarles la evaluación y/o la sistematización y, si corresponde, un agradecimiento por el apoyo recibido. Cuando la relación significó un aporte económico, también se deberá incluir un balance de los gastos empleados.

Paso 6 - Celebración y reconocimiento a los protagonistas:

Para la pedagogía del aprendizaje-servicio, organizar una fiesta para celebrar y reconocer lo actuado no es una simple ocasión para divertirse o para hacer "propaganda" de lo realizado.

Celebrar es siempre reunirse a festejar, partiendo del recuerdo de una experiencia que se revive. En ese sentido, es actualizar una vivencia y compartirla. Implica una toma de distancia, un momento reflexivo que permite pensar la vida a la luz de los ideales y principios que mueven a la institución educativa u organización. Es el momento en que se consolida una actitud de servicio solidario y se la vive como un compromiso asumido.

El reconocimiento y la celebración son espacios fundamentales para fortalecer la autoestima de los estudiantes, tanto personal como grupalmente. La celebración contribuye a que los estudiantes puedan mirar atrás, tomar distancia de lo actuado y valorar los logros obtenidos.

Por otra parte, la celebración constituye un acto de justo reconocimiento por parte de la comunidad al servicio prestado por los jóvenes y contribuye a romper la "invisibilidad" antes mencionada y a generar imágenes positivas que contrarresten los prejuicios establecidos.

En las instituciones educativas las celebraciones contribuyen a comunicar al conjunto de la comunidad educativa lo actuado, y a fortalecer y alentar la continuidad y multiplicación de los proyectos de aprendizaje-servicio.

Como en el resto de los "pasos" de este itinerario, es importante preservar el protagonismo juvenil. La celebración debería brotar de las propias experiencias y vivencias de los protagonistas del proyecto y no convertirse en algo "impuesto" desde los adultos. Los lenguajes y rituales propios de cada edad contribuirán a que los niños, adolescentes o jóvenes hagan propia la celebración.

Las celebraciones pueden ser una buena ocasión para dar a conocer lo realizado a un amplio círculo de personas, desde padres y amigos hasta estudiantes de otros cursos, organizaciones comunitarias, medios de comunicación, autoridades educativas o del gobierno local, etc.

Frecuentemente las celebraciones son el momento en que se entrega a los participantes en el proyecto certificados, diplomas, medallas y otras formas de reconocimiento formal de lo actuado. Un número creciente de universidades y de empresas en todo el mundo toma en cuenta para sus programas de ingreso o de becas la participación previa en programas de voluntariado, por lo cual la certificación de lo realizado no debería descuidarse.

Paso 7 - Evaluación de la factibilidad de continuidad y multiplicación de los proyectos de aprendizaje-servicio:

Este último paso no suele figurar en la bibliografía sobre aprendizaje-servicio, pero se da frecuentemente en los momentos finales de un proyecto de aprendizaje-servicio. Si los protagonistas están satisfechos de lo actuado y encontraron suficiente eco en la comunidad, se plantearán la continuidad del proyecto, evaluarán la factibilidad de darle continuidad, o la posibilidad de iniciar otro proyecto de aprendizaje-servicio

Hay proyectos que desde su mismo diseño tienen fechas de finalización muy definitivas: una campaña para que el Municipio instale un semáforo en un cruce peligroso, si tiene éxito termina inmediatamente. En esos casos, buscarán nuevos objetivos de trabajo.

Otros proyectos, en cambio, se plantearon desafíos que exigen varios años para ser alcanzados (como la escuela salteña que se propuso generar una barrera vegetal de 10.000 árboles)[14], y al final de una etapa se plan-

14. Escuela Juan Zorrilla de San Martín. Salta.

tearán la viabilidad de la siguiente, y harán los ajustes que requiera un planeamiento a largo plazo.

Finalmente, hay instituciones que han incluido el aprendizaje-servicio como eje o parte de su proyecto educativo y pueden sostener durante muchos años programas de aprendizaje-servicio muy exigentes. En Argentina, varias escuelas han cumplido diez años ininterrumpidos de aprendizaje-servicio y otras ya superaron los veinte. En el marco de estos "Proyectos Educativos Institucionales Solidarios" (PEIS) –como los bautizaron en una escuela mendocina[15]–, los proyectos suelen multiplicarse dentro de la misma institución, como ya hemos visto en algunos casos, como el del Jardín de Infantes de Aluminé (4.2.1).

El paso de la "multiplicación" se da tanto hacia el interior de la propia institución, como en la difusión de las prácticas hacia otras instituciones u organizaciones.

La multiplicación del proyecto hacia el interior de la institución se produce básicamente con dos modalidades:

– *Proyectos que se ramifican (un tema, varios proyectos):* hay casos en que se comienza con un proyecto acotado y con el tiempo el proyecto se ramifica hacia temas afines. En el caso ya citado de la escuela de Cangrejillos ( ), comenzaron con la huerta escolar, siguieron con el invernadero, de ahí pasaron a los invernaderos familiares, luego el invernadero escolar creció y en este momento alberga el proyecto de forestación. Eso no significa que se haya secado la huerta escolar ni que se hayan acabado los invernaderos familiares, sino que se van sumando ramificaciones diversas de un mismo proyecto institucional de aprendizaje-servicio en torno a la misma temática. Lo mismo sucedió en el Colegio Pablo Apóstol de Tucumán: comenzaron con un proyecto sobre ofidios y arácnidos y la prevención de accidentes provocados por sus picaduras, y ahora desarrollan simultáneamente otros seis, todos vinculados con la promoción de la salud comunitaria y la protección de la biodiversidad regional.

– *Proyectos múltiples (varios temas, varios proyectos):* algunas instituciones comenzaron por desarrollar un proyecto de aprendizaje-servicio y ahora desarrollan tres, cuatro o incluso dieciseis experiencias diferentes en forma simultánea, cada una sobre una temática diferente. En estos casos suele suceder que el éxito de un proyecto estimula a otro docente a inventar otro y desde diversos cursos o desde diversas cátedras se van generando proyectos con temáticas diversas. Un caso emblemático es el de la Escuela Ramón Lista de Resistencia,

15. Spagnolo.

Chaco, que comenzó con una huerta escolar y terminó desarrollando proyectos de aprendizaje-servicio desde prácticamente todas las asignaturas, incluyendo capacitación en informática, recuperación de las artesanías y las culturas originarias, documentación de indocumentados, canotaje y prevención para períodos de inundación, murales de rescate de la memoria local, y otros[16]. Es también el caso de la Escuela "San José de Calasanz" de Ramona, Santa Fe: primero se comenzó espontáneamente un proyecto liderado desde Ciencias Naturales y vinculado a la contaminación del agua de la localidad; y con el tiempo se desarrolló un proyecto desde el área de Lengua con el fin de realizar el único periódico local que ahora difunde los demás proyectos que fueron surgiendo, como los vinculados al impacto del monocultivo de soja en la región y a la nutrición infantil y otros[17].

La "multiplicación" también se verifica hacia fuera de la institución, ya sea a través de la creación de redes con otras instituciones educativas para desarrollar el mismo proyecto, o por la transferencia de conocimientos y asistencia técnica a otras escuelas para que éstas a su vez desarrollen nuevas experiencias de aprendizaje-servicio.

16. Cita Ramón, lista en actas 5-6 seminario.
17. Cita Ramona en actas 7.

6.4 - UN COMENTARIO FINAL

Aunque pueda resultar contradictorio con lo expuesto anteriormente, quisiera volver a subrayar que muchos proyectos de aprendizaje-servicio surgen espontáneamente, como fruto de la creatividad de educadores y jóvenes, sin que necesariamente se haya planificado un proyecto paso por paso.

De hecho, el Instituto Agrotécnico "San José Obrero" de San Justo, en Entre Ríos, llegó a ser finalista del Premio Presidencial "Escuelas Solidarias" de Argentina con un proyecto de aprendizaje-servicio de gran calidad, pero que nació "por casualidad". Para hacer un ejercicio en clase de Matemáticas, la profesora pidió a los estudiantes que averiguaran la localidad de nacimiento de sus abuelos y bisabuelos. Al hacer el ejercicio de estadística con esos datos, los adolescentes se sorprendieron: la abrumadora mayoría de sus bisabuelos provenía de la misma región de Italia. Nunca antes habían tomado conciencia de que su ciudad había sido fundada por una de las primeras colonias italianas llegadas al país en el siglo XIX. La creatividad de los docentes generó a partir de lo sucedido en el aula de Matemáticas (*motivación institucional*) un proyecto de investigación sobre la historia del pueblo (*objetivos de aprendizaje*), que desembocó en un proyecto de creación del primer museo local (*objetivos de servicio*) para el cual los estudiantes recolectaron y clasificaron objetos, ropa y testimonios de los fundadores (*obtención de recursos, desarrollo del proyecto*). Con lo aprendido y el apoyo de las áreas de Lengua y de Informática, los estudiantes diseñaron folletos sobre la historia del pueblo, con los cuales se difundió el proyecto entre los vecinos (*comunicación*). El "Museo de la Colonia", diseñado y promovido por los estudiantes, hoy es parte del circuito turístico promovido oficialmente por la provincia y ha "puesto en el mapa" a la pequeña localidad (*evaluación del impacto*). Estudiantes y docentes recopilaron y sistematizaron la historia del proyecto para presentarse al Premio Presidencial (*sistematización y comunicación*), y tuvieron su *"celebración y reconocimiento"* cuando fueron elegidos entre los 25 mejores de 3.100 experiencias solidarias presentadas por instituciones de todo el país en 2001.[18]

18. www.me.gov.ar/edusol/pp2k1/pp2k1_finalistas.html

La creatividad de los educadores, el entusiasmo de los estudiantes y el esfuerzo de toda una comunidad educativa generaron un excelente proyecto de aprendizaje-servicio en una escuela que no sabía que lo que había hecho se llamaba así, y no había consultado ninguna bibliografía especializada.

Habiendo conocido muchos casos como el relatado, quisiera concluir reiterando que todo lo aquí presentado aspira a ser sólo un marco de referencia, y que cada institución educativa y cada organización juvenil debe encontrar su propio camino hacia el aprendizaje-servicio.

Espero que esta obra, así como las sugerencias bibliográficas que incluye, contribuyan a consolidar y mejorar los proyectos ya iniciados, y a inspirar otros nuevos, al servicio de una América Latina con mejor educación y menos desigualdad, y de un mundo más fraterno y solidario.

REFERENCIAS BIBLIOGRÁFICAS

AKUJOBI, C. - SIMMONS, R. (1997). *An Assessment of elementary school service-learning teaching method: Using service-learning goals.* NSEE Quarterly (National Society for Experiential Education), Volume 23, N°. 2, winter.

ALIAGA PIZARRO, José Manuel (2002). *Una Experiencia de Aprendizaje-Servicio.* Instituto de Educación Rural Liceo Industrial Remehue. Décima Región de los Lagos, Osorno, Chile, mimeo.

AMMON, M. S. - FURCO, A. - CHI, B. - MIDDAUGH, E. (2001). *Service-learning in California: A profile of California's CalServe service-learning partnerships: 1997-2000.* Sacramento, CA: California Department of Education.

ANDER-EGG, Ezequiel - AGUILAR IDÁ–EZ, María José (1996). *Cómo elaborar un proyecto. Guía para diseñar proyectos sociales y culturales.* Buenos Aires, Lumen/Humanitas.

ANDERSON, Jeffrey B. - CALLAHAN, Jane (2005). *The Institutionalization of Service-Learning in Preservice Teacher Education.* Greenwich, CT, Information Age Publishing.

ARANGUREN, L. (1997) "Ser solidario, más que una moda", en: *Suplemento de Cáritas N° 231,* Madrid, Cáritas España.

ASTIN, A. - SAX, L. (1998). "How undergraduates are affected by service participation". *Journal of College Student Development,* 39 (3), 259-63.

ASTIN, A. W. - SAX, L. J. - AVALOS, J. (1999). "The long-term effects of volunteerism during the undergraduate years". *The Review of Higher Education,* 21(2), 187-202.

BATCHELDER, T. H. - ROOT, S. (1994). "Effects of an undergraduate program to integrate academic learning and service: Cognitive, prosocial cognitive, and identity outcomes". *Journal of Adolescence,* 17(4), 341-355.

BATTISTONI, M. (2002). *Civic Engagement Across the Curriculum.* USA, Campus Compact.

BEAN, Heather Ann Ackley (2000-2001). *Historical Survey of the Philosophy, Methods, & Results of Service-Learning,* en: AAR Lilly Teaching Workshops. Teaching in the Global Village: The Shape of the Field and Its Impact on Teaching Religious Studies and Theology, Glenn Yocum, Director. www.aarweb.org/teaching/lilly/Bean04.asp#_ftn5

BERGLAS, Steven (2001). *Reclaiming the Fire. How successful people overcome burnout,* New York, Random House.

BERKAS, T. (1997). *Strategic Review of the WK Kellogg Foundation's. Service-Learning Projects. 1990-1996,* Battle Creek, MI: WK Kellogg. Foundation.

BILLIG, S. H. (2000). *Research on K-12 school-based service-learning: The evidence builds.* Phi Delta Kappan, 81(9), 658-664.

BILLIG, S. H. - MEYER, S. (2002). *Evaluation of the Hawaiian Studies Program at Wainae High School for CREDE.* Denver, CO. RMC Research Corporation.

BILLIG, S. H. - MEYER, S. - HOFSCHIRE, L. (2003). *The impact of service-learning on MEAP: A large-scale study of Michigan Learn and Serve grantees,* presentation at National Service-Learning Conference, Minneapolis, MN. 2003, April.

BIN (2004) UNIVERSIDAD DE TUCUMÁN. FACULTAD DE MEDICINA. PROGRAMA BIN (2004). *Estudiantes de medicina contra las muertes infantiles.* San Miguel de Tucumán.

BROWN, Danika M. (2001). *Pulling it Together: A Method for Developing Service-Learning and Community Partnerships Based in Critical Pedagogy.* National Service Fellow Research, www.nationalserviceresources. org/filemanager/download/720/brown.pdf

CAIRN, R.W. - KIELSMEIER, J. (1995) *Growing Hope. A sourcebook on integrating Youth Service into the School Curriculum*, Minneapolis, MN, National Youth Leadership Council.

CAMPUS COMPACT (1996). *Service Matters. A Sourcebook for Community Service in Higher Education* by Michael Kobrin and Joanna Maret. Melissa Smith, Editor. Providence, RI.

CAMPUS COMPACT (2004). *The Community's College: Indicators of Engagement at Two-Year Institutions. Providence*, RI.

CLAYSS (Centro Latinoamericano de Aprendizaje y Servicio Solidario) (2002). *Aprender sirve, servir enseña,* Buenos Aires, CLAYSS.

CONRAD, Dan (1990). "Arguments for Educators: A Rationale for High School Service-learning Programs", en: KENDALL, J. & Associates, *Combining service and learning. A resource book for community and public service*, Vol. I-II. Raleigh, National Society for Internships and Experiential Education, pp. 496-506.

CONRAD, D.E. & HEDIN, D. (1989). *High school community service: A review of research and programs. Madison*, WI: National Center for Effective Secondary Schools.

CONRAD, Dan-HEDIN, Diane (1990). "Learningfrom Service Experience. Experience is the Best Teacher- Or Is It?", en: KENDALL, J. &

Associates. *Combining service and learning. A resource book for community and public service*, Vol. I-II. Raleigh, National Society for Internships and Experiential Education, pp. 87-96.

CONRAD, D. - HEDIN, D. (1991). "School-based Community Service: What We Know from Research and Theory" en *Phi Delta Kappan*, June, pp. 743-749.

COOPER, Mark (1999). *Planning Your Next Successful Volunteer Project. The FIU Volunteer Action Center.* www.fiu.edu/~time4chg/Library/planning.html

COVITT, B. (2002). "Motivating environmentally responsible behavior through service-learning", en S.H. Billig & A. Furco, *Service-Learning Through a Multidisciplinary Lens.* Greenwich, CT: Information Age, 177-197.

CROCE, Alberto (2000). "Elementos para un diagnóstico operativo y planeamiento de proyectos de intervención comunitaria desde la escuela", en: MINISTERIO DE EDUCACIÓN DE LA NACIÓN. Secretaría de Educación Básica. Programa Nacional Escuela y Comunidad. *La Solidaridad como aprendizaje.* Actas del 2° Seminario Internacional "Educación y Servicio Comunitario", República Argentina, pp. 47-59.

CRUZ, N.-GILES, D. (2000). "Where's the community in service-learning research?", en *Michigan Journal of Service-learning.* Special issue.

CSV (2000). *Education for Citizenship. Discovering Citizenship through active learning in the community. A teaching toolkit.* Created by Francine Britton with new materials in association with the Institute for Global Ethics. London, CSV Education for Citizenship-Deutsche Bank.

CVU (2004). Centro del Voluntariado del Uruguay. Proyecto aprendiendo juntos. Juan Pablo Balbi- Nahir Chamorro-Sergio Márquez. Libro 4. *Aprendizaje-servicio. Conceptos, reflexiones y experiencias*, Montevideo, ICD.

CVU (2004b). Proyecto aprendiendo juntos. Juan Pablo Balbi-Nahir Chamorro-Sergio Márquez. Libro 5. *Aprendizaje-servicio. Reflexiones desde la práctica.* Montevideo, ICD.

CYRULNIK, Boris (2002). *Los patitos feos.* Barcelona, Gedisa.

CYRULNIK, Boris (2001). *La maravilla del dolor. El sentido de la resiliencia*, Barcelona, Granica.

DEANS, Thomas (1999). "Service-Learning in Two Keys: Paulo Freire's Critical Pedagogy in Relation to John Dewey's Pragmatism", en: *Michigan Journal of Community Service Learning*, v. 6, Fall 1999, pp. 15-29.

DEANS, Thomas (2000). *Writing Partnerships: Service-Learning in Composition*, Urbana, IL, NCTE.

DE BENI, Michele (2000). *Educare all'altruismo. Programma operativo per la scuola di base*, Trento, Erickson.

DELORS, J., comp. (1996). *La educación encierra un tesoro*, Buenos Aires, Santillana, Ediciones UNESCO .

DENNINGER, Klaus - SQUIRE, Lyn (1996). "A New Data Set Measuring Income Inequality", en *The World Bank Economic Review*, Vol. 10 No. 3, pp. 565-591.

DEWEY, John (1895). "Plan of organization of the university primary school", en *Early works of John Dewey*. Carbondale, Southern Illinois Universiry Press, 1972, Vol. 5, págs. 224-43.

DEWEY, John (1902). *The School as Social Centre. With introduction by Nick Longo of Campus Compact,* 2002, Campus Compact Reader, Fall.

DEWEY, John (1916). *Democracy and education,* New York, Macmillan.

DEWEY, John (1938). *Experience and education*, New York, Macmillan.

DEWEY, John (1960) *La educación hoy*, Buenos Aires, Losada.

DIÉGUEZ, Alberto José (Coordinador) (2000). *La intervención comunitaria. Experiencias y Reflexiones*, Buenos Aires, Espacio Editorial.

DIPUTACIÓ DE BARCELONA. AREA D'EDUCACIÓ (2005). Jornades BPE II: Aprenentatge Servei, Sant Joan Despí, 9 de juny de 2005, Centre Cívic Torreblanca. www.diba.es/siae/jornades/jbpe_fetes.asp

EBERLY, Donald (1988). *National Service. A promise to keep,* New York, John Alden Books.

EBERLY, D. J. (ed.) (1982) *National Youth Service: A Global Perspective*, National Service Secretariat, Washington, DC. (I Global Conference on National Service, Racine, WI, 18-21 June 1992.)

EBERLY, Donald - SHERRADEN, Michael (Eds.) (1990). *The Moral Equivalent of War? A Study of Non-military Service in Nine Nations*, Westport, CT, Greenwood Press.

EBERLY, Donald - ROCHE OLIVAR, Roberto (2002). "Aprendizaje-servicio y prosocialidad", en: CLAYSS (Centro Latinoamericano de Aprendizaje y Servicio Solidario), *Aprender sirve, servir enseña*. Buenos Aires, pp. 33-48.

EDUSOL (2004). PROGRAMA NACIONAL EDUCACIÓN SOLIDARIA. UNIDAD DE PROGRAMAS ESPECIALES. MINISTERIO DE EDUCACIÓN, CIENCIA Y TECNOLOGÍA, *Aprendizaje y servicio solidario,* Actas del 5° y 6° Seminario Internacional "Aprendizaje y Servicio Solidario". República Argentina.

EDUSOL (2005). PROGRAMA NACIONAL EDUCACIÓN SOLIDARIA. UNIDAD DE PROGRAMAS ESPECIALES. MINISTERIO DE EDUCACIÓN, CIENCIA Y TECNOLOGÍA, *Proyecto "Aprender Enseñando",* Informe Preliminar. República Argentina, Marzo 2005 (mimeo).

EDUSOL (2005b). PROGRAMA NACIONAL EDUCACIÓN SOLIDARIA. UNIDAD DE PROGRAMAS ESPECIALES. MINISTERIO DE EDUCACIÓN, CIENCIA Y TECNOLOGÍA, *Aprendizaje y servicio solidario en la Educación Superior y en los sistemas educativos latinoamericanos,* Actas del 7mo. Seminario Internacional "Aprendizaje y Servicio Solidario". República Argentina.

EDUSOL (2005c). PROGRAMA NACIONAL EDUCACIÓN SOLIDARIA. UNIDAD DE PROGRAMAS ESPECIALES. MINISTERIO DE EDUCACIÓN, CIENCIA Y TECNOLOGÍA, *Itinerario y herramientas para desarrollar un proyecto de aprendizaje-servicio,* República Argentina.

EDUSOL (2006). PROGRAMA NACIONAL EDUCACIÓN SOLIDARIA. UNIDAD DE PROGRAMAS ESPECIALES. MINISTERIO DE EDUCACIÓN, CIENCIA Y TECNOLOGÍA, *Experiencias ganadoras del Premio Presidencial "Prácticas Solidarias en Educación Superior" 2004.* República Argentina.

EDUSOL (2006b). PROGRAMA NACIONAL EDUCACIÓN SOLIDARIA. UNIDAD DE PROGRAMAS ESPECIALES. MINISTERIO DE EDUCACIÓN, CIENCIA Y TECNOLOGÍA, *El aprendizaje-servicio en la escuela,* Actas del 8o. Seminario Internacional "Aprendizaje y Servicio Solidario". República Argentina. En prensa.

EHRLICH, Thomas (ed.) (2000). *Civic responsibility and Higher Education.* Westport, American Council on Education and Oriyx Press, Series on Higher Education.

ERIKSON, Erik (1968). *Identity: Youth and Crisis,* Norton, New York.

EyC (1998). MINISTERIO DE CULTURA Y EDUCACIÓN, Dirección de Investigación y Desarrollo Educativo, *El servicio a la comunidad como aprendizaje escolar.* Actas del 1° Seminario Internacional "Educación y servicio comunitario", República Argentina.

EyC (2000). MINISTERIO DE EDUCACIÓN DE LA NACIÓN, Secretaría de Educación Básica. Programa Nacional Escuela y Comunidad, *La Solidaridad como aprendizaje.* Actas del 2° Seminario Internacional "Educación y Servicio Comunitario", República Argentina.

EyC (2000b). MINISTERIO DE EDUCACIÓN DE LA NACIÓN, República Argentina, Programa Nacional Escuela y Comunidad. Módulos de capacitación docente 3, *Los proyectos de intervención comunitaria y el Proyecto Educativo Institucional.*

EyC (2000c). MINISTERIO DE EDUCACIÓN DE LA NACIÓN, República Argentina, Programa Nacional Escuela y Comunidad. Módulos de capacitación docente. 1. *Guía para emprender un proyecto de aprendizaje-servicio.*

EyC (2000d). MINISTERIO DE EDUCACIÓN DE LA NACIÓN, República Argentina, Programa Nacional Escuela y Comunidad. Módulos de capacitación docente. 3, *Los proyectos de intervención comunitaria y el Proyecto Educativos Institucional.*

EyC (2001). MINISTERIO DE EDUCACIÓN DE LA NACIÓN, Secretaría de Educación Básica, Programa Nacional Escuela y Comunidad, *La propuesta pedagógica del aprendizaje- servicio*, Actas del 3° y 4ª Seminario Internacional "Escuela y Comunidad", República Argentina.

EYLER, J. - GILES, D. (1999). *Where's the learning in service-learning?*, San Francisco, Jossey-Bass Publishers.

FALLON, Daniel (2004). *An Abbreviated History of Antioch College. Renewal Commission for Antioch College*, Final Report to Board of Trustees. June 4.

FARIS, Ron (1999). *Service-learning in Canada: A survey of policy and practice in the Public education systems of Canada and the practice of using voluntary service as a means of Earning post-secondary tuition credit,* prepared for the Learning and Literacy Directorate of HRDC, September 15.

FOLLMAN, Joseph (August, 1998). *Florida Learn and Serve: 1996-97 Outcomes and Correlations with 1994-95 and 1995-96*, Tallahassee, FL: Center for Civic Education and Service, Florida State University.

KLUTE, M. M. (2002). Antioch's Community-Based School Environmental Education (CO-SEED), *Quantitative evaluation report,* Denver, CO. RMC Research Corporation.

KLUTE, M.M.-BILLIG, S. H. (2002). T*he impact of service-learning on MEA: A large-scale study of Michigan Serve & Learn grnatees*, Denver, CO. RMC Research Corporation.

FISHER, Louis (1953). *La vida del Mahatma Gandhi*, Buenos Aires, Peuser.

FRANKL, V. (1979). *La voluntad de sentido*, Barcelona, Herder.

FRANKL, V. (1988) *El hombre en busca de sentido*, Barcelona, Herder.

FREIRE, Paulo (1974). *La educación como práctica de la libertad*, Buenos Aires.

FREIRE, Paulo (1973). *Pedagogía del oprimido*, Buenos Aires, Siglo XXI.

FREIRE, Paulo (2002). *Pedagogía de la esperanza. Un reencuentro con la Pedagogía del oprimido*, Buenos Aires, Siglo XXI.

FREIRE, Paulo-HORTON, Myles (1991). *We Make the Road by Walking: Conversations on Education and Social Change*, Temple University Press.

FROMM, Erich (1970). *La revolución de la esperanza*, Buenos Aires, Fondo de Cultura Económica.

FROMM, Erich (2003). *El arte de amar*, Buenos Aires, Paidós.

FURCO, Andrew & BILLIG, Shelley H (ed.) (2002). *Service-Learning: The Essence of the Pedagogy*, IAP, CT.

FURCO, A. (2003). *Service Learning and the Engagement and Motivation of High School Students*, Berkeley Service-Learning Research and Development Center, School of Education, University of California at Berkeley.

FURCO, A. (2005) "Impacto de los proyectos de aprendizaje-servicio", en: PROGRAMA NACIONAL EDUCACIÓN SOLIDARIA. UNIDAD DE PROGRAMAS ESPECIALES. MINISTERIO DE EDUCACIÓN, CIENCIA Y TECNOLOGÍA, *Aprendizaje y servicio solidario en la Educación Superior y en los sistemas educativos latinoamericanos*, Actas del 7mo. Seminario Internacional "Aprendizaje y Servicio Solidario". República Argentina, pp. 19-26.

GALLINI, S.M., & MOELY, B.E. (2003). "Service-learning and engagement, academic challenge, and retention", en *Michigan Journal of Community Service Learning*, Fall, 5-14.

GALLUP ARGENTINA (2000). *Estudio sobre el trabajo voluntario.* Noviembre 2000.

GARDNER, H. (1983). *Frames of Mind: The Theory of Multiple Intelligences*, New York, Basic Books.

GARDNER, H. (1993) "Intelligence connections: Choice points as multiple intelligences enter the school", en: *Network on MI Newsletter.* Alexandria, VA: ASCD, Fall.

GARDNER, H. (1999). *Intelligence reframed*, New York, Basic Books.

GARDNER, Howard (2003). *Las inteligencias múltiples. La teoría en la práctica*, Buenos Aires, Paidós.

GARDNER, Howard (2005). "Service-learning and Good Work" en: NATIONAL YOUTH LEADERSHIP CONFERENCE, *Growing to Greatness 2005*. St. Paul, MN., pp. 23-28.

GARDNER, Howard - CSIKSZENTMIHALYI, Mihaly - DAMON, William (2003). *Buen trabajo. Cuando ética y excelencia convergen*, Buenos Aires, Paidós.

GCBA (1998). GOBIERNO DE LA CIUDAD DE BUENOS AIRES, Secretaría de Educación-Secretaría de Promoción Social, Encuentro Nacional de Alumnos, *Los problemas sociales y la tarea del aula*, Buenos Aires, Santillana.

GERHARDT, Heinz-Peter (1999). "Paulo Freire (1921-1997)", en: *Perspectivas*, revista trimestral de educación comparada. París, UNESCO, Oficina Internacional de Educación, vol. XXIII, números. 3-4, pp. 463-484.

GILES Jr., Dwight E.- EYLER, Janet (1994). "The Theoretical Roots of Service-learning", en Dewey, John: "Toward a Theory of Service-learning", en: *Michigan Journal of Community Service Learning*, v.1 (1), pp. 77-85.

GIARDINELLI, Mempo (1998). *El país de las maravillas*, Buenos Aires.

GIBBONS, M. - LIMOGES, C. - NOWOTNY, H. - SCHWARTZMAN, S. - SCOTT, P. - TROW, M. (1994). *The new production of knowledge. The dinamics of science and research in contemporary societies*, London, SAGE.

GOLEMAN, D. (2000). *La inteligencia emocional. Por qué es más importante que el cociente intelectual*, Buenos Aires, Vergara.

GONZÁLEZ, Alba (2002). *El rol docente y el trabajo en equipos a partir de proyectos educativos vinculados a la comunidad*. (Abstract de uso interno). Buenos Aires, CLAYSS.

GONZÁLEZ, A. - ELICEGUI, P. (2004). "El impacto de los proyectos de aprendizaje-servicio en la calidad educativa. Reflexiones en torno a ocho experiencias", en: MINISTERIO DE EDUCACIÓN, CIENCIA Y TECNOLOGÍA, Unidad de Programas Especiales, Programa Nacional Educación Solidaria, *Aprendizaje y servicio solidario*. Actas del 5to. y 6to. Seminario Internacional "Aprendizaje y servicio solidario", República Argentina, pp. 188-206.

GOMES DA COSTA, Antonio Carlos (2003). *Revolição. A revolução da vontade. Coleção jovem voluntário, escola solidária*, Faça Parte, Instituto Brasil Voluntário.

GÓMEZ GARCÍA, Carmen (2005). "La alfabetización en Cuba, inicio de un proceso de culturización de las masas populares", en: *Achegas*, Revista de Ciencia Política, Río de Janeiro. Revista Número 25 - setembro / outubro, www.achegas.net/numero/vinteetres/carmen_garcia_23.htm

GORTARI PEDROZA, Ana de (2004). *El Servicio Social Mexicano: diseño y construcción de modelos*, ponencia presentada en el VII Seminario Internacional "Aprendizaje y servicio solidario". Buenos Aires, 6-7 octubre, www.me.gov.ar/edusol

GROTBERG, E, (1995) *A Guide to Promoting Resilience in Children: Strengthening the Human Spirit*, La Haya, The Bernard van Leer Foundation.

HALSTED, Alice (1998). "La experiencia del aprendizaje-servicio en la educación norteamericana", en: MINISTERIO DE CULTURA Y EDUCACIÓN, Dirección de Investigación y Desarrollo Educativo, *El servicio a la comunidad como aprendizaje escolar*. Actas del 1° Seminario Internacional "Educación y servicio comunitario", República Argentina, pp. 23-36.

HARKAVY, Ira (2002). "Honoring Community, Honoring Place", en: *Campus Compact Reader*. Fall.

HATCHER, J. A. - BRINGLE, R. G. - MUTHIAH, R. (2002). "Institutional strategies to involve freshmen in service", en E. Zlotkowski, (Ed.), *Service learning and the first year experience* (pp. 79-90). Columbia, SC: National Resource Center for the First-Year Experience and Students in Transition.

HENDERSON, Nan - MILSTEIN, Mike (2003). *Resiliencia en la escuela*, Buenos Aires, Paidós.

HERRERO, María Alejandra (2002). *El "problema del agua". Un desafío para incorporar nuevas herramientas pedagógicas al aula universitaria*, Tesis para la especialidad en docencia universitaria, Facultad de Ciencias Veterinarias. Universidad de Buenos Aires.

HORTON, Myles (1990). *The Long Haul: An Autobiography*, New York, Doubleday.

HOWARD, Jeffrey (1993). *Praxis I. A Faculty Casebook on Community Service-learning*, OCSL Press-University of Michigan.

IANYS (1998). International Association for National Youth Service, *National Youth Service into the 21st Century*, Report of the 4th Global Conference on National Youth Service, Windsor Castle, UK, 18-21 June.

IANYS (2002). International Association for National Youth Service, Actas de la 6ª Conferencia Global/Procedures of the VI Global Conference, Buenos Aires, Argentina.

IANYS (2003). (International Association for National Youth Service), 1st African Regional Conference, Conference Report, Accra, Ghana.

INDEC (1985). "La juventud de la Argentina", Centro Coordinador para el Año Internacional de la Juventud/INDEC, en *Estudios INDEC, 3*, Buenos Aires.

IOZZI, Louis (1990). *Moral Decision Making in a Scientific Era,* en: KENDALL, J. & Associates, Vol. I., pp. 384-388.

IVR, (2002). INSTITUTE FOR VOLUNTEERING RESEARCH. *UK-wide evaluation of the Millennium Volunteers Programme,* Brief 357, July, www.dfes.gov.uk/research/data/uploadfiles/RB357.pdf

JACOBY, Barbara and Associates (1996). *Service-learning in Higher Education. Concepts and practices*, San Francisco, Jossey Bass.

JAMES, William (1910). *The Moral Equivalent of War. International Conciliation*, Vol. 27, February, 1910. (También en: B. WILSHIRE (Ed.), *William James: The essential writings*. Albany, NY: State University of New York Press, 1984).

JUAN PABLO II (1987) *Mensaje para la Jornada Mundial de la Paz 1987*, en: www.vatican.va/holy_father/john_paul_ii/messages/peace/index_sp.htm

KAHNE, J. - CHI, B. - MIDDAUGH, E. (2002, August). *City Works evaluation summary*, Los Angeles, Constitutional Rights Foundation.

KAHNE, J. - WESTHEIMER, J. (2002). *City Works evaluation summary. Evaluation report for the Surdna Foundation,* New York.

KENDALL, J. & Associates (1990). *Combining service and learning. A resource book for community and public service,* Vol. I-II. Raleigh, National Society for Internships and Experiential Education.

KLIKSBERG, Bernardo (2001). *Ética y Economía, la relación marginada,* IADB - Biblioteca digital. En www.iadb.org

KROMER, John - KERMAN, Lucy. *West Phladelphia Initiatives: A Case Study in Urban Revitalization,* Penn University, www.upenn.edu/president/westphilly

KOTLIARENCO, A. - MARDONES, F. - MELILLO, A. - SUAREZ OJEDA, N. (2000). *Actualizaciones en Resiliencia,* Buenos Aires, Universidad Nacional de Lanús, Fundación Bernard Van Leer, Colección Salud Comunitaria. Ediciones de la Unla.

LAIRD, M. - BLACK, S. (2002). *Service-learning evaluation project. Program effects for at risk students,* presentation at 2nd International Service Learning Research Conference, Nashville, TN, October.

LEARNING IN DEED (s/d). *Perceptions. Understanding and Responding to What People Think about Service-Learning.* Perception.pdf, en: www.learningindeed.org

LEMING, J. (1998, Autumn). *Adding value to service-learning projects,* Insights on Global Ethics, 7.

LEMING, J. S. (2001, Spring). "Integrating a structural ethical reflection curriculum into high school community service experiences: Impact on students' sociomoral development", *Adolescence,* 36 (141).

LEVINE, P. - LOPEZ, M.H. (2002, September). *Youth voter turnout has declined, by any measure,* Report from The Center for Information & Research on Civic Learning & Engagement (CIRCLE), College Park, MD.

LLACH, Juan J. (con la colaboración de Silvina Gvirtz y varios autores), (2006). *El desafío de la equidad educativa. Diagnóstico y propuestas.* Buenos Aires, Granica.

LUBICH, Chiara (1989).*100 Pensamientos,* Buenos Aires, Ciudad Nueva.

LUBICH, Chiara (2002). *Fraternità e pace per l'unità dei popoli,* ponencia en el Convegno sull'unità tra i popoli, Rimini, 22 de junio de 2002. http://www.focolare.org/ it/sif/2002/it20020702a.html

LYNN, F.M. (2000). "Community - Scientist Collaboration in environmental Research", *American Behavioral Scientist,* 44: 648-662.

MANTOVANO, Claudio (ed.) (2001). *In buona compagnia.*

MARCUS, G. P. - HOWARD, J. P. - KING, D. C. (1993). *Integrating community service and classroom instruction enhances learning: Results from an experiment. Education Evaluation and Policy Analysis,* 15, 410-419.

MARYLAND STATE DEPARTMENT OF EDUCATION (1995). *Spinning Interdisciplinary Service-Learning Webs: A Secondary Education Approach*, a Project of the Maryland Students Service Alliance Fellows Program, Fall.

MARSHALL, Teresa (2004). "Aprendizaje-servicio y calidad educativa", en: EDUSOL (2004). PROGRAMA NACIONAL EDUCACIÓN SOLIDARIA, MINISTERIO DE EDUCACIÓN, CIENCIA Y TECNOLOGÍA, UNIDAD DE PROGRAMAS ESPECIALES, *Aprendizaje y servicio solidario*. Actas del 5° y 6° Seminario Internacional "Aprendizaje y Servicio Solidario". República Argentina, pp. 94-98.

MASAYUKI Deguchi (2003). *Civil society and civic service. Linguapolitical issues on Japan's "Civic Service" programs to the international community*, paper for the GSI International Symposium "Civic Service: Impacts and Inquiry". St. Louis, MO, September 24-26.

MCBRIDE, Amanda Moore - BENITEZ, Carlos - SHERRADEN, Michael (2003) - With Kwofie Danso - Beatriz Castaño - Lissa Johnson - Maury Mendenhall - Erica Sulever - Erdenechimeg Tserendorj - Jenny Brav - Lacey Clark. *The forms and Nature of Civic Service: A Global Assessment*, Global Service Institute, Center for Social Development, Washington University in St. Louis.

MCMAHON, R. (1998). *Service-Learning: Perceptions of preservice teachers*, paper presented at the 27th Annual Meeting of the Mid-South Educational Research Conference. New Orleans, LA.

MCE (1997). MINISTERIO DE CULTURA Y EDUCACIÓN DE LA NACIÓN, *Fuentes para la transformación curricular. Consulta a la sociedad*, República Argentina.

MCE (1998). MINISTERIO DE CULTURA Y EDUCACIÓN, Dirección de Investigación y Desarrollo Educativo, *El servicio a la comunidad como aprendizaje escolar*. Actas del 1° Seminario Internacional "Educación y servicio comunitario", República Argentina.

MELCHIOR , A. - BAILIS, L. N. (2002). *Impact of service-learning on student attitudes and behaviors of middle and high school youth: Findings from three national evaluations*, en FURCO, A. & S.H. Billig (Eds.). *Service-learning: The Essence of the Pedagogy*, Greenwich, CT: Information Age Publishing, 201-222.

MELCHIOR, A. - ORR, L. (1995). *Final report: National evaluation of Serve America*. Cambridge, MA: ABT Associates.

MELCHIOR, A. (2000, August). *Costs and benefits of service-learning*, The School Administrator, www.aasa.org/publications/sa/2000_08/contents.htm

MELCHIOR, Alan (1999). *Summary Report. National Evaluation of Learn and Serve America*, Center for Human Resources, Brandeis University, Waltham, MA. www.servicelearning.org/filemanager/download/26/ LSReport.pdf

MELGAR, Sara (2001). *El aprendizaje-servicio en el campo de las Humanidades y las Ciencias Sociales*, Programa Nacional Escuela y Comunidad. Ministerio de Educación, República Argentina.

MELILLO, Aldo - SUAREZ OJEDA, Elbio Néstor (Comp.) (2001). *Resiliencia. Descubriendo las propias fortalezas*, Buenos Aires, Paidós.

MELILLO, Aldo (2005). *Sobre resiliencia: el pensamiento de Boris Cyrulnik*, Buenos Aires, mimeo.

MENON Natasha, MOORE Amanda and SHERRADEN Michael (2002). *Understanding Service: Words in the Context of History and Culture*, Global Service Institute, Center for Social Development, George Brown School of Social Work, Washington University, Mo., Working Paper 02-1.

MINISTERO DELL' ISTRUZIONE, DELL' UNIVERSITÀ E DELLA RICERCA. DIPARTIMENTO PER L' ISTRUZIONE (2005). *Piano nazionale di iniziative per il 2005, Anno Europeo della cittadinanza democratica attraverso l'educazione*, Roma, febbraio.

MOELY, B. E. - MCFARLAND, M. - MIRON, D. - MERCER, S. - ILUSTRE - VINCENT I. (2002). "Changes in college students' attitudes and intentions for civic involvement as a function of service-learning experiences", en *Michigan Journal of Community Service Learning*, 9(1), 18-26.

MORGAN, W. - STREB, M. (2001, March). "Building citizenship: How student voice in service-learning develops civic values", *Social Science Quarterly,* 82(1), 155-169.

MORROW - HORRELL, Nancy - TANG, Fengyan (2003). *Elder service and youth service in comparative perspective*, presentation at Civic Service: Impacts and Inquiry, Global Servie Institute's International Symposium. September 24-26, St. Louis Missouri.

NHN (1994). NATIONAL HELPERS NETWORK. *Learning Helpers: A Guide to Training and Reflection*, New York.

NHN (1998). NATIONAL HELPERS NETWORK. *Reflection. The Key to Service Learning*, 2a. ed. New York.

NÚ–EZ H., Carlos (2001). *Metodologías para la Educación Ciudadana.* México, Mimeo para IFE.

NYLC (2004) NATIONAL YOUTH LEADERSHIP COUNCIL, *Growing to Greatness 2004. The State of Service-learning Project,* St. Paul, MN.

NYLC (2005) NATIONAL YOUTH LEADERSHIP COUNCIL. *Growing to Greatness 2004. The State of Service-learning Project*, St. Paul, MN.

NYLC (2006) NATIONAL YOUTH LEADERSHIP COUNCIL. *Growing to Greatness 2004. The State of Service-learning Project*, St. Paul, MN.

OBADARE, Ebenezer (2005) *Statism, Youth and Civic Imagination: A Critical Study of the National Youth Service Corps (NYSC) Programme in Nigeria*, SD Report, Global Service Institute, Center for Social Development, George Brown School of Social Work, Washington University, St. Louis, Mo., USA, http://gwbweb.wustl.edu/csd/Publications/2005/Obadare.pdf

O' DONNELL, L. O. - STUEVE, A. - SAN DOVAL, A. - DURAN, R. - HABER, D. - ATNAFOU, R. - JOHNSON, N. - GRANT, U. - MURRAY, H. - JUHN, G. - TANG, J. - PIESSENS, P. (1999). "The effectiveness of the Reach for Health community service learning program in reducing early and unprotected sex among urban middle school students", en *American Journal of Public Health*, 89, 176-181.

OSBORNE, R. - HAMMERICH, S. - HENSLEY, C. (1998). "Student effects of service-learning: Tracking change across a semester" en *Michigan Journal of Community Service Learning*, 5, 5-13.

PASO JOVEN (2004). *Participación Solidaria para América Latina. Manual de formación de formadores en aprendizaje-servicio y servicio juvenil*, BID-SES-CLAYSS-ALIANZA ONG-CEBOFIL.

PERRY, J. L. - KATULA, M. C. (2001, July). "Does service affect citizenship?", en *Administration and Society,* 33(3), 330-365.

PIAGET, Jean (1963). *The psychology of intelligence*, New York, Routledge.

PIAGET, J. - INHELDER, B. (1969) *Psicología del niño*. Madrid, Morata.

PUIG, Josep Maria- BATLLE, Roser-BOSCH, Carme-PALOS, Josep (2006). *Aprenentatge Servei. Educar per a la ciutadania*, Barcelona, Octaedro-Fundació Jaume Bofill.

PUIG ROVIRA, Josep M. - PALOS RODRÍGUEZ, Josep (2006). "Rasgos pedagógicos del aprendizaje-servicio", en *Cuadernos de Pedagogía*, Núm. 357. http://www.cuadernosdepedagogia.com

RIFKIN, Jeremy (1996). "Rethinking the Mission of American Education. Preparing the Next Generation for the Civil Society", en: *Education Week*, January 31, p. 33.

ROCHE OLIVAR, Roberto (1998). *Psicología y educación para la prosocialidad*, Buenos Aires, Ciudad Nueva.

ROGERS, Carl (1995). *A Way of Being*, New York, Mariner Books.

ROGERS, C. - FREIBERG, H. J. (1993). *Freedom to Learn* (3rd ed.), New York, Merrill.

ROMO TORRES, Ricardo (2003). "Contribuciones freireanas al pensamiento latinoamericano", en GADOTTI, Moacir - GOMES, Margarita - FREIRE, Lutgardes, *Lecciones de Paulo Freire cruzando fronteras: experiencias que se completan*, Buenos Aires, CLACSO. www.clacso.org/ www.clacso/espanol/html/libros/freire/freire.html

ROSENTHAL, R. - JACOBSON, Leonore. (1968). *Pygmalion in the classroom: Teacher expectation and pupils' intellectual development*, New York, Rinehart and Winston.

SANTMIRE, T. - GIRAUD, G. - GROSSKOPT, K. (1999, April). *Further attainment of academic standards through service-learning*, paper presented at the National Service-Learning Conference, San Jose, CA.

SBERGA, Adair Aparecida (2003). *Voluntariado Educativo*. Sao Paulo, Editora Fundação EDUCAR Dpaschoal/ Instituto Faça Parte - Brasil Voluntário.

SCALES, P. C. - BLYTH, D. (1997, Winter). *Effects of service-learning on youth: What we know and what we need to know,* The Generator, 6-9.

SCALES, P. C. - BLYTH, D. A. - BERKAS, T. H. - KIELSMEIER, J. C. (2000). "The effect of service-learning on middle school students' social responsibility and academic success", en *Journal of Early Adolescence*, 20, 332-358.

SCALES, Peter C. - ROEHLKAEPARTAIN, Eugene C. (2005). "Can Service-learning Help Reduce the Achievement Gap?", en: NATIONAL YOUTH LEADERSHIP CONFERENCE. *Growing to Greatness 2005*. St. Paul, MN., pp. 10-22.

SCHMIDT, A.- ROBBY, M. (2002). "What's the value of service-learning to the community?", en *Michigan Journal of Service-learning*, Fall.

SECRETARÍA DE EDUCACIÓN. GOBIERNO DE LA CIUDAD DE BUENOS AIRES, PROGRAMA ESCUELAS SOLIDARIAS (2002). *Escuelas Solidarias. Concurso 2002. Iniciativas en marcha en las escuelas de la Ciudad.*

SEEMAN, Howard (1990). "Why the resistance by Faculty?", en: KENDALL, J. & Associates. *Combining service and learning. A resource book for community and public service*, Vol. II. Raleigh, National Society for Internships and Experiential Education, pp. 161-163.

SEEMAN, Howard (1988). "Why the resistance by Faculty?", en: *Experiential Education*, National Society for Internships and Experiential Education, Vol. 13, N° 4, September-October, p. 22.

SERVICE-LEARNING 2000 CENTER. (1996). *Service-Learning Quadrants*, California, Stanford University.

SHAPIRO, Henry D. (1978). *Appalachia on our mind: the Southern mountains and mountaineers in the American consciousness, 1870-1920.* Chapel Hill, University of North Carolina Press.

SHAFFER, B. (1993). *Service-learning: An academic methodology.* Stanford University, Department of Education citado en R. Bhaerman, K. Cordell, & B. Gomez (1998), *The role of service-learning in educational reform*, Raleigh, NC: National Society for Experiential Education and Needham, MA: Simon and Shuster, Inc.

SHUMER, R. (1998). "Community schools and service-learning: What research tells us about the relationship between the two", en *Education Journal*, XXV(1&2), 19-22, Winter.

SKOVHOLT, Thomas M. (2001). *The resilient practitioner. Burnout prevention and self-care strategies for counselors, therapists, teachers, and health professionals*, Boston, Allyn and Bacon.

SLEDGE, A. C. - SHELBURNE, M. (1993). *Affective domain objectives in volunteer courses for postsecondary teachers*, paper presented at the Annual Meeting of the Mid-South Educational Research Association, New Orleans, LA.

SLIWKA, Anne - FRANK, Susanne (2006). *Service Learning - Was ist das?.* Demokratie-Baustein Service Learning BLK-Programm Demokratie lernen & leben. http://www.blk-demokratie.de/fileadmin/ public/dokumente/Bausteine/bausteine_komplett/Service_Learning.pdf. Consultada en mayo 2006.

(SRS) JUAN PABLO II (1987) *Sollicitudo Rei Socialis*, Carta Encíclica del Sumo Pontífice Juan Pablo II al cumplirse el vigésimo aniversario de la *Populorum Progressio.*

STANTON, Timothy K (1988). "Service-learning Learning: Groping Toward a Definition" en *Experiential Education,* Vol. 13, N° 3, May-June 1988.

STANTON, Thimothy K. - GILES, Dwight E. Jr. - CRUZ, Nadinne I. (1999). *Service-learning. A Movement's Pioneers Reflect on its Origins, Practice, and Future*, San Francisco, Jossey-Bass.

STAUB, B. (1979). *Positive Social Behavior and Morality*, London, Academy Press.

STEPHENS, Lynn (1995). *The Complete Guide to Learning Through Community Service*, Grades K-9. Boston, MA: Allyn and Bacon Publishers.

STRAYER, F. -WAREING, S., Rushton, J. (1979). "Social constraints on naturally occurring preschool altruism", en *Ethology and Sociobiology*. I. 3-11.

SUPIK, Josie (1996). *Valued Youth Partnerships: Programs in Caring*, San Antonio, TX: Intercultural Research and Development Association.

SWITZER, C. L. - SIMMONS, R. - DEW, M. - REGALSKI, J. - WANG, C. (1995). "The effect of a school-based helper program on adolescent self-image, attitudes, and behavior", en *Journal of Adolescence*, 15, 429-455.

TAPIA, María Nieves (1993). "Los jóvenes del '90: un desafío para la elaboración de políticas públicas de juventud", en *Informe Joven*, Año 2, N° 5. Instituto Nacional de la Juventud, Secretaría de Acción Social, Ministerio de Salud y Acción Social de la Nación. Febrero.

TAPIA, María Nieves (2000). *La Solidaridad como Pedagogía*, Buenos Aires, Ciudad Nueva.

TAPIA, María Nieves (2002). "El aprendizaje-servicio en América Latina", en: *Aprender sirve, servir enseña*. Buenos Aires, CLAYSS.

TAPIA, María Nieves (2003). "'Servicio' and 'solidaridad' in South American Spanish". In H. Perold, M. Sherraden, and S. Stroud (Eds), *Service Enquiry: Service in the 21st Century*, First Edition, Johannesburg: Global Service Institute, USA and Volunteer and Service Enquiry Southern Africa. http://www.service-enquiry.co.za

TAPIA, María Nieves (2004). "Civic Service in South America", en: *Non Profit and Voluntary Sector Quaterly. Supplement to Volume 33*, Number 4, December, pp. 148s-166s.

TAPIA, María Nieves (2004). "La juventud invisible", *Diario La Nación*, Opinión, Miércoles 15 de diciembre de 2004. http://www.lanacion.com.ar/663143.

TAPIA, María Nieves (2006). *Educazione e solidarietà. La pedagogia dell'apprendimento-servizio*, Roma, Città Nuova.

TAPIA, María Nieves - GONZÁLEZ, Alba - ELICEGUI, Pablo (2004). *Aprendizaje y servicio solidario en las escuelas argentinas: una visión descriptiva a partir de las experiencias presentadas al Premio Presidencial Escuelas Solidarias (2000-2001)*, Global Service Institute, Center for Social Development, George Brown School of Social Work, Washington University, Mo., USA., Small Grants Research Program. Buenos Aires, Diciembre de 2004. http://gwbweb.wustl.edu/csd/service/SRGP_CLAYSS.htm

TEDESCO, Juan Carlos (2001). "La educación para la solidaridad como política educativa", en: MINISTERIO DE EDUCACIÓN DE LA NACIÓN, Secretaría de Educación Básica, Programa Nacional Escuela y Comunidad, *La propuesta pedagógica del aprendizaje- servicio*, Actas del 3° y 4ª Seminario Internacional "Escuela y Comunidad", República Argentina, 2001, pp. 64-68.

TENTI FANFANI, Emilio (2005). *La condición docente. Análisis comparado de la Argentina, Brasil, Perú y Uruguay*, Buenos Aires, Siglo XXI.

TITLEBAUM (2004). TITLEBAUM, Peter - WILLIAMSON Gabrielle - DAPRANO Corinne - BAER Janine - BRAHLER Jayne (2004). *Annotated History of Service Learning 1862-2002*, Dayton, OH, University of Dayton.

TORNEY - PURTA, J. - LEHMANN, R. - OSWALD, H. - SCHULZ, W. (2001). *Citizenship and education in twenty-eight countries: civic knowledge and engagement at age fourteen*, Amsterdam, IEA. www.wam. umd.edu/~jtpurta/

TORNEY - PURTA, J. (2002). "The school's role in developing civic engagement; A study of adolescents in twenty-eight countries", en *Applied Developmental Science*, 6, 203-12.

TORNEY-PURTA, J. (2003). *Civic Service and Youth: A Psychological Perspective*, ponencia presentada en la Conferencia internacional "Civic Service: Impacts and Inquiríy". CSD, Washington University at St. Louis, 24 al 26 de septiembre.

TORNEY-PURTA y AMADEO, 2004.

TRILLA, J. (1993). *La educación fuera de la escuela*, Barcelona, Ariel.

UNIVERSIDAD CONSTRUYE PAÍS (2006). *Responsabilidad social universitaria. Una manera de ser universidad. Teoría y práctica en la experiencia chilena*, Corporación PARTICIPA, Santiago de Chile, Mayo. Disponible en: www.construyepais.cl/documentos/RSU4.pdf

VANISTENDAEL, Stefan- LECOMTE, Jacques (2002). *La felicidad es posible*, Barcelona, Gedisa.

VIDAL, Pau (coord.) VILLA, Ana, SUREDA, María, ALBINYANA, Marina-VIDAL, Laura (2006). *El movimiento asociativo juvenil: escuelas de ciudadanía. La valoración social de los aprendizajes en las organizaciones juveniles*, elaborado por el Observatorio del Tercer Sector. Consejo de la Juventud de España, Madrid.

VOGELGESANG, L. & ASTIN, A.W. (2000). "Comparing the effects of service-learning and community service", en *Michigan Journal of Community Service Learning*, 7, 25-34.

WEILER, D. - LAGOY, A. - CRANE, E. - ROVNER, A. (1998). *An evaluation of K-12 service-learning in California: Phase II final report*. Emeryville, CA: RP International with The Search Institute.

WESTBROOK, Robert B. (1993) "John Dewey (1859-1952)", en *Perspectivas: revista trimestral de educación comparada*. París, UNESCO: Oficina Internacional de Educación), vol. XXIII, nos 1-2, 1993, págs. 289-305.

WOFFORD, Harris (1992). *Of Kennedys & Kings: Making Sense of the Sixties,* University of Pittsburgh Press.

WURR, A.J. (2002). "Text-based measures of service-learning writing quality. Reflections", en *A Journal of Writing, Service-Learning, and Community Literacy*, 2(2), 40-55.

YATES, M. AND YOUNISS, J. (1997). "Community service and political identity development in adolescence", en *Journal of Social Issues*, 54(3), 495-512.

YOUNISS, J. - MC. CLELLAN, I. A. - YATES, M. (1997). "What we know about engendering civic identity", en *American Behavioral Scientist*, 40, 620-631.

YUPIEC, Tamar Y. (ed.) (1993). *Rethinking tradition. Integrating Service with Academia Study on Collage Campuses*, Campus Compact-Education Commission of the States.

Puede encontrarse bibliografías más extensas sobre aprendizaje-servicio en los sitios de:
- CLAYSS: www.clayss.org
- National Service-learning Clearing House: www.servicelearning.org
- National Youth Leadership Council: www.nylc.org
- Universidad de California-Berkeley: www-gse.berkeley.edu/research/slc

APÉNDICE 1:

INFORME[1]: *HACIA UN MAPA DE LA SOLIDARIDAD EN EL SISTEMA EDUCATIVO ARGENTINO*

1. Informe difundido por el Programa Nacional Educación Solidaria, UPE, Ministerio de Educación, Ciencia y Tecnología de la Nación. www.me.gov.ar/edusol

INTRODUCCIÓN

Las instituciones educativas argentinas tienen una larga y fructífera tradición solidaria. En los últimos años, numerosas escuelas e instituciones de Educación Superior, universitaria y no universitaria, han desarrollado prácticas innovadoras en respuesta a las múltiples necesidades y demandas sociales.

Hasta la fecha, el Programa Nacional Educación Solidaria lleva documentadas 14.566 experiencias solidarias desarrolladas por 12.673 instituciones de todos los niveles y modalidades que, sin duda, son sólo una parte de las miles que se desarrollan cotidianamente en el sistema educativo argentino. Sólo en el año 2005, las experiencias presentadas en el Premio Presidencial de "Escuelas Solidarias" involucraron la activa participación de 346.122 niños, niñas y adolescentes.

Toda esta valiosa actividad solidaria se pone de manifiesto básicamente en tres tipos de experiencias educativas solidarias:

– *Campañas solidarias* que apuntan a responder a emergencias sociales y a brindar asistencia inmediata;

– *Voluntariado institucional:* programas desarrollados como parte de los proyectos institucionales, y llevados a cabo con continuidad tanto desde centros de estudiantes, cooperadoras escolares y otros espacios extracurriculares, con el apoyo de la institución educativa.

– *Prácticas de aprendizaje-servicio:* proyectos que apuntan a aplicar los conocimientos adquiridos en las aulas a la solución de problemáticas comunitarias. Sus objetivos son simultáneamente educativos y solidarios.

Los Premios Presidenciales a "Escuelas Solidarias" y a las Prácticas Solidarias en la Educación Superior han permitido compilar, valorar y reconocer a miles de instituciones educativas de todo el país que están atendiendo con eficacia necesidades y demandas de la comunidad, a través de acciones solidarias planificadas institucionalmente en forma integrada con los contenidos de aprendizaje, en función de favorecer la excelencia académica, la formación ciudadana y la responsabilidad social de los estudiantes.

La valiosa información compilada en los últimos años permite comenzar a trazar un mapa de las instituciones educativas solidarias y a sistematizar los datos de manera de presentar un primer, y sin duda provisorio, retrato de las instituciones educativas solidarias de nuestro país.

1. EL MAPA DE LAS INSTITUCIONES EDUCATIVAS SOLIDARIAS

En el marco del "Mapa Educativo Nacional" que desarrolla la DINIECE, se ha comenzado a construir el *"Mapa de las instituciones educativas solidarias"*. En un primer momento, el mapa localiza a todas las instituciones

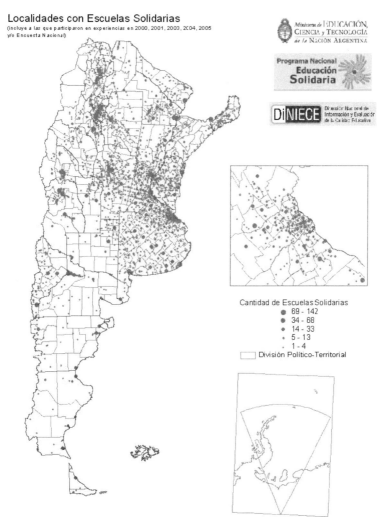

Localidades con Escuelas Solidarias
(incluye a las que participaron en experiencias en 2000, 2001, 2003, 2004, 2005 y/o Encuesta Nacional)

Ministerio de EDUCACIÓN, CIENCIA y TECNOLOGÍA de la NACIÓN ARGENTINA

Programa Nacional **Educación Solidaria**

DiNIECE — Dirección Nacional de Información y Evaluación de la Calidad Educativa

Cantidad de Escuelas Solidarias
- 69 - 142
- 34 - 68
- 14 - 33
- 5 - 13
- 1 - 4
- ☐ División Político-Territorial

Fuente: Programa Nacional Educación Solidaria. 2000, 2001, 2003, 2004, 2005 y Encuesta Nacional.
Cartografía Base SIG 250. IGM

Realización: Mapa Educativo Nacional. DiNIECE.MECyT

que se presentaron a los Premios Presidenciales en el período 2000-2001 y 2003-2005, de las que se cuenta con información completa.

La información del mapa se irá ampliando progresivamente con otra información disponible en el Ministerio de Educación, Ciencia y Tecnología de la Nación, y también con la provista por las propias instituciones directamente a través del sitio Web del Ministerio.

Se podrá acceder al "Mapa de las instituciones educativas solidarias" desde www.me.gov.ar/edusol desde el mes de junio. Todas las instituciones que estén desarrollando actividades solidarias y no se encuentren localizadas en el mapa podrán enviar sus datos para ser incluidas.

En esta ocasión presentamos un primer avance, que ubica a 8.000 escuelas solidarias de las más de 12.000 registradas en 2342 localidades de todo el país.

2. INSTITUCIONES EDUCATIVAS SOLIDARIAS: ALGUNA INFORMACIÓN BÁSICA[2]

En Argentina, todo tipo de instituciones educativas, de todos los niveles y modalidades –desde el jardín de infantes a la universidad– desarrollan prácticas solidarias: instituciones urbanas y rurales, de gestión estatal y privada, con miles de estudiantes y con un puñado, las que atienden a sectores con altos niveles de ingreso y las que reciben a niños y adolescentes en situaciones de extrema vulnerabilidad social.

Las actividades solidarias que realizan son de una enorme variedad y muestran un esperanzador despliegue de creatividad y participación por parte de niños y niñas, adolescentes y jóvenes.

Campañas de forestación en los lugares más áridos del país, bibliotecas llevadas en carritos para promover la lectura en comunidades carentes de libros, implementos ortopédicos originales diseñados y producidos por los estudiantes, programas de capacitación en informática para poblaciones sin acceso a las nuevas tecnologías, instalación de molinos de viento y paneles solares para proveer de energía a comunidades aisladas, campañas de prevención de la salud y cuidado del medio ambiente, son sólo algunos de los miles de ejemplos del caudal de vitalidad solidaria presente en nuestras escuelas.

A continuación se presentan algunos datos estadísticos sobre las escuelas solidarias y sus experiencias educativas.

2.1 - *INSTITUCIONES EDUCATIVAS SOLIDARIAS POR NIVEL EDUCATIVO*

Un 12% de las instituciones que se presentaron al Premio Presidencial son del nivel inicial, y más de la mitad de las instituciones educativas solidarias (52%) son escuelas primarias o del primero y segundo ciclos de EGB.

Las escuelas medias[3] representan un 35% del total de instituciones solidarias relevadas. Las instituciones de Educación Superior se encuentran poco representadas en esta muestra (1%), dado que son numéricamente menos que las escuelas. En la muestra se incluyeron sólo a las universidades que participaron en el Premio Presidencial del año 2004.

---

2. La siguiente información está basada en la base de datos compilada por el Programa Nacional Educación Solidaria, así como en una investigación desarrollada entre 2002 y 2003 por CLAYSS, Centro Latinoamericano de Aprendizaje y Servicio Solidario: www.clayss.org; http://gwbweb.wustl.edu/csd/service/SRGP_CLAYSS.htm

3. Incluye Tercer ciclo de EGB, Polimodal, escuelas secundarias y técnicas.

Si se compara el conjunto de las instituciones educativas solidarias con el conjunto del sistema educativo, se puede advertir que las escuelas medias están representadas en el primer grupo con un porcentaje muy superior (35%) que su participación en el conjunto del sistema educativo nacional (14%). Las escuelas primarias y de EGB 1-2 que realizan actividades solidarias están ligeramente por encima del porcentaje de establecimientos de ese nivel en el total nacional.

FIGURA 20: Instituciones educativas presentadas a los Premios Presidenciales 2000-2001 y 2003-2005 por nivel educativo (en porcentaje sobre el total de instituciones presentadas) en comparación con el porcentaje de instituciones por nivel sobre el total nacional de instituciones educativas[4].

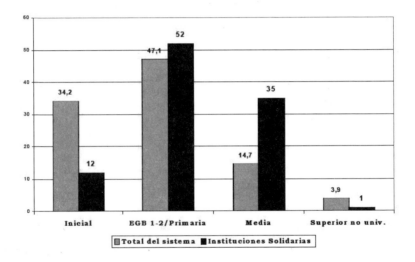

2.2 - *Instituciones educativas solidarias por tipo de gestión*

El 80% de las instituciones educativas solidarias relevadas son de gestión estatal, y el 20% de gestión privada.

En el conjunto del sistema educativo, la proporción entre instituciones de gestión estatal y privada (sin incluir universidades) es de 78,7 % de instituciones estatales y 21,3 % de gestión privada, lo que permitiría inferir que las instituciones educativas de gestión estatal realizan actividades solidarias en un porcentaje ligeramente mayor que las privadas.

4. Datos 2004. Red Federal de Información Educativa, DINICECE, Ministerio de Educación, Ciencia y Tecnología.

FIGURA 21: Instituciones educativas presentadas a los Premios Presidenciales 2000-2001 y 2003-2005 por tipo de gestión (en porcentaje sobre el total de instituciones presentadas).

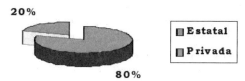

2.3 - COMUNIDADES DESTINATARIAS DE LAS ACTIVIDADES SOLIDARIAS

La mayoría de las experiencias educativas solidarias (68%) atiende a problemáticas que se presentan en el mismo barrio o localidad que la institución educativa. Un 10% de los proyectos desarrolla simultáneamente actividades solidarias en otras comunidades, y casi 20% tienen lugar exclusivamente en comunidades alejadas de la institución educativa.

FIGURA 22: Experiencias educativas solidarias presentadas a los Premios Presidenciales 2000-2001 y 2003-2005 por comunidad destinataria (en porcentaje sobre el total de experiencias presentadas).

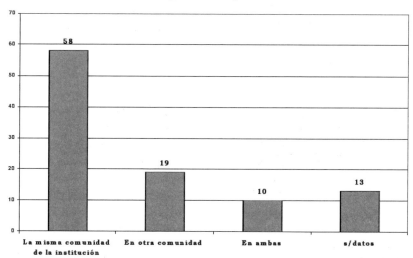

Los datos parecen reflejar que las instituciones situadas en contextos de mayores recursos tienden a desplazarse para realizar su trabajo solidario preferentemente en comunidades rurales o en localidades con altos niveles de pobreza alejados de la escuela, mientras que las instituciones situadas en contextos de mayor vulnerabilidad social tienden a priorizar las necesidades y problemáticas de la propia comunidad.

Si se considera que durante buena parte del período en que se desarrollaron estas acciones solidarias, más de la mitad de los niños, niñas y adolescentes argentinos vivían en situación de pobreza, podríamos concluir que en muchas escuelas solidarias los protagonistas de los proyectos eran chicos y chicas que, desde su propias dificultades, fueron capaces de tomar la iniciativa para desarrollar proyectos solidarios al servicio de su propia comunidad.

2.4 - REDES CON LAS ORGANIZACIONES DE LA COMUNIDAD.

En el año 2001, el 67,7 % de las experiencias presentadas al Premio Presidencial de "Escuelas Solidarias" se desarrollaron en articulación con al menos una organización de la comunidad, ya sea organizaciones de la sociedad civil como organismos públicos locales o provinciales. En el año 2005, esta proporción alcanzó al 99% de las experiencias solidarias presentadas al Premio Presidencial.

FIGURA 23: Experiencias educativas solidarias presentadas al Premios Presidencial 2001 realizadas en alianza con organizaciones comunitarias (porcentaje sobre el total de experiencias con datos). Fuente: CLAYSS.

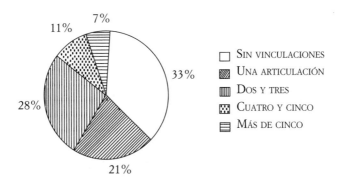

La imagen que surge de los datos es la de escuelas capaces de establecer alianzas y de tejer o formar parte de redes comunitarias complejas. Según un estudio[5], casi la mitad de las experiencias (46 %) presentadas en 2001 se desarrollaron en articulación con más de dos organizaciones, y un 18% con cuatro y más, lo cual supone una importante capacidad de

5. CLAYSS, op. cit.

gestión por parte de directivos y docentes de las instituciones educativas solidarias.

El aumento de los proyectos solidarios hechos en articulación con organizaciones de la comunidad indicaría que las escuelas solidarias han fortalecido su capacidad de articularse en redes, en lugar de responder en forma aislada a necesidades que afectan tanto a la comunidad como a la propia escuela.

2.5 - Experiencias educativas solidarias: las temáticas más trabajadas

La educación es la temática a la que se dedican el mayor número de proyectos solidarios: un 20% de las experiencias registradas ofrecen apoyo escolar, promueven la lectura, ofrecen capacitación en informática y otras actividades vinculadas al mejoramiento de la calidad educativa. Con un porcentaje similar, las temáticas socio-económicas vinculadas a la pobreza concentran un 17,41 % de las experiencias solidarias desarrolladas en escuelas e instituciones de Educación Superior.

Las experiencias vinculadas a la promoción de la participación ciudadana y Del cooperativismo (11,9%), los proyectos productivos solidarios como huertas y panaderías comunitarias y otros (11%), y los proyectos vinculados a la protección del medio ambiente (10,1%) y de la salud (9,15%), así como los proyectos vinculados a la preservación del patrimonio histórico y la animación socio-cultural (8,9%), se reparten en forma pareja entre las experiencias documentadas.

2.6 - Fechas de inicio de las experiencias educativas solidarias

Sólo once de las 14.566 experiencias solidarias relevadas comenzaron antes de la reconquista de la democracia en 1983 y siguieron en ejecución por lo menos hasta el año 2000. Un 3% tienen continuidad desde 1984, y un 4% se iniciaron después de 1997, fecha de la realización del primer Seminario de Aprendizaje-servicio organizado por el Ministerio de Educación, y continuaron durante el período 2000-2005.

Se advierte un incremento significativo en el número de experiencias solidarias que se inician a partir de la creación del Premio Presidencial de "Escuelas Solidarias" en el año 2000 (43%).

Casi la mitad del total de las experiencias relevadas (48%) se iniciaron en los años 2003 a 2005, reflejando un importante incremento de la participación solidaria en las instituciones educativas en los últimos años.

FIGURA 24: Experiencias educativas solidarias presentadas a los Premios Presidenciales 2000-2001 y 2003-2005 por fecha de inicio (en porcentaje sobre el total de instituciones que aportaron datos).

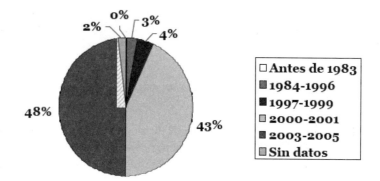

Buenos Aires, 16 de mayo de 2006.

APÉNDICE 2:

SITIOS DE INTERNET
SOBRE APRENDIZAJE-SERVICIO

RED IBEROAMERICANA DE APRENDIZAJE-SERVICIO

COORDINAN:

CLAYSS. Centro Latinoamericano de Aprendizaje y Servicio Solidario. www.clayss.org

NYLC. National Youth Leadership Council. USA. www.nylc.org

Miembros:

PAÍS	INSTITUCIÓN	PÁGINA WEB
Argentina	Ministerio de Educación, Ciencia y Tecnología. UPE. Programa Nacional Educación Solidaria	www.me.gov.ar/edusol
Argentina	Fundación SES	www.fundses.org
Bolivia	CEBOFIL. (Centro Boliviano de Filantropía)	www.cebofil.org
Brasil	Instituto Faça Parte	www.facaparte.org
Brasil	Natal Voluntarios	www.natalvoluntarios.org.br
Canadá	Katimavik	www.katimavik.org
Chile	Ministerio de Educación de Chile	www.mineduc.cl
Chile	Universidad Católica de Chile-Red Universidad de Aprendizaje-servicio Chile	www.puc.cl/dge/aprendizajeservicio/
Colombia	Corporación Opción Colombia	www.opcioncolombia.org.co
España	Centro Promotor Aprendizaje-Servicio. Cataluña	www.aprenentatgeservei.org
Perú	Pontificia Universidad Católica de Perú	www.pucp.edu.pe
Rep. Dominicana	Alianza ONG/Sirve Quisqueya	www.comunicate.org.do/voluntarios
Uruguay	Centro de Voluntariado del Uruguay	www.aprendiendojuntos.org
USA	Education Commission of the States	www.ecs.org/ecsmain.asp?page=/html/projectsPartners/nclc/nclc_main.htm
USA	Universidad de California, Berkeley	www.gse.berkeley.edu/research/slc
USA	CSD (Center for Social Development). Washington University. St. Louis, MO.	http://gwbweb.wustl.edu/csd/gsi/
USA	Innovations in Civic Participation	www.icicp.org

ORGANISMOS INTERNACIONALES

BID	BID Juventud	www.iadb.org/exr/mandates/youth/portada.htm
	Iniciativa Ética y Desarrollo	www.iadb.org/ethics/index.cfm
OEI	Oficina Buenos Aires-Argentina	www.oei.es

OTRAS DIRECCIONES ÚTILES:

En castellano:

Programa PaSo Joven. www.pasojoven.org
México. Servicio Social. www.anuies.mx

En inglés

Campus Compact. www.compact.org
National Service-learning Clearinghouse. www.servicelearning.org